[白化文文集]

敦煌学与佛教杂稿

白化文 著

中国书籍出版社

图书在版编目（CIP）数据

敦煌学与佛教杂稿 / 白化文著.—北京：中国书籍出版社，2016.7
ISBN 978-7-5068-5722-2

Ⅰ.①敦… Ⅱ.①白… Ⅲ.①敦煌学—文集②佛教—文集 Ⅳ.①K870.64-53②B948-53

中国版本图书馆CIP数据核字（2016）第178025号

敦煌学与佛教杂稿

白化文 著

图书策划	武 斌 崔付建
责任编辑	牛 超
责任印制	孙马飞 马 芝
出版发行	中国书籍出版社
地　　址	北京市丰台区三路居路97号（邮编：100073）
电　　话	（010）52257143（总编室）（010）52257140（发行部）
电子邮箱	chinabp@vip.sina.com
经　　销	全国新华书店
印　　刷	北京欣睿虹彩印刷有限公司
开　　本	880毫米×1230毫米　1/32
字　　数	252千字
印　　张	11
版　　次	2016年10月第1版　2016年10月第1次印刷
书　　号	ISBN 978-7-5068-5722-2
定　　价	68.00元

版权所有　翻印必究

总　序

化文学长与我是同学挚友，我们有共同的爱好，都对古典文学有一点偏爱。不过他的学问广泛，知识渊博，这是我们班同学都公认的。当他七十寿辰时，我给他写了一副贺联：

五一级盍簪相契，善学善谋，更喜交游随处乐；
七十翁伏案弥勤，多能多寿，定看著作与年增。

这里我说的，真是实话。他的"善学"和"多能"，是我最佩服而学不到的。据他片断的自述，我们可以了解到，他少年时就偏爱文科，读书很广，从不死抱着课本不放，而是大量地读课外书。虽然偏废理科，但对于海军史和舰艇知识，却非常熟悉，谈起来如数家珍。上大学时，他不仅认真听本班本系的课，还曾旁听过高班和外系的课。他1950年就上了北大，所以曾有机会听过俞平伯、罗常培、唐兰、王重民先生的课，比我们有幸多了。杜甫《戏为六绝句》之六说："转益多师是汝师。"他的确是做到了"转益多师"的，因此有多方面的资源和传承，成为一个多面手。

他的"善学"，首先是尊师重道。一向对老师尊敬尽礼，谒见老师，总是九十度鞠躬，侍立倾听。直到现在，他讲演、发言时，提到老师的名字一定从座位上肃然起立表示敬意。他写文章时总是先举老师的字再注名，以字行的当然在外。这些礼节已是今人所不懂的了。事无巨细，他总是竭诚为老师服务，真是做到了"有事弟子服其劳"。在他将近知命之年，拜我们编辑行的前辈周绍良先生为师，成了超龄的"在职研究生"。他在人前人后、口头书面，总自称为门生，极为恭敬，比青年人虚心得多。

他的"善学"，体现于学而能思和思而能学。孔子说："学而不思则罔，思而不学则殆。"（《论语·为政》）化文学长是身体力行的。他在上大学之后，总结了自己的学习经验，得出自觉颇为得力见效的四条"秘诀"。

第一条是：

除了入门外语等课以外，大学的课程均应以自学为主。多读课外书，特别是指定参考书和相关书籍，学会使用最方便使用的大图书馆，学会使用各有各的用处的各种工具书，一生得益。

这是最重要的一条经验。我愿意把它推荐给广大青年同学，不过万一遇上了要求背笔记的老师，可能考试得不到高分，那就不要太在意，争取在别的地方得分吧。

第四条也很重要：

老师的著作要浏览，有的要细读。对老师的学术历史要心中有数。这样，一方面能知道应该跟老师学什么，甚至于知道应该怎样学；另一方面，也借此尽可能地了解在老师面前应该避忌什么与提起什么。

这一条是准备进一步向老师学习真髓的方法。每个老师都有独特的长处和学术道路。你想要多学一些课堂之外的东西，就得先做功课，细读老师的主要著作，才能体会出课堂上所讲的那些结论是怎么来的，才能明白老师所讲的要点在哪里。化文学长在四条"秘诀"的其余两条里就讲了要注意讲义之外的"神哨"和听课时要多听少记，都是这个思路。读者有兴趣的话，可以去找他的《对一次考试答案的忏悔》《定位、从师、交流、考察》两文一读。

他的"善学"，还在于随遇而安，就地取材，见缝插针，照样能左右逢源，有所建树。化文学长前半生道路坎坷，屡遇困境，但他能边干边学，学一样像一样。徐枢学长分配到电力学校教课，心里郁郁不乐，先师浦江清先生开导他说，"你可以研究电嘛"。当时引为笑谈，化文学长却从中得到了启发，他说："老师有深意存焉：到什么山上唱什么歌。只要抓住'研究'不放就行。因而我此后每到新岗位，一定服从工作需要，在工作中不废研究，多少干出些名堂来。"（《浦江清先生二题》）他也的确干出了许多"名堂"。有一段时间，他以业余时间帮《文物》杂志编辑部看稿，看了不少发掘报告，从而也学了文物考古的知识，这对后来他研究佛寺和佛教文物很有裨益。同时也因看稿而向王重民先生请教古籍版本方面的问题，得到了许多课外的真传。

他的"多能"，就因为他"善学"。大学毕业离校之后，他不仅继续向本系的老师请益，而且还陆续向外系的老师求教，如历史系的周一良先生，哲学系的任继愈先生，东语系的季羡林先生，都得到不少教益。他在师从周绍良先生之后，虚心学习敦煌学和佛教文献学，再和他本职工作相结合，创立了佛教和敦煌文献的目录学，成为一门新的学科。

我们只要看看化文学长这一批著作的书目，涉及好几门学科，就可以知道他的"多能"，正是他"善学"的结果。希望青年一代的读者，能从这些书里学习他"善学"的精神和方法，倒不一定要学那些具体内容。因为人各有志，条件各不相同，所遇的老师又各有所长。就如白先生自称"受益于周燕孙（祖谟）先生最深"，他也深知周先生的特长是音韵、训诂，但他不想学语言文字学，就如实地回答了周先生的探询。他最受益的是周先生给他讲的工具书使用法，而学到的还有周先生礼貌待人、踏实治学的作风，应该说是更重要的。

孔子自谦说："吾少也贱，故多能鄙事。"化文学长少年时并不"贱"，从小在慈母沈伯母的精心培养下，决心要上北大文科。终于在北大中文系前后读了五年，在北大图书馆泡了六十多年，造就了一位"多能雅事"的传统文化学家，应了浦江清、朱自清两位先生在他幼年时说的预言。沈伯母在天之灵，我想应该含笑点头了吧。

中国书籍出版社要出白化文学长的十本文集，汇为一辑，委托我写一篇序。我与他幸为知交，不能推辞，写一点感想，作为书前的题记而已。

程毅中
2016年8月

目 录

惭愧地从敦煌学领域中告退 001
对敦煌俗文学中讲唱文学作品的一些思考 006
什么是变文 044
变文与俗讲 062
"解讲"和"解讲辞" 069
敦煌汉文遗书中雕版印刷资料综述 080
中国存世第二部最古书目 102
中国敦煌学目录和目录工作的创立与发展简述 120
简评《敦煌劫余录》和《敦煌遗书总目索引》 152
王重民先生的敦煌遗书研究工作 177
写在《国家图书馆藏敦煌遗书》加紧出版之际 187
周燕孙（祖谟）先生与敦煌学 192
《敦煌本佛教灵验记校注并研究》序 196
《开宝遗珍》弁言 198
对影印《赵城金藏》的一些建议 199
《补刻清敕修汉文版大藏经》解题 203
《高丽大藏经》简述 208
在《密宗甘露精要》出版座谈会上的发言 223
《行历钞》校点本前言 226

本生经的功能与作用 233
《经律异相》及其主编释宝唱 247
转录故事类型的类书中的录文问题 281
山主与观音偈 288
《普照禅师灵塔碑》引见 292
国内与国际佛教与佛学界的一件盛事
　　——喜见《佛教大辞典》出版 306
机遇与勤奋紧密结合创造出的精品
　　——评介《汉文佛教大藏经研究》 310
寓普及于提高中的优秀的佛经版本研究新作
　　——评《佛经版本》 312
读《宋僧录》杂识 319
《佛教美术丛考》序 327
《佛教美术丛考续编》序 328
《佛像粹编》序 329
《观音大士三十二应身并十八大阿罗汉图像》序 330
附录：
　　原书前言 333
　　原书后记 337

《白化文文集》编辑附记 339

惭愧地从敦煌学领域中告退

刘进宝先生早就派我写一篇"敦煌学笔谈",并每隔约半个月就打长途电话催促。我能充分感受到他的盛意。可是,我实在是写不出什么来。原因是,我已经很早就从敦煌学领域中撤身告退了。

我十分佩服有些学者,能在多个领域中同时或先后作出惊人的成就。我总觉得,他们是学术上的超人。例如,饶宗颐先生即是。那都是我崇拜的对象,可望而不可及的。可我只是个凡人,工作与学习中,四处一牵一扯,便成为姜子牙的坐骑——"四不像"了。

刘先生赏给我一处说话的地方,正好借此向各位学术界先进报告:小兄弟要鞠躬告退了。趁此描一描自己的失败轨迹,供后来人批判与参照吧。

我已经在好几篇拙稿中报告过,我搀合进敦煌学领域,是从1974年到1975年之间起首的。那时正值"文革"末期,小平同志第一次复出之际。知识分子的境遇有所改善。许多人蠢蠢欲动。中华书局群公北返,总想找点事干。于是,想编一套普及性的小丛书。马上找人开会。会上,诸斌杰大学长从远处伸手一指,说:"老白,'敦煌俗文学'这个选题归你写了!"这就是小兄弟我溜达进敦煌学界的"缘起",甚至是我侧身进入"学术界"的缘起。

那时的我，被派给一个好几进的大院子看门。据说，著名演员石挥主演的电影《十三号凶宅》就是在那里拍的，原是一座蒙古王府。晚上，我住在门房。白天自由自在，便到文津街北京图书馆看书。看了一阵，茫无头绪，"敦煌俗文学"写不出来。同时，我还义务劳动，晚上在门房，慢慢地给《文物》月刊看编辑部里堆积如山的各省市发掘简报，从中挑选可用者。沈玉成学长彼时任编辑，他看我实在费劲，介绍我到周绍良先生处拜门，正式学习起敦煌俗文学来了。

周先生是很会循循善诱的。他知道我什么都不会，就把自己积累多年的一大卷剪报借给我看，这就是后来印出的《敦煌变文论文录》中的截止到解放前的那些篇论文。周先生又指导我搜集此后发表的论文，他知道我爱人李鼎霞供职北大图书馆，我们有近水楼台之便。周先生又利用他在出版界的关系，于1982年将此书出版。在当时，此书对推动敦煌俗文学的研究，起了相当的作用。

可是，我的小册子始终写不出来。除了懒惰、无能等主观原因外，我后来悟出，对于一个普通人来说，如果缺乏基础，想五个手指分开抓跳蚤是办不到的。我当时的希望是改变自己的处境，找一个安身之处，所以作了多种准备，向各处探询，结果精力分散于好几方面。那时，除了《文物》月刊的差使，我还在为中华标点《楚辞补注》，主编两种中学语文参考资料，外加写小册子，搭上跑各处"求职"，外搭落实"文革"中未了事宜。哪有闲空。

及待我在北大安顿下来，才体会到在北大存身不容易，必须先做好本职工作。应该说，北大图书馆学系（今称"信息管理系"）对我可说十二分的善待与迁就，让我开有关敦煌学目录的课程，并且在职称未定（未定者称为"教员"）的情况下带硕士生。当然，我还必须开其他课，如"中国古代文学目录""类书""佛教目录"，甚至与中文系合开"古代汉语"。这些课，绝对是系里照顾我的"特长"，也就是说，看我只能在自己的能力范围内干这些活计，才勉强照顾我的。因为，有些课是可开可不开的，所谓"因人设课"者是也。因而，我战战兢兢，不敢不努力干好本职，把精力放在系里。这就离敦煌俗文学越来越远了。

我爱人和我的硕士研究生杨宝玉女史极力协助我，在周先生指导下完成《敦煌变文集补编》。我为评职称出成绩，写了《敦煌文物目录导论》，此书由讲课讲义及论文拼成。我爱人累得得了乳腺癌，入院开刀。在周先生大力施加影响下，杨宝玉得以进入中国社会科学院历史研究所从事敦煌学目录工作。至此，自觉无力再战，我开始逐步撤出敦煌学阵地。我辜负了周先生对我的培养与期待。

在敦煌学领域中，我涉足的只是俗文学、版本目录学这两小部分中的各一小部分，而且浅尝辄止。因而，我从来不敢把自己列入敦煌学家行列之中。所有的只是一些教训，姑且举出几点，仅供初学者参考：

一点是，与百年前发轫时相比，敦煌学的领域越来越广袤，也越来越深入。大部分领地都已被开垦，并且挖掘得很深入了。初学者想学海拾贝，怕是极难的了。拾人牙慧，不算真成绩。如果迫于时势，卷入此中——也就是说，分配到某一直接相关单位，如敦煌研究院，非干不行了，那就紧跟老先生，打下手，十几二十年后自有出头之日。至于高校中作学士、硕士、博士论文，千万别不自量力，选敦煌学的题目——导师下旨者例外，有什么他给顶着了。

再一点是，敦煌学是国际显学，要打好几种外文基础，至少达到能读专业书刊的水平。英文、法文、俄文、日文，四种文字全得大致通晓——口语差点尚可。在当代，要是缺乏此种条件或说能力，学敦煌学简直学不下去。

又一点是，佛学的基础要有一些。艺术，特别是雕塑与壁画艺术要懂一点。起码得达到基本上看得懂丝绸之路上各处山洞里的事物的水平吧，那可是不容易。我到现在也没有达到。

还有一点是，要有强大的经济后盾。干敦煌学，可是十分费钱的事。读万卷书，还必须行万里路，如走一走丝绸之路，到各国图书馆、博物馆去实地调研，全是拿钱垫起来的。所处的单位有专款，愿意培养——也就是舍得花钱，那是最好的了。

最后一点是，身体要好。敦煌学等于半个考古学，要经常跑野外，禁得住折腾。我四次赴敦煌，归来后两次大流鼻血住院各半个月才止住。在敦煌研究院招待所住，喝那里的水，每次都水泻不止，听说这样的人不少，院里的医务所给一种药片，吃下立即止住。六十三岁以后，再不敢往干燥又水质不佳的西北去了。现在只可下江南。

因上举各种情况，我已经基本上撤出敦煌学领域。刘进宝先生老赏脸打电话来，我原来以为是要写论文呢，那可是猴年马月的事了。后来，杨宝玉来说，聊几句就行。那咱们还能勉强做到。于是，汇报以上这些，作为我向敦煌学界诸公的请假条。此后，这个领域没有我了。大伙儿别再找我啦！惭愧呀，惭愧！

2009年1月17日，星期六，紫霄园

（原载于刘进宝主编《百年敦煌学》第21—24页，甘肃人民出版社2009年出版）

对敦煌俗文学
中讲唱文学作品的一些思考

总括性的说明

　　1983年3月中华书局出版的《学林漫录》第七集中，载有严绍璗学长所写的《狩野直喜和中国俗文学的研究》一文，文中指出：日本的近现代中国学奠基人之一狩野直喜（1868—1947）撰写的《中国俗文学史研究的材料》一文，在1916年出版的《艺文》杂志第七卷一期、三期中连载。其中使用的"材料"就是敦煌遗书中的《唐太宗入冥记》（后来人拟题）等，狩野氏并指出："治中国俗文学而仅言元明清三代戏曲小说者甚多，然从敦煌文书的这些残本察看，可以断言，中国俗文学之萌芽，已显现于唐末五代。至宋而渐推广，至元更获一大发展。""中国俗文学"这个专门性词语，或者说专名词，就此创造出来。当然，说它是"中国俗文学的萌芽"，而且"已显现于唐末五代"，则时代晚了不少。中国俗文学究竟萌芽于何时，因第一手资料缺乏，只可悬测，但比唐末五代要早得多，是肯定的，这里暂且不提。狩野氏创造此词，必然受到中国学者刚刚创造的"俗曲""通俗诗""通俗小说"等词语的影响，那几个词语，可都是当时用来对口研究"敦煌俗文学"的。至于"敦煌俗文学"这个词语或者说是专名词,它的大致内涵,则大体上是由郑振铎先生确定下来,并经由他的里程碑类型巨著《中国俗文学史》巩固起来,并在较短时间内得到学术界认可的。过去的中国研究者,大多对"中国俗文学"这个专名词的发明权不甚考究,一般溯源到郑振铎为止。实则,狩野氏首创之功不应埋没。当然,确立"中国俗文学"和"敦煌俗文学"这两个学术范畴,并使之越来越通行于中国乃至国际学术界,乃郑氏之功也。

在进入本题之前,我们似乎应该就"敦煌俗文学"这个专名词所涉及的研究材料范围以及它的内涵等,先作些概略性质的探讨。

一点是,敦煌俗文学研究使用的原始资料,或者说研究对象,也就是敦煌学研究中常说的"原卷",全部出自敦煌遗书。举世皆知,敦煌遗书,就是敦煌莫高窟第十七号窟(藏经洞)的那批出土文物中占绝大多数的写或刻有文字和绘或绘刻有图画的材料。根据现当代国内外各个单位图书登录的情况看,连全卷带残本,著录者大致在五万件以上。必须指出,藏经洞是僧人庋藏寺院中各种物品之处,虽然因何与为甚么存放这些物品至今还是疑窦,多家解释均属猜测,但它带有极强烈的佛教寺院存物处性质,则是毫无问题的。再则,敦煌虽为丝绸之路上的重要都会,究竟僻处西北边区。三则,这批材料也远非那时敦煌各个寺院书籍法物之全部。因而,要对这批材料的重要性有清醒的认识,对它们的覆盖面不可估计过高。其中,带有文学性质的藏品不多,粗略估计，也就在百分之二三左右。它们远不足以反映出5至11世纪中国文学作品情况之全貌，特别是更不能表现那一段时期中国俗文学作品及其相关资料的全貌。至于依靠现存的这些材料来上挂下联，由于缺乏本身和上下的许多环节，更得小心从事了。

另一点是，由于中国古代对俗文学作品极不重视，任其自生自灭，因而唐五代以前保存下来的俗文学作品极少，相关记录也极少。敦煌遗书的出现，平添了许多这两方面的原始资料，使现代研究者大开眼界。研究者的注意力自然而然地先聚光于此。直到现在，敦煌俗文学研究既是最早的敦煌学研究的焦点，也是至今兴盛不衰的重点课题，吸引了大批敦煌学研究者。这是一方面。辩证地看，不宜忽视的另一方面是，经过中外学者七八十年的层积性努力，原卷整理粗具规模，相关资料也大略开掘殆尽。能解决的问题，可以说解决得差不多了。有些提出来的应该解决的问题，因为缺乏上述两方面资料及其他相关材料的支持，看来一时也彻底解决不了。这一点必须提请想涉足这一领域的初学者特别是青年人注意，这里已经远不是一块处女地了。

再一点是，整个敦煌学的研究，自然更包含敦煌俗文学的研究在内，这七八十年的研究过程显示，其成果与上述原卷和原始资料的公布有密切关联。众所周知，敦煌原卷的公布是比较缓慢的，至今尚未完毕。前贤筚路蓝缕的研究工作，往往是在资料十分贫乏的情况下进行的。但他们爬梳剔抉，却把与敦煌俗文学有关的原卷整理初毕，研究参考史料大体上勾勒出来并收集公布。我们现在学习敦煌俗文学，一定要重视并尽可能地继承这份遗产。一定要知道，至当前为止，已经解决或者说大致解决了甚么问题，哪些方面钻研下去收获不一定大，哪些问题还没有解决，当前有没有解决的可能。我们下面将要具体探讨的，大致就是这类问题。讨论之前，先把这七八十年的敦煌学研究史，特别是敦煌俗文学研究史，特别是有关敦煌俗文学中讲唱文学作品研究的历史及其成就与尚待解决的问题，作一点概略性质的扫描，相信对再往下的分述并进一步分析会有帮助。

20世纪中国敦煌俗文学中讲唱文学作品的研究，大体上可以分为四个阶段来观察：

第一个阶段，1909—1924年。只能根据国外学者供应的卷子照片等进行研究。基本上处于介绍、录文和根据这些不全不备的原始资料作出初步的探讨的情况下。如王国维在1920年介绍伦敦藏本《季布歌》《孝子董永传》《唐太宗入冥记》和"杂曲子"等；罗振玉于1924年在《敦煌零拾》中首发《云（雲）谣集》和"佛曲三种"（都是"讲经文"）等。这时对敦煌俗文学作品的多样性缺乏认识，常常以"佛曲""通俗小说"等不确切概念来总括。但能够认识到它们是前所未见的宝贵的通俗性质的文学作品，呼吁学术界应引起重视。

第二个阶段，1925—1949年。以刘复、向达、王重民为代表的新一代敦煌学学者，远渡重洋，赴英、法两国亲自过录原卷，并进行了比较深入的研究。特别是向达的《记伦敦所藏的敦煌俗文学》《唐代俗讲考》，区分出当时认识到的多种敦煌讲唱文学作品，为之归类。把"俗讲"的相关资料也搜集得相当齐备。郑振铎利用早期的敦煌文献辑录和时贤的研究成果，在1929年写出两篇奠定敦煌俗文学在学术领域中的地位的文章：《敦煌的俗文学》《词的启源》。1938年，郑氏的《中国俗文学史》出版，于全书十四章中以两章的篇幅分述"唐代的民间歌赋""变文"，从此，敦煌俗文学在中国文学史上必须占有一席之地的地位，便更为治文学史者知晓和重视，进而不可动摇了。但郑氏用"变文"这一专名词来概括敦煌所出的大部分讲唱文学作品，特别是把俗讲底本也算作变文，影响深远，直至现在。

这一阶段的后期，即抗战胜利前后直到解放前，学者们开始明确区分变文与俗讲，广泛搜集资料，开展了两方面的研究。一方面是对俗讲和变文的资料搜集并深入探讨。重要的论文有孙楷第的《唐代俗讲轨范与其本之体裁》，傅芸子的《俗讲新考》。连同上述向达《唐代俗讲考》，这三篇文章已经把俗讲的相关情况论述得相当清楚，把俗讲从广义的"变文"中剥离出来了。另一方面是专门研讨"变文"命名之由的，大致分为寻找从梵文词语音译或意译的可能性的"外来说"，和立足于以汉语解说的"本土说"两派，讨论直至现在，也并无公认的正确结论。

第三个阶段，1950—1966年。有几部重要的总结性著作出版。一部是向达等六位学者共同编成的《敦煌变文集》，1957年出版。这是敦煌讲唱文学体裁作品的第一次大结集。

此外，总书目性质的目录著作（实由王重民主编）《敦煌遗书总目索引》于1962年出版，大大地促进了包括敦煌俗文学在内的敦煌学研究。在此，必须把《敦煌变文集》编纂出版及与之相关的一些情况略加说明：当时，各国所藏敦煌卷子全部缩微胶卷尚未公布，我国学者看到的原卷与照片极为有限。第一部敦煌讲唱文学的"总集"性结集，周绍良先生所编的《敦煌变文汇录》，1954年由上海出版公司出版，1955年增补再版，只收录了38篇。当时周先生所见，只是北京图书馆、北京大学图书馆所藏的一些原卷，还有向达、王重民等先生从英、法两国拍摄带回来的照片，以及刘复、许国霖等人的录文而已。可是增补本附有《敦煌所出变文现存目录》，按"押座文""缘起""变文"三组著录，这是一次新的分类，共著录了78件写本，虽然不全不备，但连同编者在《叙》中提出的自己对变文起源、体制等方面的见解，当时使人很受启发。出版后学术界颇有建议再作补苴者。正好王庆菽先生以个人之力，从伦敦和巴黎拍摄带回近两百件原件照片，于是，以此为基础，在人民文学出版社组成编纂班子。向达、王重民等六位先生为编者，其中王庆菽先生驻社。社内编辑是周绍良先生。连同往北京图书馆、北京大学图书馆等处核对原卷，最后由196件中选出187件，校订成78篇作品。吉林大学出版社于1987年出版的王庆菽先生所著《敦煌文学论文集》，从某种意义上说，像是编纂《敦煌变文集》的历史情况、编辑过程说明，外带资料解说汇编。鄙见是，此书对研究敦煌讲唱文学，特别是对研究它的发展嬗变的历史，极有参考价值。建议读者自行参考阅读。

《敦煌变文集》出版后影响深远。我们不能不佩服王庆菽先生，她挑选拍摄带回的这些原件，大体上反映出敦煌讲唱文学作品的全貌，并旁及其他相关作品。后来人增补者不多，且多为俄、日所藏，那时尚未公布无缘得见者。然而，此书也对后来的研究者起了"定性"的作用。它用"变文"来以偏概全，统率其他各种文体。它的"引言"从前述的已经区分开变文和俗讲的研究成果中倒退，依然含混不清地把两者时合时分地叙述，总的倾向是把俗讲作品往变文一方拉，并把一些不属于变文和俗讲（有的有明确自名）这两种文体的作品也归入变文，迷惑了许多后来的研究者。按拙见，更重要而至今被研究者忽略的另一方面是，它把讲唱文学作品的范围扩大化，一些不应纳入的也划进来了。直至现在，大多数研究者还是脱不开《敦煌变文集》的牢笼。例如，周绍良先生、李鼎霞和笔者合作编纂的《〈敦煌变文集〉补编》，所收一篇真正的变文也没有，大致都属于俗讲范畴，虽然在前言中再三说明，书名还得写作《敦煌变文集》的"补编"。此外，非讲唱而最多仅可看成供讲唱者使用的参考材料的，却充斥于《敦煌变文集》之中。笔者写作这篇"思考"，从大的方面说，就是要为飞出上述两个思想牢笼而挣扎。

这一时期发表的有分量的敦煌俗文学论文较少，程毅中学长的《关于变文的几点探索》堪称有新意的作品，此文于1961年初定稿，发表于《文学遗产增刊》第十辑（1962

年），当时在国内反响毫无，但后来颇受俄、日等国学者重视。另一篇更重要的文章，是周绍良先生的《谈唐代民间文学——读〈中国文学史〉中"变文"节书后》（载于《新建设》杂志1963年1月号）。此文首创将敦煌的"民间文学"作品区划为"变文""俗讲文""词文""诗话""话本""赋"等文体，并专就点到的六种体裁的特点作了较明确的说明。此文结尾指出："仅粗略地举了六种，还不能概括唐代的民间文学。"并指出："如果把唐代民间文学都视之为'变文'，认为只有'变文'一种"，那就是极不正确的。周氏的剖析与结论，对于后来人研究敦煌俗文学中的讲唱文学作品来说，确实有发凡起例之功，至今仍有极大的参考价值，起指导作用。更需指出，周先生极为聪明与审慎，他举出的六种作品，虽说是举例性质，但都是或有自名的，或文体特点突出的，容易引发争议的没有提到。

但是，1965年7月4日的《光明日报》副刊《文学遗产》第515期上，发表了挚谊《关于唐代民间文学研究的几点意见》一文，针对周氏提出批评。此文认为周氏的文章"对历来被笼统称为'变文'的东西作了新的审查"，并将它们分为六大类（实际上周先生只是举六类例），"这种力图摆脱'俗文学'研究者旧说的努力是值得肯定的"。同时指出周氏文中一些不够周延有待进一步探讨之处，这些质疑，已经引起20世纪80年代起新一代学者的注意，并从而进行研究，作出种种的解答。可以说，周氏与挚谊二文，为二十年后敦煌讲唱文学的研究大体上指出了问题所在和研究方向。挚谊的文章还提出一个在那时可算是原则方面的问题，亦即能上纲的问题，就是"过去许多人把《敦煌变文集》里的作品全都看做民间文学就是混淆了两种不同性质的东西的界线"。原来，当时的"民间文学"的概念，源自前苏联的文艺理论，对它的大致的理解是："指群众集体口头创作。是口头流传，并不断地集体修改、加工的文学。"是"处于被压迫地位的人民的创作"。"用文字记录下来的历代民间文学，大多经过文人的整理、加工、修改，有的有所提高，有的被篡改。"用这把尺子一衡量，敦煌遗书中的带有文学性质的作品哪有几篇合格的？这倒预先暗中提醒了拨乱反正后的敦煌学界：最好不再沾"民间文学"的边，以免纠缠不清，干脆回到"敦煌俗文学"这个解放初期已经不太提起的老概念中来，反倒在模糊概念中显得自在了许多。

第四个阶段，自拨乱反正后至现在。十年动乱前后的十几年中，内地的敦煌学界万马齐喑。1982年，上海古籍出版社出版周绍良、白化文所编的《敦煌变文论文录》，似乎带有敦煌俗文学研究早春燕子的姿态。自20世纪初以至当时，重要的敦煌讲唱文学研究论文均收录进去了。其中暗示出的研究方向，是对上述第三阶段周氏与挚谊两文指出的应研究的问题的继续与深入。1983年，中国敦煌吐鲁番学会成立，标志着中国的敦煌学研究步入崭新的阶段。敦煌俗文学研究是其中开展最快、成绩最大的一个领域。必须说明，从20世纪50年代起，有人提出"敦煌文学"这一更加宽松、更为模糊的概念。1980年，张锡厚所著《敦煌文学》一书由上海古籍出版社出版。其内涵虽主要还是敦煌俗文学中的讲唱文学和"歌辞"两部分，但加上了"敦煌诗歌"等内容。此后，为了扩大研究领域，越来越多的研究者取向"敦煌文学"。时至今日，敦煌俗文学的研究者欲专门研究敦煌俗文学，有时就得采用从"敦煌文学"作品录文和研究著作中剥离这一部分内容的办法了。

改革开放以来的二十年中，敦煌俗文学研究的重大成果首先表现为：篇幅巨大的、内涵精湛的录文与注释专书出现。其中，项楚的工作出版较早且有连续性，成绩又好。他的《敦煌变文选注》（1990年巴蜀书社出版）、《王梵志诗校注》（1991年上海古籍出版社出版）、《寒山诗注》（2000年中华书局出版）都堪称体大思精的名作，而且为后学树立了典范。而其《敦煌文学丛考》一书（1991年上海古籍出版社出版），则似乎是在为上述结集作辛勤准备工作的记录。原杭州大学蒋礼鸿和郭在贻两位先生，相继进行敦煌俗文学作品中词语的研究，卓有成绩。蒋氏的《敦煌变文字义通释》一书，蜚声海内外，叠经修订重版。张涌泉、黄征等为其后劲，异军突起，也在这方面作出了极大的成绩。今日后学青年欲研究敦煌俗文学，必得先从通解作品词句入手，笔者建议：蒋、郭、项、张、黄诸氏的著作必须常备案头，经常作为准工具书翻阅。以川大和浙大等高校中文系为基地，项氏和张永言氏等位培育出的新人辈出，他们的新著和在《中国语文》等杂志上刊载的新出论文，也应及时阅读，择善而从。勿以斯言为河汉也！

1988年，周绍良先生发表了《敦煌文学刍议》一文（后收入《敦煌文学刍议及其它》一书，1992年台北新文丰出版公司出版），将"敦煌文学"的内涵予以界定，"试选"出三十二类作品，实际上提出来的各类作品比三十二类还要多。这是比照《昭明文选》的分类法，并将主要是属于俗文学类别而为《文选》分类所未能概括的各种作品按其所属类别补入。这是一次扩大"敦煌文学"内涵的大胆的尝试。在它的指导思想影响下，产生的直接成果是《敦煌文学》（1989年甘肃人民出版社出版）。此书可说是周氏论文的进一步较详细的说明，其中阐述了经归属为二十五类的"敦煌文学"作品的内涵。颜廷亮主编的《敦煌文学概论》，1993年亦由甘肃人民出版社出版，又是前一书的扩大发展与提高。依拙见，所谓"敦煌文学"，其内涵似已晕染性地向四周进行模糊侵蚀，至少其中一部分只是带有文学意味或说气息的古代应用文。作为另一次试验性质的编纂，早在1987年即已在中华书局出版的《敦煌文学作品选》，虽以"敦煌文学"冠首，实际上所选大部分仍是敦煌俗文学作品，范围并没有扩大多少。拙见仍然是，咱们现在研究的既然是敦煌遗书中的文学作品，特别是其中有特色的多为俗文学作品，如果咱们又是从中国俗文学研究的角度来观察和探讨，那么，最好还是限制在基本上属于俗文学的范畴之内，特别是敦煌讲唱文学作品之内，因为这些作品安在俗文学研究范围之内最为合适。我们不宜将涉及面扩充得太大太宽。

1985年至1998年，几乎中国内地的所有的敦煌学研究者，在中国敦煌吐鲁番学会领导下，以上海辞书出版社为强大的后勤依托基地，通力合作，编成《敦煌学大辞典》，于1998年底出版。这是中国和国际敦煌学研究的一件大事。其中，将"敦煌文学"和"敦煌俗文学"两大词条并列，各抒己见，体现出兼容并包的百花齐放精神。辞典内"语言、文学"词条约六百条，大体上包容了这方面的内容。虽出于众手，基本上能做到求同存异，表现了20世纪中国内地学者的整体水平。初学者最宜浏览。其中有关敦煌俗文学的内涵连贯起来，可当一部简单的敦煌俗文学通论读。但须细致地揣摩其中各作者表述中的细微差别。惟在善读者耳。

张鸿勋《敦煌说唱文学概论》与《敦煌话本、词文、俗赋导论》两书，均于1993年由台北新文丰出版公司出版。此二书是典型的论述敦煌俗文学中有关讲唱文学的各种重要体裁作品的专书。张锡厚《敦煌文学源流》一书，于2000年由作家出版社出版。此书是他二十年前的旧作《敦煌文学》小册子的扩大与提高。除以部分篇幅讲述传统性质的文、诗、赋等以外，书中主要还是在论述敦煌俗文学作品的。此三书几乎将迄今为止研究敦煌俗文学的相关资料列举无遗。初学者阅读这三部入门书，定有助于理解"敦煌俗文学"的内涵，还可对直至现在诸家研究者的代表性看法和已经搜集到的资料浏览一过。这两位都是循规蹈矩做学问的，不像在下头脑中尽跑野马。

笔者脑中跑马的奇思怪论，都不是什么大问题，姑名之为"思考"。以下，大致依体裁分述研究中已经解决和尚待探讨的问题（研究中的重点与难点）等，作简单剖析并略抒浅见，仅供初学者参考而已。

"转变"与"变文"

所谓讲唱文学，指的是或连讲带唱，或光讲，或光唱，但都有故事性的作品，或与这些作品有连带关系的作品。这些作品应该都带有能公开表演的特性。例如，下面将要提到的"押座文"等，虽本身有时故事性不强，却是附属于俗讲之中的。

作为表示一种文体的术语，"变文"是自名，简称"变"。见于敦煌卷子中的有多处：

《汉八年楚灭汉兴王陵变一铺》（伯3627，尾题），也作《汉将王陵变》（斯5437等，首题，封面题）。

《舜子至孝变文》（伯2721，尾题），也作《舜子变》（斯4654，首题）。

《八相变》（京云24，纸背题）。

《降魔变文》（斯5511等，首题，尾题），也作《降魔变》（斯4398，首题）。

《破魔变》（伯2187，尾题）。

《大目乾连冥间救母变文并图（"并序"二字写后又抹去）一卷并序》（斯2614，首题；尾题："大目犍连变文一卷"），也作《大目乾连变文一卷》（伯3107，背题）。

《频婆娑罗王后宫彩女功德意供养塔生天因缘变》（斯

3491，首题）。

探讨变文内涵者，一般均以上述七种有自名者为基本研究对象，并主要参考以下材料：

吉师老《看蜀女转"昭君变"》："妖姬未着石榴裙，自道家连锦水濆。檀口解知千载事，清词堪叹九秋文。翠眉颦处楚边月，画卷开时塞外云。说尽绮罗当日恨，昭君传意向文君。"

李贺《许公子郑姬歌》："长翻蜀纸卷明君，转角含商破碧云。"

可知，演唱变文，称为"转（啭）变"。郭堤《高力士外传》："太上皇移仗西内安置。每日，上皇与高公亲看扫除庭院，芟薙草木。或讲经、论议、转变、说话，虽不近文律，终冀悦圣情。"乃是在内廷作通俗性小规模的演出。"不近文律"是与唐玄宗在位时观赏的"阳春白雪"类型的歌咏、舞蹈作对比（那类表演用于侍奉别人去了）。有人认为只是高力士一个人在表演这些技艺，恐不尽然。《太平广记》卷二百六十九引《谭宾录》"乃设诡计，诈令僧设斋，或于要路转变"，则是找人（和尚？）在大路旁正式演出，招徕观众。至于正规的演出场合，段成式《酉阳杂俎》前集卷五"怪术"篇中有云："望酒旗、玩变场者，岂有佳者乎！"（题薛昭蕴编纂的《幻影传》亦引此条）则"变场"可以当之。王重民先生认为，变场地点可在寺院，亦可在集市、家庭中的大庭院等处："铺个摊子，挂上画卷，就可开讲。"此说可供参考，但缺乏直接书面或其他材料证明。间接证明，则有下面要提到的《绘画与表演》一书中列举的许多旁证。

变文中本身表现出的特点，主要有：

完整的变文结构形式，都是一段散文说白，再接一段韵文唱词，如此复沓回环。在由白变唱之际，必有某些表示衔接过渡的语句，如"看……处""若为陈说""当尔之时，道何言语"，这些惯用语句都是用来向听众表示即将由白转唱，并有指点听众在听的同时"看"的意图。《王陵变》中还有"从此一铺，便是变初"的指示性质的话。按：那时，连续的（但不一定带有故事性）的图画合在一处称为"铺"，包括壁画、纸画、绢画，都可如此称呼。我们还可看到真正的"一铺"画卷（或说是其稿本），即伯4524号卷子，那是《降魔变》画卷，纸背有相应的七言韵文。画主文从，似应称为变相画卷，附录变文唱词以便对照。于此更能证明变文是一种图文对应的演出文本。它有"说"，有"唱"（"歌""转"），其表演称为"转变"（意思是"唱变文"）。

转变时，以展示和卷收的画卷配合演出。这是变文演出的与其他体裁的讲唱文学明显区别的一大特点。已有人（如程毅中）指出，这种表演形式有点像近现代曲艺中的"拉洋片"。向达等曾经举出随郑和下西洋的人在爪哇所见的类似的表演状况。美国学者梅维恒所著《绘画与表演》一书，大规模地搜集了世界各地的类似表演的例证。中译本由王邦维、荣新江、钱文忠译出，2000年北京燕山出版社出版。有兴趣的读者可以参看，不赘述。

必须注意：据前引资料，变文表演的内容有佛家故事，也有世俗故事。表演者有僧人，也有俗人（如专业女演员）。这一点与我们下面将要解说的"俗讲"大不相同。俗讲是僧人（或道士）的事，只是为教化俗人而较通俗地（相对于正规讲经而言）吟诵、演唱、讲解佛经（或道经）故事。

应用上述几个特点为尺度，衡量一下《敦煌变文集》及其"补编"等总的标为"变文"的那一大批材料，可以发现，其中真正的变文不多。除上引的七种外，大致还有以下几种：

《李陵变文》（拟题）。

《王昭君变文》（拟题，伯2553）。

《张义潮变文》（拟题，伯2962）。

《张淮深变文》（拟题，伯3451）。

此外，还有三种，有的研究者将其也归入"变文"的，可以讨论：

一种是拟题为《董永变文》的，原卷编号为斯2204。此卷只有唱词，缺乏散文叙述，也没有表示指点画卷的词句。《敦煌变文集》于此篇的校记中有云："叙述了整个故事，但文义多有前后不相衔接处。疑原本有白有唱，此则只存唱词，而未录说白。《降魔变文》画卷亦有唱无白，但其他抄本则有唱有白。"录以存疑。

伯3645号，首题：《前汉刘家太子传》，似杂抄几则故事，而以刘家太子一则为首。以下几则，彼此间看不出有何内在联系。最后一则为董贤故事，结尾是王莽把董贤拘入监狱，董贤夫妇"自到而死"，至此为止。下面另起一个"尾题"："《刘家太子变》一卷"。这可是明确的"变文"了。但其特点与前述变文的特点毫无共通之处。拙见是：这篇绝对不是变文。只是几则近似于"类书"连缀性质的杂抄，说不定还是抄录者自己随手摘录。大约抄写者抄到此处，想起可以接着抄录另一篇真正的变文《刘家太子变》，于是先写上"首题"，下面因某种原因，没有再接着抄正文。这是个大胆的假设，可惜，只是推论，看来现在只能就卷子所录内容来判断它们决不是变文，从别处无法小心求证"刘家太子变"之究竟矣。

还有个本不成问题的问题：斯4511号，尾题为《金刚丑女因缘一本》；伯3048号，首题为《丑女金刚缘》；斯2114号纸背，首题《丑女金刚缘》。按其表现形式与明确的题目，确属"缘起"无疑。只是伯3048号末尾多出"上来所说丑变"这未抄完的半句话，许多研究者就把"丑变"两个字抓住，认为是变文了。其实，此句还没说完，说不定下面要说的是"变俊""变美""变好"之类的话呢。

对"变文"这个专名词的解释，前面已经说过，分为从梵文中找音译或意译的，和单纯从汉语词义来解释两派。梵文派到现在找不出能说服人的理由。汉语派也有几种解释，拙见依然是，以从孙楷第到周绍良两位先生的解释最容易说得通。兹录周氏原话如下；"'变'之一字，也只不过是

'变易''改变'的意思而已,其中并没有若何深文奥义。如所谓'变相',意即根据文字改编成图像;'变文',意即把一种记载改编成另一种体裁的文字……如依佛经故事改编成说唱文,或依史籍记载改变成说唱文。"我们还可从而导出一种已被大多数研究者认为是常识性的认识:变文与变相有密切关系。但是,我们也应该认识到,许多变文讲述世俗故事,那就与佛教变相无关了。美国梅维恒(Victor H. Mair)教授《唐代变文》一书中,对变文的表演、变文与俗讲中的各文体的分别等有明确表述,还细心地对照《根本说一切有部毗奈耶破僧事》的梵文本与中文本,指出中文本是把梵文原字字根nir-mā翻成"化为"的。他又指出,中文佛教词语常为融合梵文中几个词语化合而成,常常不等同于任何一个梵文词语。此见解颇为高超,从而可以引申出可能难以找到"变文"的"变"字的一对一对应性梵文词语的论点,间接支持了周绍良先生的见解。

总之,我们必须认识到,在敦煌遗书中,真正的变文恐怕也就是上举的那些。一部《敦煌变文集》,其中可归入变文的,也就是那末一些了。《〈敦煌变文集〉补编》之类的"补编",所补的主要是些"俗讲"的材料,包括押座文等。

有的研究者认为,《敦煌变文集》行世多年,深入人心,无妨用"变文"这个专名词来以偏概全,覆盖整个敦煌俗文学中的讲唱文学作品。鄙见以为,要把这些作品全算成"广义的变文",而把真正的变文算成"狭义的变文",也未尝不可。但是，研究者心中要有数：这可是咱们当代人的理解。唐代人恐怕不是这样认识变文的。刚刚步入此领域的人更得小心，特别是不能把前人已辨别清楚的变文与俗讲再混为一谈。

"俗讲"及与之密切相关的各种文体

"俗讲"是"化俗讲经"的通行简称。汉代儒生师生讲经极为通行，讲的是儒家经典。通常在老师讲解经书时，有高足弟子一位朗诵经文，并率先提问，此人称为"都讲"。大约从南北朝时期开始，佛教抄袭变化了儒家讲经的一套程序，也在讲经时，由法师主讲，都讲唱读佛经经文，如此一段一段地讲读下去。这就是佛教的讲经。讲经一般用于僧人内部及文化水平高的信士学习之时。在此基础上，从而演化出一种针对世俗人等的通俗化的讲经，这就是"俗讲"了。日本入唐八家之一的智证大师圆珍，在其《佛说观普贤菩萨行法经文句合记》卷上（《智证大师全集》第二第402页）讲到有关正规讲经（即下面引文中的"僧讲"）和"俗讲"有别的情况，非常清楚：

> 凡讲堂者，未审西天样图；若唐国堂，无有前户，不置佛像，亦无坛场及以床座。寻其用者，为年三月俗讲经；为修废、地、堂塔，劝人觅物，以充修饰……讲了闭之以荆棘等，若无讲时不开之。言

"讲"者，唐土两讲：一、俗讲，即年三月就缘修之。只会男女，劝之输物充造寺资。故言"俗讲"。僧不集也。云云。二、僧讲，安居月传法讲是。不集俗人类也。若集之，僧被官责。

上来两寺事皆申所司，可经奏外申州也，一月为期。蒙判行之。若不然者，寺被官责。云云。本国（按，指日本）往年于讲堂不置像，或不坚户，此似唐样。今爱安佛，乖旧迹也。又无俗讲，古今空闲耳。讲堂时，正北置佛像。讲师座高阁，在佛东，向于读师座。读师座短陕（按，《说文·阜部》："陕，隘也"。通"狭"），在西南角，或推在佛前。故值越请开题时，北座言"大众至心合掌听"，南座唱经题。

所引此段十分重要。它明确表述出：一、僧讲与俗讲的内涵（"传法讲"与"会男女劝之输物"）、开讲时间、听众等不同。二、此两类"寺事"都需"奏"和"申所司"批准才能办。三、开俗讲之地是"讲堂"，平时不置佛像，不安窗户。四、开俗讲时，讲师和读师的座位式样、高矮、请开题，唱经题等，都简略述明。将此段引文再与向达先生《唐代俗讲考》和孙楷第先生《唐代俗讲轨范与其本之体裁》两文对读，俗讲的体式已经讲得很清楚，相关资料在此三文中也表述和搜集得差不多了。请读者参阅，我们在此不再赘述。

敦煌遗书中所出有关俗讲的原卷，在《敦煌变文集》及其"补编"一类书籍中大致罗致无遗。看来，它们有几种体裁。

在唐代，至少是在中晚唐，有资料表明，正规的俗讲，常由皇帝敕命，指定在某段时间内，在某些大寺院中进行，称为"开俗讲"。日僧圆仁《入唐求法巡礼行记》卷三中记载，会昌元年（841年）正月十五日至二月十五日，"敕于左右街七寺开俗讲"，还敕左右街各一处道士开道教的俗讲。可惜道教俗讲的直接宣讲资料没有传流下来，只留下一个笑话：

> 大唐有道士法师俗讲，其处有听者三十计（许？）。法师礼称云："南无不可思议功德！"俗人嘲云："'南无'不可听闻！"

这是嘲笑道士抄袭僧人念经呢。亦出自圆珍在日本对僧徒所讲的《大日经疏钞》。我们引自《智证大师全集》第二的第681页。

佛教的俗讲文，现存者多种，可惜没有一种把此种文体的共名传流下来。伯3808号有明确标示的首题：《长兴四年中兴殿应圣节讲经文》，尾题却是《仁王般若经钞》。据此首题，现当代研究者一般称同类作品为"讲经文"，但这篇是专为那一天"讲经"而作的"颂圣"文字，带有专用性质，恐非这类文章的文体共名。故周绍良先生称这类文章为

"俗讲文"，系代拟。下面会讲到，俗讲的文体至少还有明确自名的"因缘""押座文"，它们也得计算在俗讲之内，因而，以"俗讲文"单指还找不到自名的那种较正规的俗讲文体，恐怕也有以偏概全之弊，还是暂且用"讲经文"来作代拟的共名，多少有那篇自名为"讲经文"者为据。现存此种文体的原卷均显示出是法师（讲师）所用备忘或者说是参考用的底本的形态，相当现代教师的"课堂用备课笔记"或"教学参考书"。这是因为，都讲（读师）所读的是现成的经文，用不着再抄一遍了。其最明显的文体特点是：在由法师讲完一段，需要由都讲接着吟诵下一段时，法师就用"……唱将来"提醒，有时还加上激励，如："都讲阇黎着气力，如擎重担唱看看！"（北河12号，拟题为"父母恩重经讲经文"）这是个特例，一般均以"唱将来"提起都讲要吟诵的下一段。

这种"讲经文"，一般都是韵文、散文相间，也就是在讲经时讲完了唱，唱完叫都讲再读一段经文。如此回环往复。原卷中常注有"侧""平侧""断""侧吟""古吟上下"等词语，研究者认为均为标明吟唱时应注意使用的音乐术语，但对其如何具体使用言人人殊，迄未取得一致意见。这个课题有待今后研究者去努力研究。

正规的俗讲仪式，向达先生首引伯3849号纸背所记，以其重要，辄具引如下：

夫为俗讲，先作梵了；次念菩萨两声；说压座了。素旧（向氏云："二字不解"。这个问题至今没有确定答案）法师唱释经题了；念佛一声了；便说开经了；便说庄严了；念佛一声；便一一说其经题字了；便说经本文了；便说"十波罗蜜"等了；便念念佛赞了；便发愿了；便又念佛一会了；便回［向］愿取散云云。已后便开《维摩经》。讲《维摩》：先作梵；次念"观世音菩萨"三两声；便说押座了；便素唱经文了，唱日，法师自说经题了；便说开赞了；便庄严了；便念佛一两声了；法师科三分经文了；念佛一两声，便一一说其经题名字了；便入经说缘喻了；便说念佛赞了；便施主各发愿了；便回向发愿取散。

向达指出：这是以讲《维摩经》为例，其仪式与日本僧人圆仁《入唐求法巡礼行记》中所记三次正式讲经仪式差不多，只有"说押座"是俗讲特有的。可见"押座"也是俗讲的一部分。敦煌遗书中所见，自名为"押（压）座文"者多种。它们主要是唱词，句式常为七言句。几乎没有道白。篇幅不长。押（压）座，意为"弹压四座"，目的是让开场前乱哄哄的听众借此静下来。其作用和后世的入话、引子、楔子、开场白等的作用差不多。还有一种常与押座文抄写在一起的夹几句道白的唱词，从其内容看，是供解散听众用的。它没有留下自名。《敦煌变文集》中也把它们算成押座文了。如斯2440号中《三身押座文》的最后四句，伯2305号误题为"无常经讲经文"的。这类体裁的文字，孙楷第、周绍良两先生拟题为"解座文"或"散座文"，乃依《广弘明集》卷十九陆云《御制般若经序》中所说："自开讲迄于解座，凡讲二十三日"；还有《续高僧传》卷三十八记隋代僧人慧恭"经讫下座，自为解座囗"的话，当然，这都是指正规讲经而非俗讲，不过也是最可供参照的资料了。可惜后一资料"解座"后一个字泐去，造成现在众说纷纭。笔者以其基本上是唱词，姑称之为"解讲辞"，乃依六朝时"斋讲"有"解讲文"之例。这都不是定论。敦煌遗书原卷中所见，押座文除了用在正规解讲之中，还可用在"说因缘"和为居士进行"八关斋戒"前的讲戒律仪式中。经和律均为"佛说"，因而讲律也可算是讲经的一部分。例如，日本著名的入唐法师宗叡，在其《新书写请来法门等目录》中就记有："《授八戒文》一卷俗讲法师文"。这是很明确的记录了。此外，敦煌遗书原卷中也有一些自名为"因缘""缘起"或简称为"缘"的说唱佛经中故事的底本，如《悉达太子修道因缘》《难陀出家缘起》《欢喜国王缘》等。文体亦为散韵相间，但不读经文，只讲佛教故事，由一位僧人演唱，称为"说因缘"。它似乎是正规俗讲的自由化发展、补充与扩大。证以后来《水浒》中的记载：鲁智深到了桃花村，说自己从长老处学得说因缘的本事，能在夜里单独给小霸王周通说一说因缘。可见，至少发展到后来，讲唱的地点、时间和对听众多少等方面的要求都比较不受约束，因而它的生命力比俗讲更强些，看来也不怎么受到政府的注意和管束。它比俗讲、转变存在的时间更长。

《悉达太子修道因缘》的开端，有一段六十句的韵文唱词，自名《悉达太子押座文》。录完此文，接着有一段说明文字：

> 凡因讲论，法师便似乐官一般，每事须有调置曲词……
>
> 且看法师解说义段……小师略与门徒弟子解说，总教省知。

这段话似乎是概括俗讲中的各个文体说的，从而我们可以推论：俗讲，总的可以简称为"讲论"，这"讲论"很可能是前述高力士那段资料中"讲经、论议"两者的综合简称。如果笔者这个推论成立，那末，"论议"指的就是说因缘了。因而，桃花村的那位老员外，理解的是鲁智深对小霸王便可借佛家因缘论议俗家姻缘一番。我们再回到"调置曲词"来看，意思是，法师在俗讲中就像演员一般演唱，并事先把"曲词"安排停当。参以上述对"侧吟"等类似于音乐术语的研讨，至少能推知俗讲连说带唱如演员一般的情态。常被引用的唐代赵璘《因话录》卷四所载俗讲名僧开讲盛况："听者填咽寺舍，瞻礼崇奉，呼为'和尚教坊'；效其声调以为歌曲。"可与上述"法师便似乐官"互为注脚也。

笔者管见，与俗讲有直接关联的文体，也就是上述"讲经文"和因缘（缘起）、押座文、"解座文"这样一些。不宜将其范围划得过大。若把周绍良先生的定名范围扩大，把这些文体统一称为"俗讲文"，倒是很能把它们概括到一处的。

俗讲的相关材料，常被引用的大致有：

韩愈的《华山女》诗（《全唐诗》卷三四一），是描述道教女冠开讲俗讲的，可以和圆仁的《入唐求法巡礼行记》中也有道教开讲的记载，以及上引圆珍的讲述参照。

姚合的《赠常州院僧》："仍闻开讲日，湖上少渔船。"（《全唐诗》卷四九八）及《听僧云端讲经》："远近持斋来谛听，酒坊鱼市尽无人。"（《全唐诗》卷五零二）。描述的是世俗人等听俗讲的盛况，并透露出，至少一部分信士听讲前必须持斋。

李洞的《题新安国寺》："开讲宫娃听"（《全唐诗》卷七二一）；又，《赠人内供奉僧》："内殿谈经惬帝怀……因逢夏日西明讲，不觉富人拔凤钗。"（《全唐诗》卷七二三）再有贯休的《蜀王入大慈寺听讲（天复三年作）》："只缘支遁谈经妙，所以许询都讲来……百千民拥听经座……"（《全唐诗》卷八三五）都反映了群众听俗讲的盛况。但是，"内殿谈经"可未必是听俗讲，也可能是六朝以降的常规讲经。西明寺开讲，宫人捐输财物，则是俗讲矣。此诗兼叙两类讲经，很值得注意研究。必须注意：俗讲是化俗讲经，正规的讲经则是僧人内部的事，只可以包括一些"维摩诘"类型的高级居士。再则，以俗讲和变文对比，俗讲的"讲经文"中，骈体文句占极大比例，带有显然的自常规讲经蜕化痕迹，和变文卷子中的口语化大不相同。此点，也是分辨两者的一个着眼点。当然，二者统属讲唱一类，是没有问题的。

附带谈一下，《敦煌变文集》中有一些明显地可算作俗讲类型的片断，尚可研究一番。例如，卷四中的斯4480、斯4128、斯4633、斯3096等号，均缺乏前述变文和俗讲的各自的特点。叙述故事，前后呈电影镜头剪接跳跃式。鄙见是，此类可能是僧人听俗讲，甚至是听正规讲经时的笔记。但没有直接确证，猜测而已。

还可就俗讲的地点再说几句。前引圆珍的记录，称俗讲的地点在寺院中的"讲堂"。必须补充说明的是，看来，这只是为当时俗讲特设的一种讲堂，不为别用，所以设备简陋，平时也不开放。但是，当时有此种特设讲堂，也说明俗讲流行，才设置这样的比瓦舍强点有限的演出房舍。必须说明，佛经译文中早已出现"讲堂"一词，如《普曜经》卷一："有大讲堂……升彼讲堂。"《大方广佛华严经》卷四四："时大庄严重阁、讲堂忽然广博无量无边。"说的都是佛说法的讲堂。《全上古三代秦汉三国六朝文·全宋文》卷六十三中的《龙光寺竺道生法师诔》，讲到"隐讲堂之空规"，看来也不是俗讲讲堂，而是正规"僧讲"的讲堂。它更有别于汉代人经常提到的儒家的讲堂。佛经翻译讲堂一词，极可能是从儒家那里借用来的。

周绍良先生曾经在《唐代变文及其它》（收在《敦煌变文刍议》一书中，台湾新文丰出版公司1992年出版）一文中，引用P.2305号卷子，即《敦煌变文集》中拟题为"无常经讲经文"，而我们认为是解座文的，其中有"且乞时时过讲院"一句，证明"至于俗讲的处所当然是在寺庙中，实则也有一个专用名词……是名为'讲院'的"。按，北宋张齐贤《洛阳搢绅旧闻记》卷一："云辩能借讲……少师诣讲院。"可为旁证。唐代寺院中常分作许多个"院"，有墙垣围绕，墙上自有大门。这些屡见记载，道宣《关中创立戒坛图经》附图所绘也很清楚。日本始建于唐代的寺院也是这种格局。因而，讲院中建讲堂，在院中堂内开讲，就是很明确的事了。北宋，魏泰《东轩笔录》卷十三："旧传东京相国寺乃魏公子无忌之宅，至今地属信陵坊……寺基旧极大，包数坊之地。今南北讲堂巷，即寺之讲院。"文中"讲堂""讲院"杂出，也可想象讲院中包容讲堂之情况，犹今之"学校"内包容"课堂"也。

　　附带说一件有意思的事：中国戏剧的起源，包括它的起源时间，它的起源是否由于外来影响等问题，聚讼纷坛，莫衷一是。敦煌研究院研究员，笔者的畏友李正宇，曾在《敦煌研究》总第十期上发表《晚唐敦煌本释迦因缘剧本试探》一文，论证斯2440号所录"释迦因缘"文体特殊。笔者体会是：其中的"队仗白说"，似为群众演员合唱或一起旁白；"大王吟""夫人吟"等似为主角吟唱。带有雏形剧本性质。证以季羡林先生《吐火罗文〈弥勒会见记〉译释》（载于《季羡林文集》第十一卷），要考究中国戏剧的起源，似乎还得到丝绸之路上去考察一番。

敦煌讲唱文学中的其他文体

实用于转变和俗讲的上述文体之外,敦煌遗书中所见,可以列入现当代研究者归入"讲唱文学"类型的文体的作品,尚有多种。分述如下。

(一)"说话"与"话本"

讲故事,如当代之说评书者,唐代称为"说话"。诸家论文中引用自隋至唐代材料,如侯白《启颜录》中的"说一个好话",元稹《酬翰林白学士代书一百韵》诗自注中的"说'一枝花'话",北奈字46号《辞道场文》中的"讲经直作耶娘相,说话还同父母因"等等,均为研究者耳熟能详,不赘述。说话的底本,即所谓"话本"者,敦煌遗书原卷中有明确自名的,仅见首题为《庐山远公话》者一种,编号为斯2073。与此卷形式相类者,有斯2144号,演韩擒虎故事,无首尾题,原文至"皇帝亦见,满目泪流,遂执盏酹酒,祭而言曰",戛然而止。下面接着的却是"画本既终,并无抄略"八个字。许多研究者认为,"画本"就是"话本"的讹写,但并无确证。从结构形式上看,归入"话本"一类,倒是说得过去。还有斯6836号,讲的是叶净能的故事。从结构形式上看,与讲韩擒虎故事的那篇极为相像,尾部还有"满目流泪而大哭曰"的那段韵文。尾题四字:"叶净能诗"。一个"诗"字,惹得许多研究者不断探究。有人认为这篇乃是后来的《大唐三藏取经诗话》那一类"诗话"的滥觞,但此卷中缺乏吟诗咏偈那些材料,论结构形式,与韩擒虎故事的写作方法却是相同,归入"说话"系统,大多数研究者可能并无异议。拙见是,要死扣"叶净能诗"的"诗"字表示的是甚么意思,又碍于一个"诗"字构不成文体,非得补个"话"字不可,还不如认为这四个字是没有写完的前半句话,下面可能要写的是叶净能的诗句呢。

斯2630号与俄藏Дx1458号,所录唐太宗入冥故事,早被研究者注意。此两卷前后残缺,标题原缺。王国维以下诸家均拟题为《唐太宗入冥记》。其结构形式与上述几种说话底本相同,大多数研究者认为属于"话本"系统。可是,此卷中有"修功德"时必须宣讲和抄写《大云经》的要求。这可是敦煌遗书原卷中习见的佛教写经所附"灵验记"的套路。笔者颇为怀疑:此卷是不是也属于"灵验记"一类,与同出敦煌遗书中的《黄仕强传》《道明还魂记》等同类。武则天要当女皇,《大云经》为其提供理论依据。为贬低前朝,就得拿唐太宗出来示众。就是这样,也得靠佛经(即使是"伪经")掩护,还得有武则天敢想敢干的劲头才行。当然,此种推论尚无依据,只是大胆假设而已。不过,既然提到宣讲和抄写《大云经》,这篇的创作时间定在唐高宗逝世后武则天当政时期,八九不离十。从此卷结构形式看,倒是以归入"说话"系列为宜。不过请注意:上引的那些"灵验记"等,结构形式也有点像"说话",叙述也颇生动。

斯0133号，演"秋胡戏妻"故事。前后残缺，缺题目。《敦煌变文集》拟题作"秋胡变文"。从结构形式看，此卷没有引导观众观看画卷的转换性质的词语，当然不是变文。原文中，除了多出一首五言六句"赠诗"，形式与上述几种说话底本雷同。窃以为，若无所依托，归入"话本"一类最为相宜。

（二）词文与词人

《敦煌变文集》中收有一种：首题为"捉季市传文一卷""大汉三年楚将季布骂阵汉王羞耻群臣拔（拨）马收军词文"，尾题为"大汉三年季布骂阵词文一卷"，基本上由韵文唱词组成的卷子。从结构形式上看，与后世的大鼓书唱词之类相像。自名为"词文"。此卷结尾两句云："具说《汉书》修制了，莫道词人唱不真。"其演唱者名为"词人"无疑。

可惜，敦煌遗书原卷中与此卷形式相同而无疑义者盖寡。

斯2204号，全为唱词，演唱"董永"故事。从结构形式上看。与季布故事极为相类。可是，《敦煌变文集》的校记中提出："叙述了整个故事，但文义多有前后不相衔接处。疑原本有白有唱，此则只存唱词，而未录说白。《降魔变文》画卷亦有唱无白，但其他抄本则有唱有白。"用《降魔变文》来类比，是不准确的。因为董永故事没有引导听众观看画卷的词语，所以，它绝不是变文。但是，校记中前半提出的怀疑有一定道理，值得研究者进一步探究。

还有一种，自名首题"季布诗咏"（伯3645号），尾题"季布一卷"（斯1156号）。所演可是张良在垓下唱楚歌故事。形式上则前有概说几句，接着有"歌曰"八句，"词曰"四十多句。此卷有待研究处极多，于今归属难言。与"词文"大概不属于一种文体。不过在此附带提到而已。

（三）一些难定文体归属的写卷

前面提到"叶净能诗"，有人以为是后世"三藏取经诗话"的前驱。因而，有一些研究者就把《敦煌变文集》中那些韵文、散文相间的一部分作品，不论它们之间结构形式上有何细微差别，就尽量归入"诗话"一类。"叶净能诗"当然算是此一类的排头兵；"季布诗咏"也被他们列入诗话类。笔者的见解，前面已经说过。此外，还有：

伯3595号，首题为《苏武李陵执别词》的，自名为"词"。是否唐代有此一种文体，并无征信。从结构形式上看，前半为散文叙述，结尾处出现苏、李"各自题诗一首"。

斯3835处（还有斯5752号），首题《百鸟名——君臣仪仗》，尾题《百鸟名一卷》。散文（带有骈体性质）叙述后，韵文以点名形式点出各个鸟名并其职事等。按其内容，并非演唱故事，倒是与后世曲艺中的"数来宝""唱花名"

等形式接近。当然，在当前没有直接认同的材料的情况下，不可贸然认为就是它们的直系祖先。只能判断：此卷自成一类，与变文、俗讲、词文等讲故事的文体均关系远矣。

伯2564号，首题"齖䶗新妇文一本"（伯2633号尾题同），尾题"齖䶗一本"；斯4129号尾题"齖䶗书一卷"。这是一篇前半为散文斗口对答，末尾有两篇对答诗句的文章。从结构格式上看，宁可说它与前面那篇"执别词"在格式上有点类似。

伯5019号和伯5039号，两残卷均为演孟姜女故事，阙题目。结构形式上为：散文（骈体成分甚浓），韵文（有标作"古诗曰"的），两者转换。散文转韵文之间缺乏过渡性词语，《敦煌变文集》）拟题为"孟姜女变文"，从形式上看不出来。有人将此篇计入"诗话"，亦有待进一步考证。

总之，"诗话"一体，在敦煌俗文学作品中能否成立，还是个未知数。有人把"诗话"和有明确自名的词文放到一起，则缺乏依据。

（四）收入《敦煌变文集》中的其他文体的篇章

在敦煌遗书原卷中留存十多卷（有些是残卷），标志着可能颇为流行（并以变化着的形态流传后世）的《孔子项托相问书一卷》，散文部分以问答为主，结尾是叙事类型长诗。其中，伯3833号小册子，题作"孔子项托相诗一首"。

明确标明为"乡贡进士王敷撰"的《茶酒论并序》，也是一篇主要为对答问难体裁的文章。

以上两篇应该归入何类？鄙见是，它们都是谐谑性质的通俗文章，但不是，或者说不直接是供讲唱表演使用的讲唱文学作品。据此立论，则前述"苏武李陵执别词"以下几种，均可作如是观。当然，把它们算成俗文学作品，是完全能够通过的，或者说是必然通过的，这些篇章的加入，毋宁说是给敦煌俗文学添加了光彩。但它们属于何种文体，或者说，唐代的人把它们算作何种体裁，我们今日又应该从新的文学分类的观点把它们算作俗文学项下的何种体裁，仍值得进一步探讨。但是，严格说，它们不应属于讲唱文学作品，只是俗文学范畴中一些可能是仅供阅览的文章。

基于同样的道理，《敦煌变文集》中所收两种《燕子赋》，以及《晏子赋》《韩朋赋》，都是"俗赋"一类。它们不属于讲唱文学作品，但属于俗文学作品。它们既然自名为"赋"，就应顺其自然，不必勉强拉进"变文"中来。它们是否像某些研究者推论的那样，能直接供表演之用，也缺乏确据。有人认为，它们不像那些文绉绉的大赋，因而称之为"俗赋"，拙见以为，这倒不失为一项合适的帽子呢。按，敦煌遗书内现存自名为"赋"的作品大约不到三十种，其中佚存者约十六七种。此类作品迭经研究者整理，最新的成果是张锡厚的《敦煌赋汇》，1996年江苏古籍出版社出版。其中所收计二十七篇，敦煌遗书中独有者十七篇。这十七篇中，可以算是"俗赋"者占多数。对这些赋的研究，特别是对"俗赋"的界定，例如，"俗赋"这个专名能否成立，唐代和唐代以前的人是怎样对待和使用它们的，现存的敦煌遗书中的赋体作品，哪些可以归入"俗赋"范围，等等，都尚待研究。但是，要说"赋"或说是"俗赋"不仅是供阅览的，还可供讲唱之用，则笔者期期以为不可。

收入《敦煌变文集》的，还有几种可以归入应用文体裁的作品。

一种是《下女夫词》，乃是婚礼前女家傧相等人拦门时与男家迎亲的人对唱的歌词，以及婚礼进行中演相等为夫妇行礼仪节襄赞歌咏的赞诗等等。

一种是《秋吟一本》（伯3618号首题。同类卷子阙题者，尚有伯4980、斯5572等），乃是僧人秋季募化过冬寒衣的唱词。是否能在俗讲法会中或会前会后演唱，是个需要研究但当前缺乏材料很难解决的事了。

至于《敦煌变文集》没有收入的材料，究竟有哪些可以归入俗文学的范围，这也是有待此后研究的问题，需要后来人去探讨的。

一些有待进一步探讨的问题

敦煌俗文学范畴中，包孕着有待进一步探讨的问题不少。上面举出一些。但应该说的是，据现在的原卷和相关资料，这些问题能不能解决，毫无把握。以下分别列举之：

《敦煌学大辞典》的"语言·文学"类词目中，列出有关文学的各种词目约五百七十条以上。若细加研究，其中可供进一步研讨的问题甚多。例如：

因缘与某些类似于僧人传记的"因缘记"之间有何关系？那些像是从僧传中抄出的"因缘记"，如"白草院史和尚因缘记""佛图澄和尚因缘记"等，据拙见，似乎不是前述的"因缘"，只是零碎抄出的僧传罢了。

带有明显佛教内容的歌辞和其他著作，如"卫元嵩十二因缘六字歌词""善惠雪山修道文"等，如何处置与归类并说明之，也是个有待进一步研究的问题。

某些佛家的"多人联章"（这是个生造的词语，只想用来说明情况，不想建立一种新概念），如"六禅师七卫士酬答故事"等，其特色与归属极有探讨价值。

敦煌所出的一些"灵验记，如"黄仕强传""道明还魂记"等，是否应列入俗文学范围？拙见是列入，但不一定能列入讲唱系列，因其能否讲唱没有硬性证明。那么，又引出另一个问题来：这类故事，到了近现代，越来越被归入"善书"一类，从文学作品中划出去了。对古代作品是否从宽？拙见是可以，但需从文学史发展和文学理论角度适当地予以说明。

以上是由翻阅《敦煌学大辞典》中各词条解释引出的问题。

接着，又有个也必须从上述角度阐明的问题，但可能容易些：词在宋代以下，越来越成为登上大雅之堂的文体。"唐诗""宋词"同为一代盛行的代表性文体。后来更成为士大夫专擅，非一般人所能率尔操觚者。一种文体，起自民间，雕琢于士大夫之手，用从敦煌"曲子词"（暂用此称）到南宋姜夔等人"自度曲"的过程足可作典型说明，因而，敦煌俗文学作品的各种体裁在后世的消长：或升入庙堂；或因时代前进而被抛出文学行列。这也是我们研究敦煌俗文学作品时一定要注意到的。"曲子"属于"歌辞"，不在我们研究的讲唱系列之内，不过捎带谈几句就是了。但也不是闲文。我们知道，中国俗文学是大范畴，包括敦煌俗文学；敦煌俗文学是中型范畴，主要有敦煌讲唱文学（以变文、俗讲文、话本、词文为代表），敦煌"歌辞"（其中有曲子词，又有后人姑且叫做"定格联章"等的曲子）；还有看来属于书面阅览性质的俗文学作品，如上述"孔子项托"、《茶酒论》《百鸟名》等。还有一些社会交往应用文，如《下女夫词》《秋吟》。《敦煌变文集》包括"歌辞"外的三类，但不全。《敦煌变文集》的内涵如此。

我们必须注意到的另一个大问题是：俗文学作品常常埋没失传。所以，敦煌俗文学作品成批出现，研究者欣喜若狂，直到现在，一直忙于上挂下联，特别是下联。比如，把变文和宝卷等联系起来，甚至看成一脉相传。初学者必须警惕地看到，文献不足，考古发掘至今也未有能大力支持的确证。所以，有一分证据说一分话。千万别说得过了头。从结构形式上分析，据拙见，应用于横向求异，即剖析敦煌俗文学作品尚可，目的主要是找出各自的特点，为它们归类。若用于上挂下联，则是纵向求同。打个比方用来说明文体特点尚可，如用"拉洋片"来比喻转变中的展示画卷。但是，硬说谁是谁的后代则文献不足，深恐难于征信也。

2001年7月7日初稿，2001年11月9日修改。

（原载于《国学研究》第九卷第187—211页，北京大学出版社2002年出版）

什么是变文

"变文"这个名称,是这种体裁所固有的,但随着变文作品的埋没,早已湮没不彰。敦煌遗书中发现了一批包括变文在内的说唱故事材料,才又逐渐引起人们的注意与研究。辑印这类说唱故事材料,最早的是《敦煌零拾》,但只泛称为"佛曲"。徐嘉瑞先生和郑西谛先生在早期也沿用了"佛曲"这名称。1929年,向觉明先生经过细致的综合研究,断定"敦煌发现的俗文之类而为罗振玉所称为佛曲者,与唐代的佛曲,完全是两种东西"[①]。向先生这个大体上的分类很重要,它启发我们:要区别开敦煌遗书内俗文学材料中说唱故事类和词曲类的材料,也要从另一分类角度区别开佛教宣传材料与非佛教材料,更要探究这些材料在当时的具体情况。在这些方面,向先生都是做了许多筚路蓝缕的工作的,特别是作了许多搜集研究资料的工作。他的《唐代俗讲考》一文,把有关资料搜集得相当完备,至今还是一般研究敦煌俗文学的人作为主要凭借的起点站。可惜向先生限于当时的认识,未能把变文和俗讲区分清楚,因此把辛苦爬梳而得的资料,属于说明变文的,有时却用以论俗讲;反之亦如是。我们认为,50年前,向先生就把有关材料搜辑得基本完备,

---

[①] 见《唐代长安与西域文明》一书第276页。

其学力功夫至可敬佩。后学的工作,恐怕是把这部分材料再鉴定一番,看哪些是属俗讲部分的,哪些是谈变文的。

比向先生稍后一些,郑西谛先生根据敦煌卷子上原有的题目,明确地提出"变文"这个术语来。经过郑先生的提倡,得到世界上学者的公认,沿用至今,又有50多年了。可是,由于对"变文"的涵义、文体特点等,在采用这个术语的当时并没有研究清楚,以致于对它产生了滥用的趋势。特别在国内,从两个方面能明显地看出来。一个方面是,现在世界四部敦煌遗书中说唱故事类材料的总集,周绍良先生编的《敦煌变文汇录》和向觉明、王有三等先生编的《敦煌变文集》,就收入了许多非"变文"的材料。固然,编者在编辑说明中对这个问题都有所交代,但总能看出以偏概全的倾向。变文似乎成了这类材料的共名,统辖了讲经文、词文等各类。其实原编者的意思,不过因为"变文"这个词经郑先生提倡后习用些,拿来当个代表罢了。但却产生了误解。这就要谈到另一方面:专治敦煌俗文学的专家们,自己未必会有这种误解。可是流弊所及,却被某些通论式的文学史书把这批东西给稀里糊涂地一锅烩了①。这样很容易贻误初学。

---

① 典型的例子是1957年部颁《中国文学史教学大纲》,把变文、讲经文等全搞在一起。后来的文学史书大致都如此。有个例外:1978年人民文学出版社出版的,北京大学中文系编写的《中国小说史》。此书第55至59页"唐低讲唱艺术和话本"一节,把唐代的说唱故事类材料处理区划得相当清楚,论述也很得当。请参阅,兹不赘引。此书通观水平一般,只有这一节特别精彩,远超过去文学史书以上,写为全书中精华。写这一节的人,乃个中高手也。

我们有必要把这种历史上遗留下来的问题讲清楚。讲清楚的最好方法，无过于先把"变文"和"俗讲"与"俗讲文"区别开，再把不属于变文和俗讲文类的材料分别部居。这样，我们就明确地知道了这批材料究竟包括了些什么东西。然后才能谈得上进一步研究。

"变文"这个表示一种文体的术语，见于敦煌卷子题目中的，已知多处，如下：

一、《破魔变》一卷（伯二一八七号卷子，尾题）

二、《降魔变文》一卷（斯五五一一，首题）

《降魔变文》一卷（国内藏，尾题，与斯五五一一为一个卷子的前后两部分）

《降魔变》一卷（斯四三九八，首题）

三、《大目乾连冥间救母变文并图（"并图"二字为后又涂去）一卷并序》（斯二六一四，首题）

《大目犍连变文》一卷（斯二六一四，尾题）

《大目乾连冥间救母变文一卷并序》（伯三一〇七，首题）

《大目乾连冥间救母变文》一卷（伯二三一九，尾题）

《大目犍连变文》一卷（伯二三一九，尾题）

《大目乾连冥间救母变文》（伯三四八五，首题）

《大目犍连变文》（京盈字七六，尾题）

四、《八相变》（京云字二四，纸背题）

五、《频婆娑罗王后宫彩女功德意供养塔生天因缘变》（斯三四九一，首题）

六、《汉将王陵变》（斯五四三七，首题，封面题）

《汉将王陵变》（北京大学图书馆藏本，首题，封面题）

《汉八年楚灭汉兴王陵变一铺》（伯三六二七，尾题）

七、《舜子变》（斯四六五四，首题）

《舜子至孝变文》一卷（伯二七二一，尾题）

八、《刘家太子变》一卷（伯三六四五，尾题）

九、"上来所说核丑变……"（伯三〇四八，结尾最后六字，看来未写完）

以上这些原始材料，除第九种因未写完难于断定其意可以不计外，从内容看，共八种。每种至少有一件是明确标题为"变文"或"变"的。我们研究变文，应该以它们为讨论基础。

自来的研究者，对"变文""变"有种种解释，代表性的几种如下：

一、郑西谛先生说："所谓'变文'之'变'，当是指'变更'了佛经的本文而成为'俗讲'之意（变相是变佛经为图相之意）。后来'变文'成了一种'专称'，便不限定是敷演佛经之故事了（或简称为'变'）"。这段说明是对变文的最早的一种解释，见于《中国俗文学史》第190页。

二、向觉明先生《唐代俗讲考》中说:"唐代俗讲话本,似以讲经文为正宗,而变文之属,则其支裔。换言之,俗讲始兴,只有讲经文一类之话本,浸假而采取民间流行之说唱体如变文之类,以增强其化俗之作用。故变文一类作品,盖自有其渊源,与讲经文不同,其体制亦各异也。"(《唐代长安与西域文明》第310页)

三、孙子书先生《中国短篇白话小说的发展与艺术上的特点》一文中提出:"……歌咏奇异事的唱本,就叫作'变文'。'变文'亦可简称为'变'……"(《论中国短篇白话小说》第2页。要明白孙先生的完整看法,须看此书第1—4页)。孙先生另有《变文之解》一文,载于《现代佛学》第1卷第10期,讲得较为扼要:

> 以上图像考之,释道二家,凡绘仙佛像及经中变异之事者,谓之"变相"。如云《地狱变相》、《化胡成佛变相》等是。亦称曰"变";如云《弥勒变》《金刚变》《华严变》《法华变》《天请问变》《楞伽变》《维摩变》《净土变》《西方变》《地狱变》《八方变》等是(以上所举,见张彦远《历代名画记》、段成式《酉阳杂俎·寺塔记》及《高僧传》《沙州文录》等书,不一一举出处)。其以变标立名目与"变文"正同。盖人物事迹以文字描写则谓之"变文",省称曰"变";以图像描写则谓之"变相",省称亦曰"变"。其义一也。然则变文得名,当由于其文述

佛诸菩萨神变及经中所载变异之事……

孙先生对变文的这段解释很具有代表性。40年代的傅芸子先生，以及日本学者泽田瑞穗、那波利贞、梅津次郎等先生的解释都与孙先生的说法差不多。这种解释的优点是明确指出变文与变相的关系，缺点是总把变文与说唱佛经联系在一起，反不如向觉明先生能大致地判明讲经文和变文是两类东西。

四、周绍良先生在《谈唐代民间文学——读科学院文学研究所〈中国文学史〉中"变文"节后》（载于《新建设》1963年1月号）一文中说：

> "变"之一字，也只不过是"变易""改变"的意思而已，其中并没有若何深文奥义。如所谓"变相"，意即根据文字改变成图像；"变文"，意即把一种记载改变成另一种体裁的文字。……如依佛经故事改变成说唱文，或依史籍记载改变成说唱文……虽然它的体裁也各有不同，有的唱白兼用，有的则类长诗，但并不因为体裁不同就会有的不叫"变文"。原因是，只要它依据另一种体裁改变成讲唱的，就都称之为"变文"。

我体会到，周先生所说"变"字并无深文奥义的话，是对某些学者将"变"字认为是梵文音译的委婉批判[①]。周先生对变文有深邃的研究，是一位谨严的学者。他看到敦煌卷子中变文有的兼抄唱白，有的只抄唱词（类长诗），不敢轻下断语，只能就事论事，因此有上引的解释方法。这是前辈谨慎小心之处。

五、程君毅中写有《关于变文的几点探索》一文，载于《文学遗产增刊》第十辑。此文在国内虽反响不大，却是曾经日本专治敦煌俗文学的专家金冈照光先生评为"三十年来研究的最新成就"的[2]。我与金冈先生有同感，认为确实如此。程文具在，不繁引。我这篇小文，自觉不过是程君之卓见的大胆的引申而已。

总之，大多数的看法，都认为变文与变相有关。也就是说，变文，作为一种文字，和另一种叫作变相的图画有不可分割的关系，两都相辅而行。但它们的关系究竟是何等样的，却还不待于说明。这是我们讨论的出发点。

下面，一步步推论说明。

变文，确实和变相有密不可分的关系，这关系到它的内容、形式，甚至在卷子上的抄录方法。从这方面去搞清楚了它，也就知道了什么是"变文"。下面，我们一步步推论

---

[1] 周一良《读〈唐代俗讲考〉》（载于《大公报》"图书周刊"第6期），认为"变"是梵文Citra之翻译。关德栋先生《略说"变"字的来源》（载于《曲艺论集》），又提出"变"是梵文Mandala（曼荼罗）的音译。都是胡适到印度去找孙悟空祖先的办法之余波。

[2] 见金冈所著《敦煌出土文学文献分类目录》中"解说之部"内"敦煌文学文献的文学史的研究之动向"一节对程君此文的评述。

说明：

第一步，先看斯二六一四号卷，它有首题"大目乾连冥间救母变文并图一卷并序"，其中"并图"二字写上以后又涂去。现存此卷有文无图。可以推论为：写本中原拟附图，后来把图作为另册，因而抹去这个本子上的"并图"二字。仅题"变文一卷并序"，明提"变文"和"序"而抹去"并图"，不过表明拟合终分罢了，却可证明图文本是相辅而行。

第二步，再看伯四五二号卷子，它是《降魔变》画卷。这个卷子纸背有相应的七言韵文其词句与北京图书馆藏（罗振玉原藏，绩溪胡氏旧藏）《降魔变文》的韵文部分基本相同。把这两个卷子和斯二六一四号比对，得到的印象是：北京藏本《降魔变文》体制和斯二六一四号相似，是"变文"，即文字本。伯四五二四号属于那种"并图"中抽出的"图"本，也就是"变相"本。至于这个变相卷子纸背附记变文，乃是作简要的文字记录，供参考用的，所以只抄韵文，未抄散文说明部分。总之，伯四五二四号是个画主文从的本子，不是正规体制的变文，而应叫做变相画卷。它与正规的变文卷子对照，更证明了变文变相文图相辅相成。

第三步推论：变文变相如何相辅相成呢？从前述确定为变文的及与其同组的卷子的文句中，前辈时贤研究者已为我们指出了线索。这些凡属正规体制的变文卷子反映出，完整的变文结构形式，都是录一段散文体说白，再录一段韵文体唱词，如此复沓回环。在由白变唱之际，必定存在某些表示衔接过渡的惯用句式。它们是：

一、"……处："

"看……处："

"看……处，若为……："

"看……处，若为陈说："

"且……处："

典型的例子是斯二六一四处，全文中有21处。又如斯五五一一号，有17处。

二、"若为陈说："

"而为转说："

"遂为陈说："

"谨为陈说："

这是斯五四三七号和伯三六二七号中的例子，有四处。

三、"当尔之时，道何言语？"

"于尔之时，有何言语？"

"于此之时，有何言语？"

北京云字二四号、乃字九一号有此种提问。伯二一八七号亦有此例。

四、还有简化为"若为"的，常与"若为陈说"等交替出现，故知其为简化。典型的如斯五五一一号与北京藏绩溪胡氏旧藏本"两本为一个整卷的两段），其中还有"当尔之时，道何言语"，证明道类词句用途相同。著名的伯三四五一号（《张淮深变文》）亦是"若为""若为陈说"杂出。北京藏本《李陵变文》更有"……处若为陈说""……处若为""看……为"杂出。

据此看来，这些惯用句式都是用来向听众表示即将由白转唱，并有指点听众在听的同时"看"的意图。由此可以推论出，变文是配合变相图演出的，大致是边说唱边引导观看图画。说白叙述故事，唱词加深印象。变文是一种供对听众（也是观众）演出的说唱文学底本。

第四步，看它如何演出。这种专属于变文的（而不是俗讲的，关于俗的"演出"方式，本文下篇详谈），文图相辅的讲唱表演方式，程君毅中曾比之于近代说唱曲艺中的"拉洋片"，看来的确相似。有研究者常引的两首唐诗作为形象化的旁证，把表演情况活灵活现地显现在我们面前：

长翻蜀纸卷明君，转角含商破碧云。
　　　　　　　（李贺《许公子郑姬歌》）
妖姬未著石榴裙，自道家连锦水漬。
檀口解知千载事，清词堪叹九秋文。
翠眉颦处楚边月，尽卷开时塞外云。
说尽绮罗当日恨，昭君传意向文君。
　　　　　　　（吉师老《看蜀女转昭君变》）

这两首诗告诉我们：

A. 变文有说（说尽……），有唱（"歌""转（啭）"）。

B. 演出时唱占重要地位，听众重视唱。所以两位诗人的诗题都着重提出"歌""转"。吉诗还透露出表演变文（而不是变文本身）叫"转变"。用我们现代的词语来比方，则"变""变文"是"戏""戏词"，"转变"是"唱戏"。

C. 演变文时以经常展示和卷收的画卷配合演出。

D. 演的不是佛经故事，是历史故事（当然，不能反过来证明不能演佛经故事，只能证明能演历史故事）。这就破除了变文、变相必演佛经的偏见。

E. 演员是俗家女郎，而不是僧家尼姑，更非和尚（当然也不能反证僧家不演）。这就破除了变文是"俗讲"的偏见。因为，俗讲是化俗讲经，只能是僧家办的事情，俗家不行。

第五步，还得解疑。从上述可知，变文是说唱底本，表演时配合展示画卷。画卷似乎可以称为"变相"图卷了。可是，细心的研究者还可提问：敦煌遗书中变文卷子出得较多，相对的则变相画卷较少，它们又怎样相辅而行呢？这，可得到敦煌千佛洞里去找答案。我们必须明确，敦煌卷子是藏经洞里出来的，是和尚的书库里的货色，大体上是和尚用的东西。同时，我们一定会看到，千佛洞里满壁壁画。其中，采用一幅幅连续性画面来表现的故事画很多。其性质近乎于现代的连环图画。连环图画一般在画面下方附简单说明；敦煌壁画则是采用我国汉代以来石刻、屏风画、画卷等的手法，写在画面内空白处，且常采"题榜"式。手法是传统的，内容可有它的特殊之处：有的是大段大段地抄变文。这一点是金维诺先生早在20多年前已指出的[①]。可惜这个重

[①] 见金先生《祇园记图与变文》一文，载于《文物参考资料》1958年第11期。

要发现极少被研究者利用。

除了壁画外，藏经洞还出了许多画幡（可恨的是，它们都被斯坦因、伯希和等劫走了），其中有些也采用了近似某些壁画的连续画面形式，不过限于画幅，显得具体而微，不能充分展开而已。这些画幡，已有研究者指出，是为财力不足艰于布施壁画的施主准备的，也便于僧人外出时携行。日本研究敦煌学的学者梅津次郎先生，在他的论文《变与变文》中，首次指出，这类画幡是可以配合变文演出的。例证是，德国人勒考克等从新疆境内克孜尔千佛洞玛雅洞中剥走的一幅壁画，画面上画的是阿阇王本生故事：在阿阇王与王妃之前，有两个青年女子，一个人手持释尊四相（诞生、降魔、成道、涅槃）画幡，另一个则在口讲指划。看样子很像在说唱《八相成道》之类的变文。日本大谷探查队在克孜尔搞去的一张唐代的壁画残片，残存手持的画幡一角，大概也是这类画幡之一端[①]。此外，据日本学者实地调查，日本的画卷在古代有配合说唱故事使用的情况，特别在佛寺中更是如此[②]。而日本佛教之受中国影响是不待赘言的事情，唐代更为明显。

[①] 这两幅画的照片，国外有关的研究著作中又叠经刊印。如日本西域文化研究会所编《西域文化研究》第5卷第334和335页，就并刊有此二图。

[②] 参阅冈见正雄所写的《绘解与绘卷、绘册子》一文，载于《图语国文学》23卷8期。又，山川まり所写的《对道成寺缘起绘卷的考察》一文，载于《东洋大学短期大学纪要》第一册。又，秋山光和所写的《变文与绘解之研究》一文，载于《平安时代世俗画之研究》一书中。

综上情况，我们又可以推论：变文，不仅配合画卷作一般性的世俗演出，而且在佛寺中，在石窟寺中，在某些特定场合，也能配合壁画、画幡等演出。壁画上甚至抄录全文。就是对着它演出，也不能以说唱抄录的片段为限，这是明显的事。那么，变文的单行便能找到较为合理的答案了。它不是完全单行，而是与画卷、壁画、画幡等多种形式的绘画作品配合的。可它也不是如过去某些研究者所认为的"图主文从""代图本"。它又可不附着于图画。这是因为一种变文可供作多种形式的绘画作品的演唱底本，所以它又可以不附着于一个变相本而单行。这个解释，有助于说明藏经洞卷子中变文卷子多于变相卷子的情况，以及为什么变文卷子多为单行的情况。

第六步，进一步推论"转变"——即变文的演出情况[①]。前面提到，变相有连环图画那样的连续画面形式的。这样的画叫做"一铺"。看下列各例：

一、伯三四二五号卷子，题目为《金光明最胜王变相一铺铭并序》。伯四六九○号中也有"金光明最胜王一铺"。

二、日本入唐求法高僧带回日本的书画目录中，屡见

---

① "转变"指演出变文，常引的例证是郭湜《高力士外传》："……（高力士）或讲经、论议、说话，虽不近文律，终冀悦圣情。"明指模拟性的演出。从语法角度看，"转变"是动宾结构的词组，而"变文""变相"则是偏正结构的专名词。《太平广记》卷二六九引《谭宾录》之例更为明显："……乃设诡计，诈令僧设斋，或于要路转'变'，……"这是指正式的演出。"或于要路转'变'"一句中，"转变"的动宾结构比前例更能明显看出。

"一铺第七幅""一铺三幅"等字样,例:

大毗卢舍那大悲胎藏大曼荼罗一铺七幅一丈六尺
　　(以上见于《弘法大师将来目录》)
天台大师感得圣僧影一铺三幅彩色
　　(以上见于《日本国承和五年入唐求法目录》)
南岳思大师影一铺三幅
天台智者大师影一铺三幅
　　(以上见于《在唐送进录》)

三、日本慈觉大师圆仁《入唐求法巡礼行记》卷一:

开成四年正月三日,始画南岳天台两大师像两铺各三幅。

(开成四年三月)五日,尔后,前画胎藏曼荼罗一铺五幅了,但未彩色耳。

四、敦煌碑文、题记中亦多见"一铺"字样,如著名的《大唐陇西李府君修功德碑》中即有反映,题记更多。

可以看出,一铺画不止一幅。看来它们又不是如现在照相的加印几张,而是形象不同的几幅合在一起,成为一套。铺,在古代有"铺陈"之义,可引申为"展开、展示"。一铺,想来就指展示的一套,这一套定有内在联系。有的大师像,是否为一生各个时期的像,抑或禅定、说法等各种不同类型却有联系的像,虽一时无法判明,但总是供瞻仰而展出的一套。它们已类似现代为纪念某些人物而举办的图片展览。若配以变文，变文就是说唱形式的解说词。这不是臆测，有变文本身为据：

一、伯三六二七号尾题："汉八年楚灭汉兴王陵变一铺"。

二、伯三六二七号、斯五四三七号都是《王陵变》，开头是"从此一铺，便是变初"。

三、伯二五五三号，讲王昭君故事，属变文体裁，有"上卷立铺毕，此入下卷"的话。

值得注意的是，这三个卷子，恰恰都不属于佛经故事。它们又证明了，一铺这个术语不仅应用于佛教绘画，而且具有一般性的意义。大概，凡属有连续性画面的一套画都可叫作一铺，其性质近似于现代的组画。它们也证明了，与变文配合的变相，是以"铺"计算的，而且不限于佛经变相。有些研究者把变文、变相按内容分为"经变"与"俗变"，看来确实存在着这两类不同的内容的作品，我们也可以采用这两个术语来区分它们。不过，他们把经变、俗变包含的范围搞得很大，包括了讲经文、话本等非变文的作品，却是我们坚决不能同意的，我们的意见还要在本文的中篇和下篇中详述。

前引王昭君故事变文中，"上卷立铺毕，此入下卷"一句，能帮助我们想象"转变"的演出情况。向觉明先生曾引了一个很有趣又极有力的旁证：

明马欢《瀛涯胜览》"爪哇国"条有云："有一

等人以纸画人物、鸟兽、鹰虫之类，如手卷样，以三尺高二木为画干，止齐一头。其人蟠膝坐于地，以图画立地。每展出一段，朝前番语高声解说此段来历。众人环坐而听之，或笑或哭，便如说平话一般。"（冯承钧《校注》本页15）……与唐代转《昭君变》之情形，亦甚相仿佛。（《唐代长安与西域文明》第317页）

向先生所引述的旁证极为精彩，我们更同意他的结论。"立铺"，看来就是"以图画立地"，也就是把它挂起来。挂的是一铺画或其中的一部分，随说唱随展示随卷收，一直到"上卷立铺毕"，卷起来再换下卷。这种办法，与现代电影放映机换片子有些仿佛。变文配合变相"转变"的情况，大体如此。

最后一步，变文是这种演唱的底本，它分说、唱两部分，我们已经明确了；说唱衔接之处有专门提示的话，我们也已知道了。我们就可以据此标志来检查，看《敦煌变文集》中哪些是变文、哪些不是变文了。可是事情并不如此简单，现存明确题为变文的材料中，斯四六五四、伯二七二一号《舜子至孝变文》，有白无唱，这是一种特例；伯四五二四号《降魔变》画卷纸背有唱无白，又是另一种特例。这又如何解释。能否推论为"有些变文唱白兼备，有些有白无唱，有些有唱无白？"我们不认为如此。前面几步推论已经证明，转变时，变文配合变相，有说有唱，由说转唱时有提示,这些都是变文的特点。变文,非有说有唱有提示过渡不可。那么,又怎样解释前面两种情况呢?我们认为"这是因为,在抄这种说唱底本时,可以单抄说白,也可以单抄唱词。当然,完整的本子是唱白的全录,但不排斥单抄"。

现在,我们可以检查一下,《敦煌变文集》中所收,究竟哪些是变文,哪些不是变文。

一、有明确题名的,或虽无明确题名而为有明确题名各卷的姊妹篇的,自然都是变文。

二、经《敦煌变文集》编者代拟题目为"变文"的,须区别对待,用前述变文的特点去衡量。可以剔出,认为不是变文的,有:

①《伍子胥变文》 虽有白有唱,而无明确的文图配合痕迹。它像是大鼓书一类体裁的前身,虽有说有唱,而不配合图画。关于这类材料,我们将在另文中进行讨论。

②《孟姜女变文》 情况同于《伍子胥变文》。

③《秋胡变文》 情况同前。

④《太子成道变文》 乃"俗讲"系统,非变文。我们将在另文中加以讨论。

⑤不知名变文,包括伯三一二八、斯四三二七、斯三〇五〇各号,都不是变文,属"俗讲"系统。

三、经《敦煌变文集》编者代拟题目称为变文,又具有变文特点的,应认为变文,它们是:

①《李陵变文》
②《张义潮变文》
③《张淮深变文》
四、《董永变文》

　　《敦煌变文集》编者注："篇题依故事内容拟补。原卷编号为斯二二〇四，共937字，叙述了整个故事。但文义多有前后不相衔接处，疑原本有白有唱，此则只存唱词，而未录说白。《降魔变文》画卷，亦有唱无白，但其他抄本则有唱有白。"

　　这一篇，恐怕是录唱词而未录说白的本子，但因不像《降魔变文》那样有别的本子可以比对，又无文图配合过渡语痕迹，我们只能存疑。它可能是变文，也可能是"伍子胥""孟姜女"一类。

　　一部《敦煌变文集》中所收，可指实为变文者，不过如上述而已。

　　《敦煌变文集》中所收变文以外的材料，照我们看，大致可分两类。一类是和尚"俗讲"所用的底本，如讲经文、押座文等；另一类则较为复杂，尚待细分，其中包括种类不同的民间文学和通俗文学作品，如话本、俗赋等。我们将在另文中讨论之。

（原载《古典文学论丛》第二辑）

变文与俗讲

先说说个人对"变文"的见解。

高国藩同志在《敦煌变文研究的进展》这篇综述中说:"变文的讨论远没有结束,这将是一个旷日久远的马拉松式的讨论。问题的多样性基本上已经明朗化,提出的问题是:1.'变'字究竟从何而来?2.'变文'究竟产生在中国还是印度?3.究竟什么才算是变文?4.是不是敦煌说唱文学全体都算变文?"

下面主要就后两个问题略抒己见。

究竟什么才算是变文?我的意见仍然是:先把有明确自名的变文作品提出来、看它们有何共同特点;再参稽有关文献材料研究说明之。

"变文"这个表示一种文体的术语,见于敦煌卷子题目中的,已知多处,如《破魔变》《降魔变文》《降魔变》《大目乾连冥间救母变文》《大目犍连变》《八相变文》《频婆娑罗王后宫彩女功德意供养塔生天因缘变》《汉将王陵变》《汉八年楚灭汉兴王陵变一铺》《舜子变》《舜子至孝变文》《刘家太子变》以及"上来所说丑变"等若干种,每种至少有一件是明确标题为"变文"或"变"的。我们研究变文,应该以它们为讨论基础。

这里面,有几种自具特色的,得先说一说。

首先是"刘家太子变"（伯3645）。它像是一组故事集锦，而且首题"前汉刘家太子传"。为什么尾题有"变"字，笔者实在解答不了。程毅中同志《古小说简目》收入之，认为"文体与变文不同"，良是。

再说，"丑变"，这是从伯3048号卷尾未写完的半句话"上来所说丑变"摘出的，下阙，因非全句，文意不明。此卷首题"丑女缘起"，斯4511号尾题"金刚丑女因缘一本"，斯2114号首题"丑女金刚缘"。全文具因缘类作品特征，当归入该类。

三说"破魔变"，以伯2187号为例，已经周绍良先生明确指出，它分三部分：第一部分是如首题所写的"降魔变押座文"，第二部分是"庄严文"，第三部分才是"破魔变"。周先生并指出，与之有同样问题的是：

《频婆娑罗王后宫彩女功德意供养塔生天因缘变》的开首，也有一段庄严文，其体制与《长兴四年中兴殿应圣节讲经文》的开头颇相近，而这篇结尾也有一段法师自白："佛法宽广，济度无涯，至心求道，无不获果。但保宣空门薄艺，梵宇荒才，经教不便（辨）于根源。论典罔知于底谟，辄陈短见，缀秘密之因由，不惧羞惭，缉甚深之缘喻。"与《破魔变》结尾也相同，是为转诵变文由和尚名保宣者临时补缀上的。只有从标明《功德意供养塔生天缘》题处才开始是变文。

排除以上特殊情况，笔者认为：凡属正规体例的变文卷子反映出，完整的变文结构形式，都是录一段散文体说白，再录一段韵文体唱词，如此复沓回环。在由白变唱之际，必定存在某些表示衔接过渡的惯用句式，如："看……处，若为陈说：……""当尔之时，道何言语？""……处若为陈说""看……处"等。这些惯用句式都是用来向听众表示即将由白转唱，并有指点听众在听的同时"看"的意图。由此可以推论出，变文是配合一种故事性图画演出的。这种图画称为"变相"。现在我们见到的"变相"，主要是佛教故事画，如莫高窟中的"维摩变""劳度叉斗圣变"等。变文配合变相演出，大致是边说边唱边引导观看图画。因此可以说，变文是一种供对听众（也是观众）演出的说唱文学底本。有材料说明，变文常在专门开设的"变场"演出。

但是，若认为"变文"配合的"变相"一定得是"佛教壁画"则错了。有研究者常引的两首唐诗作为形象化的旁证，把表演情况活灵活现地显现在我们面前：

长翻蜀纸卷明君，转角合商破碧云。

（李贺《许公子郑姬歌》）

妖姬未着石榴裙，自道家连锦水濆。
檀口解知千载事，清词堪叹九秋文。
翠眉颦处楚边月，画卷开时塞外云。
说尽绮当日恨，昭君传意向文君。

（吉师老《看蜀女转昭君变》）

这两首诗告诉我们：（一）演变文有说（"说尽……"），有唱（"歌""转［啭］"）。

（二）演变文时，唱占重要地位，听众重视唱。所以两位诗人的诗题都着重提出"歌""转"。吉诗还透露出表演变文叫"转变"。用我们现代的词语来比方，则"变""变文"类似"戏""戏词"，后者语法结构为偏正式；"转变"是"唱戏"，语法结构是动宾式。

（三）演变文时配合经常开和卷的画图。这种专属于变文的文图相辅的讲唱表演方式，确相似于近现代说唱曲艺中的"拉洋片"，这从吉师老诗题中强调"看"字也可明确认识到。

（四）演的不是佛经故事，是历史故事。（当然，不能反过来证明不能是佛经故事。）这就破除了变文必演佛经的偏见。

（五）演员是俗家女郎，而不是僧家比丘尼，更非和尚。这就破除了变文是"俗讲"的偏见。因为，俗讲是化俗讲经，只能是僧家办的事。当然，敦煌所出变文也许都是和尚用的底本。但是，在这些底本中，非佛经的俗家故事却几乎占了一半。那只能说明，和尚为了取悦施主，招徕听众，常拣人们爱听的说。

现在可以明确：敦煌说唱文学并不"全体都算变文"。除上举自名又无疑点的诸题外，周绍良先生曾指出，《敦煌变文集》中的伍子胥故事、李陵故事、王昭君故事、张议潮故事、张淮深故事、目连故事等六种具变文特征，别的，虽录入《变文集》，却不是变文。

至于"变"字究竟从何而来,"变文"究竟产生于中国还是印度,此二问题,虽然讨论了半个多世纪,至今仍未有"确诂"。有些老前辈主张,汉文材料摆得差不多了,还是下不了结论,那么,找一找对应的非汉文材料是条新路。这条路不断有人在走,而且常走的是梵汉对音一股道,这股道又常半途而废。最近金克木先生在《读书》1988年4月号中发表新论,提出:"变"作为音译外来语,可能是印度古文的Varn-ana。这是此类说法中最新的一个假说。但也缺乏中间性的过硬例证。也许同出藏经洞而至今尚未经大量研究的藏文等材料中能提供些线索,但它们中的大部分还有待整理,只能寄希望于未来。同时还得考虑到:既然僧俗两家都演变文,连道士也演,变文还可能是中国土生土长的民间文艺。

下面再说"俗讲"。

俗讲,意为导俗讲经或化俗讲经,指的是佛教僧人教化世俗人等的通俗化讲经。它盛行于唐和五代,有正规的仪式和专用的讲唱底本。

东汉以来,儒生讲解儒家经典逐渐形成固定的课堂讲问形式,魏晋清谈家的清谈问难论辩也形成固定形式。六朝以还,佛教僧人在保持固有的转读、梵呗、唱导等读经方式的同时,汲取了上述世俗论学的讲问方法,由斋讲发展为有固有仪式的正式讲经。俗讲由正规讲经发展而来,仪式与之出入不大。伯3849号卷子等曾对此种仪式有所记载,更由于敦煌卷子中有若干俗讲底本,使我们能了解其体制。笔者所见，王文才先生的《俗讲仪式考》（载于《敦煌学论集》，甘肃人民出版社1985年版）对此有最新的全面论述，请有兴趣的读者参看。

敦煌汉文遗书中所见俗讲底本，大致可分为"讲经文"、因缘（缘起、缘）、押座文和"解座文"（"解讲辞"）几类。

较正规的俗讲，由化俗法师（常为专业性的）主讲，都讲陪同读经文。常在"讲院"举行。其讲唱方式比较固定：都讲唪读一段自己所持的经文（在法师的底本中常从略）；法师以通俗化的散韵相间的词句讲唱解释这一段经；由法师讲唱向都讲唪读过渡之处，多由法师以"××××唱将来"提示。如此复沓回环，直到讲完一个段落。

这类底本，《敦煌变文集》中收录很多，有人认为它们也是变文中的一种，那是不正确的。

"因缘"是一种说唱佛经故事而不是读解经文的底本，敦煌卷子中此类作品《敦煌变文集》尽量收入了。它们有明确自名，称为"因缘""缘起"或"缘"，如《悉达太子修道因缘》《难陀出家缘起》《欢喜国王缘》等。文体亦为散韵相间，但不读经文，由一位僧人演唱，称为"说因缘"。它似乎是俗讲的自由化发展、补充与扩大。它似乎比变文、俗讲存在得更久长些。《水浒》中记载，鲁智深到了桃花村，还说自己一个人能在夜里给小霸王周通"说因缘"呢。

僧人在俗讲、说因缘，甚至在为居士进行八关斋戒时，为了招徕世俗听众，常先唱一种"押（压）座文"，它是一种唱词,常为七言句,篇幅不长。押座,意为弹压四座。起的作用类似后世的入话、引子、楔子、开场白。还有一种供解散听众用的唱词(常有几句散文道白)底本,没留下自名,《敦煌变文集》中也把它们算成押座文或"讲经文"了。这类材料,周绍良先生称之为"解座文"或"散座文",乃据正规讲经(非俗讲)讲毕"解座"的记录;笔者姑称之为"解讲辞",乃依"斋讲"有"解讲文"之例。

(原载于《文史知识》1988年第8期)

"解讲"和"解讲辞"

一、对几种"俗讲"文体的认识

《敦煌变文集》中所收变文以外的材料,照我们看,大致可分两类:一类是和尚"俗讲"所用的底本,如讲经文、押座文等,另一类则较为复杂,尚待细分,其中包括种类不同的民间文学和通俗文学作品,如话本、俗赋等。

本文要讨论的,是有关"和尚俗讲所用底本"的一些问题。和尚俗讲说经所用底本在敦煌卷子中出现较多的,有"讲经文""缘起""押座文"三种。其特点各如下述。

(一)讲经文

是较正规的俗讲中法师所持的底本。它的讲唱方式是:从押座文引出唱经题开始,都讲转读一段自己手中所持的经文(在法师的底本中常从略),然后,法师通俗地以散韵相间方式讲唱段。如此循环往复。其间由法师讲唱向都讲转读过渡之处,多由法师以"××××唱将来"提示。今存这类底本多种,一般据《长兴四年中兴殿应圣节讲经文》的题目,一概称之为"讲经文"。周绍良曾正确指出那样做的片面性。可能这类底本各有其专名,如敷演《佛报恩经》的自名为《双思记》便是。但其公名迄未能知。周绍良曾称之为"俗讲文"。今为行文便利,仍称为讲经文。

(二)因缘、缘起

现存有明确自名之《须达太子修道因缘》《丑女缘起》(《金刚丑女因缘》《丑女金刚缘》)、《欢喜国王缘》等。说明"因缘"即"缘起",简称"缘"。这类文体亦为散韵相间,内容限于佛经故事或僧人传记。看来似为一人讲唱,不读经文。

(三)押座文

它是一种韵文。向觉明在筚路蓝缕的开创性著名论文《唐代俗讲考》中,曾正确地指出其特点:

> 押座之押或与压字相同,所以镇压听众,使能静聆也。又,押字本有隐括之意,所有押座文,大都隐括全经,引起下文。
> 此当即后世入话、引子、楔子之类耳。

押座文也是一人说唱的。结尾常以"经题名字唱将来"引起下文之读经题,与讲经文之"××××唱将来"之后必接"经云"的引起读经文不同。

"押座文"有多处原题自名,并经伯3849号卷子中所录"俗讲仪式"明确提及,故其定名确切无疑。

二、结构奇特的伯2305号"无常经讲经文"

《敦煌变文集》卷五(下册第657—671页)收"无常经讲经文"。其校记[一]云:

> 本卷编号为伯二三○五,标题原缺,启功云:据文内引及《无常经》云:"上生非想处"等句,内容上均阐述无常之义,故拟定今题。

根据前一节对"讲经文"这一体裁的认识来观察,此卷绝不是"讲经文",因为它基本上是韵文,而且与经文游离,毫无法师讲唱都讲转读紧密配合并且密切结合经文之迹象,也没有"唱将来"式的提示。再细看此篇韵文的结构,可见它明显地分成八个部分,每个部分均有两种相同的写作方式:

(一)有一个重点句反复出现。看来是为了强调此句,使听众连续聆听而受感召,记忆在心。这句是那一部分的中心意思所在。

(二)结尾虽字句不同,但作用大致相同。都是解散法会,听讲的"俗人"回家。而这些人都是男士(优婆塞,近事)。和尚以他们怕老婆为内容来调侃一番,或向他们要布施,叫他们下次来。

现将八部分中有关各句节引如下(为说明问题之便,将各部分的重点列成"重点反复句"和"解讲辞"两项):

第一部分,韵文三十二句(均按整句计算,以下同此),其中:

重点反复句;或……

(共八句)

解讲辞:日晚且须归去,阿婆屋里干嗔

(共两句)

第二部分,除一小段散文外,韵文六十八句,其中:重点反复句:也遭白发驱摧老(共五句),须臾便是无常到(两句),限来却被无常取(亦作"限来也被无常取",余残总被无常取",共八句)。

解讲辞:讲多时,言有据,日色偏斜留不住。高声念佛且须归,只向阶前领偈去(四句)。

第三部分,韵文三十六句,其中:

重点反复句:不修实是愚痴意(共七句)。这是讲经最后"棒喝式"强调,且为连续不断强调。

解讲辞:尚(上)来劝化总须听,各各自家须使意。到家各自省差殊,相劝直论好底事。说多时,日色被(背),珍重门徒从座起。明日依时早听来,念佛阶前领取偈(八句)。

第四部分,除几句散文外,韵文三十六句,其中:

重点反复句:必(毕)竟于身为大患("也是与[于]

身为大患",共六句)。

解讲辞:更拟说,日西垂,坐(座)下门徒各要归。忽然逢着故醋担,五十茄子两旁箕(四句)。

这最后两句是双关性的隐喻:"故醋担"犹今语"陈醋挑子"(挑满一挑的,不止一罐子),喻俗众之妻是吃醋撒疯之老手。"五十茄子"喻老婆动手打五十拳头,"两旁箕"即两簸箕,喻扇了两大巴掌,也就是老婆张开大手扇老公两个耳光。

第五部分,除几句散文外,韵文四十句,其中:

重点反复句:看甚言词只备("争似自家亲只备""不如在世亲只备""闻健自家亲只备",共五句)。

解讲辞:更拟说,日西止,道理多般深奥义,明朝早到与君谈,且向阶前领取偈(四句)。

第六部分,韵文五十句,其中:

重点反复句:心中也是无厌足(六句,集中于前半部。大约因为它是从反面提醒,所以后半部要大力补充正面说教材料)。

解讲辞:日晚念佛归舍去("去"字后补),事须传语亲属记(两句)。

第七部分,韵文七十句,其中:

重点反复句:望儿孙……(五句)不如闻健先只备(七句,内一句残)。

解讲辞:日晚念佛归舍去,莫交老……

(残留一句半)

第八部分，韵文一百二十四句，其中：

重点反复句：只这个是无常抛暗号（"由［犹］不悟无常抛暗号"，共十句）。

解讲辞：早求生，速抛此，莫厌闻经频些子。须知听法是津粮（梁），若阙津粮（梁）争到彼。劝即此日申间劝，且乞时时过讲院。莫辞暖热成持，各望开些方便，还道讲来数朝，施利若无大段。念佛各自归家，明日却来相伴。

此种"解讲辞"式结尾，《敦煌变文集》中还可在别的地方找到几处，如：

①今日为君宣此事，明朝早来听真经。（《目连缘起》，《敦煌变文集》下册第712页）

可知"缘起"讲毕亦可用此种结束语。

②合掌阶前领取偈，明日闻钟早听来。（《不知名变文》，上引书下册第816页）

③今朝法师说其真，坐下听众莫因循。

念佛急手归舍去，迟归家中阿婆嗔。（《三身押座文》，上引书下册第828页）

据此，拙见以为：

一、"无常经讲经文"实在是一种类似"押座文"的材料。大概是供在某种讲经场合最后收摄听众之心使用的。在听完较干燥的讲经之后，这种最后"曲终奏雅"的连续棒喝实有必要。它有助于加深某种印象。

二、最后几句调侃，乃是"解讲"时的公式化语言，不能太长，一笑而散，还勾着下回。它的来源，大约可以追溯到《广弘明集》卷十九中所载那几首《解讲疏》，乃"解讲"——停止讲经，解散听众——之表白文字也。不过《解讲疏》是南北朝的高级知识分子斋讲时所写的成篇的正规的华丽繁缛的骈文，这里已是大大的简单化、"庸俗化"且通俗化的几句顺口溜罢了。准"解讲疏"之例，姑且把这几句叫"解讲辞"吧。不叫它"解讲文"，因为它太短，构不成"文"。

三、因时间有限或其他情况，常不一定作上面"一"条中所说的小结，在讲完一段后就"解讲"。这时也可用"解讲辞"结束。所以，"小结"与"解讲辞"不一定必须结合。如前引①②③条即是。

四、在"无常经讲经文"中，这二者可是结合在一起的。它又分如上述那样结合在一起的八部分，各部分可单供一次讲经时结束用。它抄在一起，因为同是讲的"说无常"的内容。

五、那么，这八部分是不是都是讲《无常经》的解讲辞呢？卷子中引及的《无常经》"上生非想处"等句，见于唐代义净译《无常经》。此经仅一卷，拉长成多次讲述是不容易的，犹如现代课堂中讲语文课短课文不宜拉长一样。再则，据说此经乃是"西天僧葬时颂之"，也没有对俗众大讲的必要。三则，"无常经讲经文"的内容也是与《无常经》游离，不像是为总结讲此经而设。

拙见以为，这八段是逐步深入讲"无常"的。而不是在讲《无常经》，引经是为了讲"无常"。它与前面的正式讲经的内容可以是游离的。这是因为，前面的讲经往往受经文限制，不容易联系实际。所以在最后小结时，可以（不是每次必须）用俗众关心的"无常"来敲打他们的心扉。由于结束时时间紧，一次只能着重敲打某一点，要分期分批地敲，这就是解释那八段有分有合重点突出的唱词合写在一起的一种答案。

六、最后，作个"小结"："无常经讲经文"不是正规的讲经文。应该叫什么，它本身没有说，所以还不知道。但它的用途是供解讲前的某种小结和解讲用。它分八段，供八次使用。连写在一起，是因为内容有联系。

三、伯3123号"不知名变文"

收载于《敦煌变文集》卷六第814—816页。校记〔一〕云：此卷编号伯3128。题目原缺。全文接写于梵音佛赞卷尾。这篇也很奇异，其结构是：

第一部分：

散文数句。具引如下：

娑婆世界，高下不平，富贵贫穷，各性本异。种时不能自种，只是怨天不平。见他富贵家荣，我即终朝贫困……

韵文十二句。即演述前生不修今生贫困情况。

第二部分：

散文教句，具引如下：

自家早是贫困，日受饥恼。更不料量，须索新妇，一处作活。更被妻女，说言道语，道个甚言语也……

韵文八句。即演述妻子言语。

第三部分：

散文一句，是"他儿婿还说道里。道个甚言语也"。

韵文十六句，即演述丈夫的对答。

小注"佛子"。由第三向第四部分过渡。

第四部分：

韵文十六句，正面讲念佛可除贫困等好处。结论是两句：

"欲得千年长富贵，无过念佛往西方。"

最后是解讲辞两句。

"合掌阶前领取偈，明日闻钟早听来。"

拙见以为：这是一篇单行的"小结"与"解讲"，与"无常经讲经文"是同类。但它采取了更为活泼的形式，即代替贫苦俗家二众说出心里话的形式。这种挖心战术，比"无常经讲经文"的连续棒喝可能效果更好，更能撩拨在家二众的心弦。

四、斯2440号"三身押坐(座)文"

此卷原有首题如上,其为"押座文"无疑。全文共三十二句,《敦煌变文集》下册第827—828页收全文。最后八句是:

既能来至道场中,定是愿闻微妙法;乐者一心合掌着,经题名字唱将来。今朝法师说其真,坐下听众莫因循;念佛急于归舍去,迟归家中阿婆嗔。

最后四句显然是"解讲辞",与"押座"无涉。拙见以为:

(一)这三十二句中,前二十八句是押座文,至"经题名字唱将来"为止,供开讲时镇慑俗众用。最后四句是解讲辞。在原卷中。这最后四句的写法也特别,"今朝""念佛"四字写得略小。"急于"写于行外,在"归舍"二字右侧略上。拙见以为,起码那四个写得小些的字是在显示一种标记,标记此两成组的四句与前面的二十八句不是一码事。

(二)"今朝法师说其真"似是以都讲口吻出之。这可大胆揣测:是否"解讲辞"乃由都讲所宣?而此文第二十八句"唱将来"又是法师口吻。能否可推论为:押座文、"小结"之类是法师所唱,"解讲辞"又由都讲唱出。法师严肃地讲了一阵子经,再开怕老婆之类的玩笑也转不过脸来。这项扫尾工作,恐怕还是得让都讲来干吧。

(原载于《俗文学论》,黑龙江人民出版社1987年出版,第139—148页)

敦煌汉文遗书中雕版印刷资料综述

敦煌遗书的出现，为我们研究4至10世纪的书籍史，骤然增添了数万件实物资料。研究者早就加以利用。但有关书籍和印刷的综述性史书，限于篇幅和体例，开展专题性的阐释比较困难，于此每多语焉不详；较深入而叙述明确的专门性文章也不多见，初学者探索时会感到困难。本文仅就敦煌汉文遗书中有关木刻版印刷的有关情况作一般性的介绍。

叙述前，先把几种卷子编号写法交代一下：

"S."号（字母后为四位数，如"S.3728号"），指《敦煌遗书总目索引》中《斯坦因劫经录》编号。

"G."号（字母后为四位数，如"G.8087号"），指1957年伦敦出版的翟理斯《敦煌汉文写本书解题目录》（L.Giles：Descri Ptiue Cata Logueofthe Chinese Manuscripts From Tunhuanginthe British Museum）的编号。本文中提到的"翟理斯"，均指这个人，一般人常称为"小翟理斯"的。

"SP."号（字母后为三位数，如"SP.002号"），指斯坦因原编木刻品号。

"P."号（字母后为四位数，如"P.3879号"），指《敦煌遗书总目索引》中《伯希和劫经录》编号。

北京图书馆所藏，则按《敦煌劫余录》，千字文后加数码编号,前加一"京"字为志,如"京生7号"。

公元年号,一般直接用阿拉伯数码写出,不再冠以"公元"二字。以下按实物与文字记录两个专题分叙。

甲、雕版印刷实物

斯坦因劫去的咸通九年(868年)《金刚经》,至今作为最早的印刷文物之一,著称于世界图书出版史籍之中。由于它经常作为代表性的材料引用,容易给初学者造成错觉,以为是敦煌遗书中的孤例。实际情况是,留存的雕版印刷品比一般人想象和知道的要多。以下略依明确的或推论的年代顺序,按件或按批分述。

一、唐咸通九年(868年)《金刚经》

原卷为斯坦因劫去、翟理斯目录编为G.8083号。原编SP.002号。《斯坦因劫经录》中未曾著录。卷子首尾完整,由七张纸接连而成,包括卷首扉画一张。卷子全长约488厘米,宽30.5厘米。扉页刻给孤独园中长老须菩提请问释迦牟尼佛之图,计人物十九位,狮子二,莲座法器皆备,刻画极精。刀法圆熟,经文每行十八至十九字,殿以真言。卷末题记是:"咸通九年四月十五日,王玠为二亲敬造普施。"此卷不仅年代早,更宝贵的是,已是一卷完整而又正规的书籍。王玠可说是现知最早的自己出资印书人。

二、曹元忠舍资雕造的印刷品

曹元忠于946年（晋出帝开运三年）年初继其兄元深，授"沙州留后"（《旧五代史·晋出帝纪》），直至974年（宋太祖开宝七年）左右逝世，已是"归义军节度使检校太师兼中书令敦煌（郡）王"（S.5973号荐佛施舍疏中结衔）。掌握敦煌政权近三十年。敦煌所出汉文木刻版印本，以曹氏舍资雕印者居多。先就大致可以确定者综述如下：

（一）木刻印本佛、菩萨、天王像，上图下文（跋记，或称供养人题记），图中有榜题。它们是：

1. 阿弥陀像：G.8086号（SP.014号）。P.4514号内有六份。上图下文，图为跌坐像，右榜题"四十八愿阿弥陀佛"，左榜题"普劝供养受持"。题记文十三行，以无关本文宏旨，不录。

2. 观音像：G.8087号（SP.009号）。P.4514号内五份；全者二，残者三。图为观音立莲台上，右手提净瓶，左臂上曲，左手作说法印，周身有飘带飞扬。右榜题"归义军节度使检校太傅曹元忠造"，左榜题"大慈大悲救苦观世音菩萨"。题记十三行，文为："弟子归义军节度瓜沙等州观察处置管内营田押蕃落等使特进检校太傅谯郡开国侯曹元忠雕此印板。奉为城隍安泰，阖郡康宁；东西之道路开通，南北之凶渠顺化；疠疾消散，刁斗藏音。随喜见闻俱沾福佑。""于时大晋开运四年丁未岁七月十五日记。""匠人雷延美"。

3. 文殊像：G.8088—8092号（SP.005、54、003、016、015号）。P.4514号内三十份。北京图书馆亦有三份，《中国版刻图录》内第二图所印的便是。北京大学图书馆亦藏一张，实为善本部镇库之宝也。图为文殊骑狮，右胡人狮奴控狮，左童子立姿合十。右榜题"大圣文殊师利菩萨"，左榜题"普劝志心供养受持"。题记十三行，不录。

4. 地藏像：P.4514内一张。有左右榜题，题记十三行，不录。

5. 毗沙门像：G.8093号（SP.008号）。P.514号内十一份。P.3879号残存下半部（题记全）一份。据说，寄寓台北的吴兴蒋氏手中亦有一份。图右上部一怒发鬼举一小儿，右下部一少年武将；左为天女；中立天王，左手擎塔，右手持戟拄地。左榜题"大圣毗沙门天王"。题记文十四行，为："北方大圣毗沙门天王主领天下一切杂类鬼神。若能发意求愿，悉得称心；虔敬之徒，尽获福佑。弟子归义军节度使特进检校太傅谯郡曹元忠请匠人雕此印板，唯愿国安人泰，社稷恒昌；道路和平，普天安乐。""于时大晋开运四年丁未岁七月十五日记。"

以上诸像风格一致，有的题记明确。可判断为：都是曹元忠等发愿出资，由雷延美雕造。估计是汇成一批雕印而成。开运四年七月十五日当公元947年8月4日。

6. 普贤像：分在绘画类中。图为普贤骑象，右象奴控象，左立童子合十。右榜题"大圣普贤菩萨"，左榜题"普劝至心供刻"。题记十一行："弟子归义军节度押衙杨洞芊，敬发诚志，雕此真容。三十二相俱全，八十之仪显赫。伏愿三边无事，四塞一家。高城（或为"烽"字）常保于平安，海内咸称于无事。府主太保延龄鹤算，谐不死之神丹；控握阳关，育长生之鸳凤。缁徒兴盛，佛日昭彰。社稷恒昌，万人乐业。是芊心愿也。"按，日本本愿寺所得敦煌卷子《佛说延寿命经》，有称"府主太保"题记即指曹元忠，年代署后周广顺三年癸丑（953年）。此普贤像题记中亦称"府主太保"，推测刻像当在此年前后。

（二）木刻印本《金刚般若波罗蜜经》。

此经，巴黎、伦敦均有藏本。巴黎本P.4516号，存四叶，叶七行，行十四字。共存二十八行。包括经文前"净口真言""安土地真言"及经文"法会因由分第一""善现起请分第二"（"第二"未完）。P.4514号，存六叶外加一个小半叶，行款字数与P.4516号全同，显系一个版本。自第卅分末三行起，后有"知见不生分第卅一"连题十一行，"应化非真分第卅二"连题十四行，"大身真言"三行，"随心真言"四行，"心中心真言"二行，曹元忠题记四行，牌记并雷延美题记一行，共存四十二行。伦敦本G.8084号（SP.011号，SP.010号全同）存有与P.4516号全同的四叶二十八行，加上与P.4514号相同的后三叶加一个小半叶计二十一行。巴黎本作卷子形态，伦敦本则粘成小册子。翟理斯据其装帧形式不同，便说伦敦与巴黎所藏非为一本。细审照片，两地所藏实为同一版本所印。此外，据若干幅照片中显示，伦敦有此经印本残片若干，惜难缀合。

此经可贵处在其卷末有那五行十分明确的题记。巴黎本雷延美题名不损（伦敦本损"延"字左半），尤胜。题记全文为："弟子归义军节度使特进检校太傅兼御史大夫谯郡开国侯曹元忠普施受持"（三行）。"天福十五年己酉岁五月十五日记"（一行）。"雕板押衙雷延美"（小字居下侧一行）。刻印时间当公元949年6月14日。

综合以上一至二项观察，可以看出，这批材料，特别是它们的题记提供了大量信息：

1. 雷延美题名十分宝贵，他是现知最早存姓名于印刷品实物中的刻印工匠。还从两处题名中知道了，947—949年两年内，他已由匠人升为节度使衙中专设雕印机构之首领。

2. "雕版""匠人""雕版权行""印版""雕此印版""请匠人雕此印板"等雕版印刷专门术语和有关词句，在印刷品实物中均为首见。

3. 曹元忠在短时期内大量印造经像，并在衙署内开办木刻印刷工场。这个工场是现存有大量实物（文物）的世界上第一家印刷工场。它的出现，肯定在当时会促进敦煌地区印刷业的发展进步。

三、真言

真言，梵文dharani的意译，音译"陀罗尼"，即佛教密宗习用的咒语。真言常附在佛经前后，如《金刚经》即附多种真言。单刻的真言多为厌胜祈福佩带之用，成为一种护身符。如1944年，成都市内唐墓出土的那张著名的"成都下家刻《陀罗尼经咒》"（现藏中国历史博物馆），据发掘记录，出土时是带在女尸臂上的。这种佩带方式，从我们下引的《大随求陀罗尼》题记中也可得文字证明。现知敦煌刻印本真言类实物共五种，如下：

（一）《大随求陀罗尼》

此卷子极为著名，迭见诸书引述。存二本。伦敦藏本，斯坦因《西域考古图记》著录，后入"艺术品部"。巴黎藏本，王仁俊《敦煌石室真迹录》之"戊录"七页有题记，罗振玉亦有记述，惜均不详不尽。此印本大致情况是：

此件上图下文，图为"曼荼罗"（坛城），内圆外方，图中为八臂观音像，中二手合十，余六手持物。以圈形括绕之，外圆形圈绕梵文十九行，圈外下部二神将立海水中护持此圆圈形"曼荼罗"。右上榜题"施主李知顺"，左上榜题"王文沼雕刻"，由此二榜题并列，可判断施主社会地位不高，不比"匠人"王文沼高多少。还有四莲花并各带一梵文"种字"（种字是一种以一两个梵文字母代表某一种神佛菩萨的代号）。四边栏上栏二神将，下栏二神将，左右栏各四神咒，边栏四角与四边栏四中心共八莲花八种字。四边栏各刻四金刚杵，共十六金刚杵，隔开上述神将、神咒、莲花种字等。图下题记二十一行，首行题名《大随求陀罗尼》，下为："若有受持此神咒者，所在得胜；若有能书写带在头者，若在臂者，是人能成一切善事，最胜清净，常为诸天龙王之所拥护，又为诸佛菩萨之所忆念。此神咒能与众生最胜安乐，不为夜叉罗刹诸鬼神等为诸恼害，亦不为寒热等病之所侵损，厌蛊咒诅不能为害，先业之罪受着消灾。持此咒者，常得安乐，无诸疾病，色相炽盛，圆满吉祥，福德增长，一切咒法皆悉成就。""若有人受持供养切宜护净"。最后为"太平兴国五年六月二十五日雕板毕手记"，此"手记不但时间明确，也支持上述匠人在这次工作中地位不低的论证，它显示出匠人自写自刻的独立意识很强。此卷年代当公元980年8月8日。刻工精细，疑非当时敦煌刻工所能，有人推测自四川输入。王文沼是继雷延美之后，在敦煌汉文遗书中留下名字的第二位刻字工匠。"雕刻""雕板毕手记"也是宝贵的印刷史上实物自存记录。

（二）《一切如来尊胜佛顶陀罗尼加句灵验本》

P.4501号。此卷连首尾题共三十六行，行约十五字。首题"一切如来尊胜佛顶陀罗尼"，其下"加句灵验本"五字略小靠右侧刻，似小注。第二行译者题名为"朝灌顶（空一格）国师三藏大广智不空译"。因"国师"二字上空一格，故有人推测为唐代刻本。尾题"佛顶尊胜陀罗尼一卷"。罗振玉《宸翰楼丛书》影刻者当是此本。

（三）《圣观自在菩萨千转灭罪陀罗尼》

亦被分入艺术品部。右图左文。图亦曼荼罗式，中圆圈形，画菩萨坐莲座上握拳作手印。圆圈外三行圆形再两行方形梵文文字环绕。题记三行："此圣观自在菩萨千转灭罪陀罗尼有大威力，能灭众罪，转现六根，成功德体。若带持者，罪灭福生，当得作佛。"

（四）《无量寿佛密句》（代拟简称）

亦在艺术品部。右图左文。图亦曼荼罗式，中圆圈形，佛跌坐莲座上。外一方框。框外成方形四行梵文文字环绕。题记四行："此无量寿大担弘广随求心所愿必从佛眼母殊胜吉祥灌顶光能灭恶趣嗢多涩摩密句置之处，龙鬼护持法舍利之伽他，佩之者身同诸佛。普劝四众持带结缘，并愿同登真常妙果。"

（五）《圣观自在菩萨莲花部心真言》

亦在艺术品部。上图下文。图中为菩萨跌坐莲座手持莲花之像。右榜题"圣观自在菩萨"，左榜题"普施受持供养"。下为题记十四行，首题"圣观自在菩萨真言念诵略仪"，第八行为真言一行。其前后各行文字述念诵之方法、功效等，不录。

四、无明确年代题记的刻本佛经与押座文

各一卷，分述如下：

（一）《佛说观世音经》残卷

此刻本首残，存九十八行，包括尾题"佛说观世音经"六字一行。行经文十七字，诗偈则为五字句四句一行。前有写本补全所阙者二十四行，包括首题一行"妙法莲华经观世音菩萨普门品第二十五"。盖所谓"佛说观世音经"，即此品之单行本，敦煌卷子中恒见，但刻本残卷（不计其他残

片）仅见此卷。

（二）故圆鉴大师二十四孝押座文

G.8102号，卷子本，五十六行。内首题一行：《故圆鉴大师二十四孝押座文》；韵文句子五十五行，每行两句。《敦煌变文集》误写卷子号为"斯七"，应改正。

据P.3361号、S.3728号两写本，首题后尚有"左（P.3361号，S.3728号作"右"）街僧录圆鉴大师赐紫云辩述"一行作者题名。《敦煌变文集》卷七有录文。录文注二云："斯4472有左街僧云辩'与缘人遗书'，知云辩卒于广顺元年（951）。启功云'云辩与杨凝式同时，曾居洛，与妓女作诗嘲讽，事见宋张齐贤《洛阳缙绅旧闻记》'。又伯3886卷一'美瓜沙僧献款诗'有'右街千福寺内道场应制大德圆鉴'的五言诗。在广顺前约早百年，当是另一圆鉴。此押座文刻于云辩死后，已经是五代末或宋初了。"知此卷当刻于951—1002年之间（1002年为现知敦煌卷子最晚纪年）。印地印人均不详。刻印水平不高，可能系敦煌本地刻印。

五、木刻印本历日

（一）"丁酉年具注历日"（拟名）

G.8099号。此丁酉，翟理斯定为公元877年，即唐僖宗乾符四年，可信。有墨笔题记："四月廿六日都头守州学博士兼御史中丞翟为答报曲大德永世为父子莫忘恩也。"翟氏一门，为敦煌地区世代相传历学名家。

（二）《剑南西川成都府樊赏家历》

G.8100号。有自名如上。有"中和二年具注历日凡三百人十四日"明确题记，当公元882年。此卷虽仅残留三行上半断片，但刻印时间、地点、刻印书籍铺题名俱全，弥足珍贵。

（三）"上都东市大刁家大印"（刻印书籍铺题名）历日G.8101号。残存下半一小条。翟理斯定为9世纪印本，可信。"刁"字，翟理斯定为"刀"字。似以"刁"字为确。

"剑南西川成都府樊赏家""上都东市大刁家"两处私人开设的刻印书籍铺题名，为世界印刷史上所见印刷品实物中最早的两处私人印刷出版机构题名。

六、木刻印本韵书

姜亮夫《瀛涯敦煌韵辑》著录分析这四个残卷，论述甚详尽，请参看，不录。今录《伯希和劫经录》著录内容如下：

P.2014号。《大唐刊谬补阙切韵》印本有抄补存九叶。

P.2015号。印本韵书（当亦为《大唐刊谬补阙切韵》）存三叶。

P.4747号。印本《大唐刊谬补缺切韵》（存十二上半行）。

P.5531号。印本《大唐刊谬补缺切韵》1.对残叶，合成两面，每面五行。2.对残叶同上，亦每面五行。3.对残叶大张，一面存卅三行，一面存卅四行。

值得注意的是，P.2014号印本中，印板左下角最后两三个字是记刻板顺序号的，与今之页码用途相同。有"二板""八板""廿八板"字样。P.5531号中，则有"卅板""卅二板"字样。按，咸通九年《金刚经》的顺序码是刻在版心上的，为简单的"三""四""五""六"等数字。后来演变成木刻本版心记页码。而左下角记页码的办法却没有传下来，估计是安置的地方太不明显，很容易与正文混淆，所以被淘汰了。这两种刻本记页码的方式，均首见于敦煌的两种实物中，是宝贵的印刷史资料。

七、一些印本佛像画

这些画，有的精细，有的粗糙；有的大些，有的很小。彼此毫无关联。放在一起来叙述，主要因为它们都是佛像画。

（一）观音像：P.4514号内四份（还可能更多些）。立像，立莲台上，右手下垂持净瓶，左手上曲持柳枝。右榜题单行大字"大慈大悲救若观世音菩萨"，下为双行小字"清净心每早奉念一千口"。此图刻印风格较雷延美风格精细些，疑非出雷手。

（二）经变画：P.4514号内木刻佛画连三页者一张，另单页一张，似为经变画，中有佛与胁侍，下为莲池，上有飞天等。形制不大，似为一枚大印。P.3024号卷背亦有此种大印式之经变木刻盖印。

（三）木刻印本千佛像与千菩萨像：有两种情况。一般为带长方框相连，显然是一个大版联雕，比捺印单一佛像为千佛图要进步。捺印究竟与盖图章差不多，不能认为是正规的木刻印刷也。但也有像是单张捺印后剪贴在一起的。

此种像，伦敦连全带残约数份。巴黎独多。P.4514号内即有九份，内一份为朱印本。其余的分散在P.3528号（朱印本），P.3880号，P.3961号，P.3970号，P.3983号，P.4076号，P.4078号，P.4086号，P.4087号，P.4714号。P.4728号等号中。伦敦所藏，如G.8094号（菩萨像），G.8095号（佛像），G.8096号等均属此类。此种像，估计当地需要颇多，在本地已有相当木刻印刷能力的情况下，不应倚靠输入。观察其刀法与雕刻水平，亦与上述第二大项近似，故可判断为敦煌刻印品，其时代大致与前两项相近。

八、残片

从已发表的照片看，伦敦藏有许多木刻印本书卷、图画残片，其中佛经残片有居于《法华经》（特别是其中普门品）《金刚经》《大方广佛华严经》《无量寿决定光明王如来陀罗尼经》《观无量寿佛经甘露疏》《阿弥陀经》《瑜珈集要救阿难陀罗尼焰口仪轨经》《大般若经》诸经者。儒家经史有《论语》，单疏本孔颖达《左传正义》（文公十二年"襄仲辞玉"至"赵有侧室曰穿"），史书残片等。还有一页讲星宿分野二十八宿神灵的不知名道家经典，存"角术蛟""尾火虎""箕水豹""心月狐"等小条目。以上不过举例。难以分辨的印本小残片尚多。这些残片，有的刻印水平不高，有的则具有近于宋版佳刻的水平。究竟是藏经洞所出，还是斯坦因拿来当过包装纸的后代书籍，疑莫能明，有待鉴定。可能两种情况都存在。巴黎和他处的情况则不明。

九、涂色印本佛像

上述各种印本佛像，有墨印本，有朱印本，均为单色。有在某些单色墨印佛像或菩萨像上涂彩色的，所涂常为红绿二色，或有加蓝色者。远观则如五色彩印本。敦煌所出印本观音像、千佛像涂色者有多幅。此种涂色法，我国后世木刻年画等作为辅助性上色手段，一直沿用。特附志于此。

十、一个"宋刻本"

《敦煌文物研究所藏敦煌遗书目录》（载于《文物资料丛刊》第一辑，1977年）著录：

白化文文集

0367大般若波罗蜜多经卷第五百二十四第三分方便善巧品第二十六之二三藏法师玄奘奉诏译

说明：首尾完整。宋刻本(着重点为原有——笔者)，经折装，高24.6，宽7.5，厚2.2厘米。

此卷笔者未见，不知是否藏经洞所出。姑志于此，尚望敦煌研究院施娉婷诸先生有以教之也。

乙、文字记录

指的是见于敦煌汉文写本中的有关雕版印刷的记录。现提出五项记录，以供进一步探寻。

一、"京中李家印"

P.2675号正面"阴阳书"（拟目）写本残卷尾题"咸通二年岁次辛巳十二月二十五日衙前通引并通事会人范子盈、阴阳氾景询二人写记"。背面写的是"新集备急灸经一卷"，书题下有"京中李家于东市印"一行。咸通二年当861年。背面所写最早亦当在此年。

P.2633号《崔氏夫人要女文》（S.4129号为同文抄本阙尾残卷，首题《崔氏夫人训女文》。"要"是"要约"之"要"，有人录作"耍"，不确）抄本，尾题"上都李家印《崔氏夫人》壹本"，背题有"辛巳""壬午""癸未"记年,"辛巳"最早当亦为861年。"癸未"最晚当为983年。不可取。

以上两则题记年代在861年重合,显示此年之前不久有"京中李家""上都李家"的刻本两种来到敦煌。再加上前述"大刁家"历日残片自记,说明9世纪时唐代西京长安东市至少有此两家书铺。

二、"西川过家真印本"

这七个字非同小可,与前述"京中李家印"后述"西州印出本",均为敦煌遗书中保存的中国雕版印刷重要史料记录。见于多处题记中,都是写在抄本《金刚般若波罗密经》尾题经名之下,作一行小字。然后接抄三个真言,最后有年月日明确的题记,读来饶有意味,分述如下:

先看看可确认为一位"老人"在905—907年三年内所写的几本:

S.5534号(G.1376号),"西川过家印真本"(注意:是"过家印真本",不是"真印本",只此一卷如此写法)。"时天复五年岁次乙丑三月一日写竟,信心受持,老人八十有二"。

S.5444号(G.1355号),"西川过家真印本","天佑二年岁次乙丑四月廿三日,八十二老人手写此经,流传信士"。

S5965号(G.1389号),"西川过家真本"(阙一"印"

字），"天复二年乙丑十二月廿日，八十二老人手写流传"。

这一年是905年。904年阴历闰四月天复四年始改天佑元年，所以S.5534号于"三月一日"写天复五年是对的，当时边远地区尚不知改元。S.55444号于"四月廿三日"写"天佑二年"，说明改历信息在三月一日后此日前收到。S.5965号写"天复二年"，则系笔误。

S.5451号（G.1378号），"西川过家真印本"，"天佑三年丙寅二月二日，八十三老人手自刺血写之"。

S5669号（G.1388号），"西川过家真印本"，"天佑三年丙寅二月三日，八十三老人刺左手中指出血，以香墨写此金经，流传信心人，一无所愿，本性实空，无有厚乐"。

P.2876号，"四川过家真印本"，"天佑三年岁次丙寅四月五日，八十三老翁刺血和墨手写此经"。

这一年是906年。

京有字9号，未见，据许国霖《敦煌石室写经题记》，录文为"西川过家真印本"，"丁卯年三月十二日，八十四老人手写流传"。

这一年是907年。

此外，还有S.5544号（G.1384①号），写的是"西川戈家真印本"，后有题记："奉为老耕牛神生净土，弥勒下生同在初会，俱闻圣法"。同卷写《佛说阎罗王受记经》，后有题记："奉为老耕牛一头敬写《金刚》一卷，《受记》一卷。愿此牛身领受功德，往生净土，再莫受畜生身。天曹地府分付，莫令更有雠讼。辛未正月。"同经同人另一写本是京列26号，尾题"阎罗受记经"，后有两行题记："戊辰年八月一日，八十五老人手书流传。依教不修，生入地狱。"（许国霖《敦煌石室写经题记》此则录文，将"列26号"误印为"列20号"，"八十五"之"五"字脱漏）戊辰，当为908年，准此，"辛未"是911年，天祐八年。这一年，这位老人已经八十八岁了。把"过家"写成"戈家"，同音假借，八成是笔误，看来不会是西川又有一家书铺罢。

S5450号（G.1372号），《金刚经》尾题下写的是"西川真印本"五个字，题记为"为一切怨家债主所有污泥伽蓝一切重罪悉得销"。后面也抄的是"佛说阎罗王受记经"，题记是"一切怨家债主领受功德"。显系与S.5544号同时所写，一为自己解怨，一为与自己长期相依为命的老耕牛升天。看来这位近九旬的老人晚景够凄凉的，令我们想起契诃夫小说中那位"把一切都对马说了"的老马夫。

S.6726号（G.1358号）写的也是"西川过家真印本"，题记很值得研究："丙戌年四月十七日，写经弟子兵马使汜安宁年可七十二。"案，"丙戌"可为866年，即唐咸通七年，比咸通九年《金刚经》还早两年；但更可能是926年，即后唐天成元年；或986年，宋雍熙三年。还有，从"年可七十二"考虑，"可"在中古汉语中有"正当""刚好"之义。若"丙戌"为"丙辰"之笔误，则为896年，加"可"是正好过生日，这一年应是七十一岁，过了生日勉强算七十二岁，到905年则为八十二岁。这位"兵马使汜安宁"

就是前述那位写经老人了。

此外，还有两个本子：

P.3398号，亦题"西川过家真印本"，题记为"东晋天福捌年癸卯十一月十一日，学士发心自手写此尊经，流传信士"。据《伯希和劫经录》云："《大身真言》后，又有'大晋天福八年学仕郎阴彦清写'一行"，胶卷模糊，目验不清，仅见前一题记。

P.3493号，已并入1931号，胶卷中未见。据《伯希和劫经录》云："天福八年依'西川过家真印本'校写。"

这两个卷子是943年写的。

据以上诸卷，可知确有一个"西川过家"的"印本"在敦煌流传。它出现的最早年代，可有三种计算法：如以S.6726号写于866年计，是一法；如按该卷"丙戌"纪年改"丙辰"计，换算为896年，是第二法；按"乙丑"纪年为905年计，是第三法。姑按最确实也最保守的第三种计算法，那么，"川过家真印本"流传到敦煌当不晚于此年，刻年最晚也在904年。因为，乙丑三月一日前，这一年才过了五十几天，当年的西川印本是很难带到敦煌的。笔者则倾向于第二种计算法，即此印本早于896年。第一种计算法，上下能差一百二十年，说它是866年并无确据，还不如说是926年更合适些，但对我们已没有什么意义了；986年则更无意义。

值得注意的是："印本"一词，在木刻印刷文物史料中，首先见于"西川过家真印本"之题记。

三、"西川印出本"

P.2094号收写本两卷，一为"持诵金刚经灵验功德记及开元皇帝赞金刚经功德一卷"，尾题"于唐天复八载，岁在戊辰四月九日，布衣翟奉达写"。一为"金刚般若波罗蜜经"，内有校正，跋云："布衣弟子翟奉达，依西川印出本内，钞得分数及真言，于此经内添之，兼遗漏别也"。天复八载当908年，所据校之"西川印出本"当系908年以前所刻印。翟奉达（本名再温，以字行），后为敦煌历学名家，他生于883年，908年26岁，时为"布衣"，正在青年。P.3247号"大唐同光四年（926年）具注历"，题"随军参谋翟奉达撰"，则早已入仕。到了P.2623号"显德六年（959年）残历"，结衔已是"朝议郎检校尚书工部员外沙州经学博士兼殿中传御史赐绯鱼袋翟奉达"，时年77岁矣。他所依的"西川印出本"是否就是"西川过家真印本"的那个刻本呢，文献不足，只可存疑了。但这项记录能与该项互证，说明"西川印出本"文字精确，内容全备。这条记录也是可贵的记录。

四、"重印本"问题

"重印本"，应是指据某一刻印本翻印的刻印本。此种情况的出现，标志着木刻板印刷事业的发展普及。P.2184号

《金刚经》写本，经末为《金刚般若波罗蜜经后序并赞》，序后有三首"赞"，最后是五行题记，头两行是"其年八月庚申菩萨戒弟子洛州巩县王大器重印可和上日（也可能是"曰"字）如义受持"。以后尚有僧人题名两行，又小字一行，照片中看不清楚。

有人据题记中"王大器重印"五字，认为是刻本有"重印本"之铁证。但此则题记也可读成"王大器重印可，和上（尚）曰：'如义受持'。"所以，问题还得进一步研究。

五、"发愿雕印"问题

京生字7号《佛顶尊胜陀罗尼》写本一卷，首尾完好。卷尾有单写的七字题记。前三字是"弟子王"，空一字接写"发愿雕"；第七个字，左为"匚"，右为"曰"字形而右直略下出，有人解为"印"字。可解为：此写本系据"弟子王某（写姓待填名）发愿雕印"的刻本抄录的，把这条刻印记录同时抄下来了。但因第七个字很不好认，问题也得进一步研究。

丙、小结

以上仅据观看英、法和我国北京藏汉文卷子的缩微胶卷所得，辅以其他材料，简述如上。苏联、日本等海外藏卷，国内及港台各有关单位所藏，多未寓目。必有误失，仰赖前辈时贤指正。补苴罅漏，待诸异日。

1987年1月29日，丁卯元日，蔚秀园

（原载于《敦煌语言文学研究》，北京大学出版社1988年版第280—299页）

中国存世第二部最古书目

一、有关《众经别录》研究情况之追溯

近现代开始重视《众经别录》，认识到它的价值，并向学术界重点介绍的，始于姚名达先生。姚先生在他的《中国目录学史》一书"宗教目录篇"内，根据后来各种经录中的片断记录，竟勾稽出《众经别录》的轮廓来。姚先生对此书赞扬备至，称之为"空前精善之《众经别录》"，并分析评论说：

> 其书既从教义上分大乘、小乘，不判乘；又从体质上分存、疑、阙；佛经之外，又首创律、论、数三类。其分类法之原则盖有教义、体质、文载三项，俾经、律、数、论，各有定居；真、伪、完、阙，不从含混。而专习一乘者，自可即类求书；初学佛经者，不为疑伪所误。其类例之善，实为空前所未有。

姚先生在探求此书的体例和成书年代时说：

> 《别录》于同类之书，亦汇聚一人所译于一处。综其所收，上自汉末安世高，下至萧齐之释道备。

历代诸经，无不摄入。由此足知其为通录古今之书矣。由此又知非即支敏度之《众经别录》，而或为其续录。

姚先生的这些论断，现在看来，基本上都是正确的。姚先生在未知未见原书残卷的情况下，仅凭后来几部经录的引据，竟得出如见原书的结论，其治学用心之缜密与洞察力之透辟，实实令人惊佩。但姚先生终究未能得见原书，他的推论也就只能到此为止。他"对于此创造最优良之分类法之《众经别录》作者，吾人竭精殚思以求得其姓名亦非过分"的美好愿望，也因缺乏资料而成为泡影。

姚先生的书出版后不久，大约在1937年底至1938年初之间，王有三（重民）先生在巴黎工作时获见伯3747号原卷，并判定此残卷即《众经别录》残卷，对它作了深入的分析，并摄制照片带回国内。这是王先生的一大贡献。

1948年12月，正值北京解放前夕，北京大学纪念建校五十周年，向觉明（达）、王有三两位先生主持举办"北京大学五十周年纪念敦煌考古工作展览"。展出此卷照片，其展览概要说明称："伯3747"六朝写本，存九十七行（化文案：可能少算起首两行，大约是原照片中未摄入。今见胶片中反映为九十九行）。据《历代三宝记》，知为刘宋时所撰《众经别录》，为今存经录之最古者。"这大约是《众经别录》的这一残卷在国内首次公开露面。1951年，苏晋仁先生曾经写成《敦煌写本〈众经别录〉残卷》一文，发表于《现代佛学》第一卷第七期，备载录文，并致评说。这是伯3747号写卷录文的首次公开发表。但苏先生没有公布卷子号码。

1956年7月，王有三先生为姚先生《中国目录学史》的重版作《后记》，其中有关于《众经别录》的一段议论。这大约是王先生首次公开地和正确地对此残卷所作的考证与评价。1957年《中国目录学史》出书时发表。许多人不注意这段文字。大家常引据的是王先生的《敦煌古籍叙录》。那本书初版于1958年，八十年代重印时并无改动。书中的第264至265页有一段文字，题为《众经别录（？）—伯3848》。那是一段正确与错误杂糅在一起的文字。为了说明问题，有必要先在此全部引录王先生在《中国目录学史·后记》中所写的那一段话。那一段所表达的内容，才是王先生本来的正确研究成果：

> 原书（指姚先生的《中国目录学史》）239页至242页（指1957年新版），着重介绍了这部佛经目录，称它为"空前精善之《众经别录》"，是姚先生有见解的地方。按《贞元新定释教目录》卷十八已称。"今寻本未获"，所以姚先生说"此书至唐初尚存"，但没有想到敦煌石窟里还给我们保存了一个残卷。可惜的是这个残卷出现以后，就被帝国主义强盗伯希和劫走了。该卷现藏巴黎国家图书馆，编号为"伯3747"。
>
> 原卷首尾残缺，没有原来的书名，仅有书内的

"类目"名称："三乘通教经录"第二和"三乘中大乘录"第三。按费长房《历代三宝记》卷十五所记的《众经别录》类目，第二、第三正是这两个类目，还记"三乘通教经录"著录的佛经是"五十一部，九十七卷"，残卷所载的也正是五十一部。所以，可以断定这个残卷就是《众经别录》的残本。此残本现存部分，包括："大乘经录"第一的十五部原有三七〇部，这仅是三七〇部中的末十五部），"三乘通教经录"第二的五十一部，"三乘中大乘录"第三的开端十四部。这又可证明这一残存部分是《众经别录》第一卷中的中间部分。

这八十部佛经的著录都有简略的解题；解题内记载着译人和译时，和后来佛经目录没有什么差别；另外，还极其扼要的揭示佛经的宗旨和体质，则是后来佛经目录所没有的。如第一类目内的佛经都揭示着"以……为宗"；第二第三类目内的佛经，则揭示"明……为宗"。每种佛经下面，又指明"文""质"或"文质均"。这一种体例是我国古代目录学遗产中的新发现，是值得研究和发挥的。

这是我国现存第一部最古佛经目录，也是仅次于《汉书·艺文志》的第二部最古目录。大约纂成于第五世纪的中叶。在第六世纪的末年，费长房已经不知道它的著者姓名，姚先生想"竭精殚思以求得其姓名"，意义不大，当然也没有得出什么效果。但姚先生对它首先加以重视，是完全正确的。

以上备引王先生在"后记"中对《众经别录》伯3747号残卷的论述，目的之一，是因为王先生的论断十分清楚而正确，读了这上述的引文，读者对伯3747号所以被考订为《众经别录》残卷，以及此残卷的特点，都会有明确的认识，不必再由笔者哓舌。

目的之二，是想说明，上引这一段，才是王有三先生对此书此卷的正确认识的准确表达。而常被称引的《敦煌古籍叙录》中264至265页"众经别录（？）—伯3848"那段文字，据笔者大胆推测，恐其原稿是王先生在巴黎的笔记手稿，原为两篇。伯3747一篇，伯3848又是一篇。1956年7月，王先生据其中一篇即有关伯3747号的文言文笔记，整理增补成《中国目录学史·后记》中如上引的那一段语体文字。彼时两篇底稿尚未淆乱。一年后，即1957年暑假期间，王有三先生整理剪贴各类稿件，编集《敦煌古籍叙录》原稿，准备送商务出版。王先生整理旧稿时，可能将论述伯3848号那篇的题目和头一行（刚好是十九个字，四个标点符号，连抬头两个空格共占大稿纸二十五格，一行）贴在伯3747号那篇的题目和首行位置。而伯3747号那篇，首行大约是这样："此卷为佛经目录，首尾俱残，存九十七行，无书题"，两篇除"百零九"和"九十七"两组数字外，可能全同，下接"以余考之"，也连成一气。于是就这样错了下来。后来王先生在统稿时，又可能依稀地记起伯3848号有朱书文字。搞敦煌目录的人，遇有朱书文字是常在提要中反映的，已成惯例。这朱书的是什么文字呢？大约王先生又误记成是"明……为宗"，于是在其下补入"并朱书"三字而未及复核原照片——那时照片可能已在北京图书馆善本部库内珍藏了——其实，伯3747原卷全是墨书，伯3848的朱书是另一码事。

遗憾的是，1962年出版的王有三先生主编的《敦煌遗书总目索引》，在其中王先生亲手所编的《伯希和劫经录》里，仍有如下的著录。

3747三乘通教经录
仅存卷一卷二，卷一开端残缺。

3848此当是刘宋时众经别录
每经目下，有总义一句，谓明某某，次解题，较详尽。总义用朱笔，解题用墨笔。唐写本，书法佳。存一〇九行。

1983年的修订重印本于此处亦未加刊正。

以上两条著录的内容，可说是部分正确、部分错误。看过前面的论述，再研究拙稿录文与影印胶卷，读者自会分辨其中哪些对哪些是错的。其致误之由，笔者大胆推测，可能是王先生在巴黎所编的原始底帐式目录稿在此处有误。付印时在这些可能出问题的地方也没有核对。大专家的偶然性的小失误算不了什么。笔者只是想把这桩公案了结，并再次提请大家注意：研究王有三先生对《众经别录》的主张及指出王先生的贡献，应以"后记"中那一段文字为准。

1979年7月。潘重规先生在香港新亚研究所敦煌学会编辑出版的《敦煌学》第四辑上发表了《敦煌写本〈众经别录〉之发现》一文，文中对王有三先生的发现作了公允的评价，发表了伯3747号卷子的照片影印件，重新发表了录文。在潘氏这篇文章的结尾处，他对伯3747号与伯3848号两卷在王先生记录中发生"迷误之故"，发出"令人颇难索解"的感叹。拙稿中的解释，当然不一定正确，只是一种推测而已。

应该重点提出的是，英国伦敦所藏斯2872号敦煌写卷，也是一个《众经别录》残卷。其情况如拙稿第三部分所述。

国内读者较难看到潘先生的文章；苏先生的文章是三十多年前发表在印数不多的专业杂志上的，现在也难找到。因此，笔者将伯3747号残卷重新过录，连同斯2872号残卷的录文，并加校释，一起发表。连带对斯3848号卷子的情况略作介绍，供读者研究参考。

二、伯3747号《众经别录》残卷

［说明］

潘氏在巴黎亲见原卷，他的记述是"白楮，八纸又小半纸。存九十九行，首五行上半截损泐。墨书，无朱笔，字体颇古。不讳'世'字，疑唐以前物。"

化文案：本残卷存经目七十九，包括全残半残而可补出者各一。存解题八十则，另残留一字之解题一则。包括《众经别录》卷一中"大乘经录"末尾的十四部经目（内一部全残补出），十六则解题（内一则残留一字）。"三乘通教经录"经目解题五十一部全。"三乘中大乘录"开端十四部（内一部经目半残补出）。

兹依翻拍原卷之缩微胶卷，参考苏氏、潘氏录文，将本卷再次录出。行数序列悉依原卷，行首加顺序数码。限于印刷条件，用现代通行字体排印。原卷各行行款抬头空格不甚一致，今为排印之便，整齐划一。〔录文略〕

三、斯2872号《众经别录》残卷

〔说明〕

斯2872号，据翻拍原卷之缩微胶卷所见，此号仅一纸，存十五行，首行下半损泐，尾三行上半损泐，余十一行具存。墨书。字体较伯3747号工整。其著录方式与伯3747号全同。应是《众经别录》之另一残卷。存经目十一，其中有完整解题者十。另残存解题两则半，其存解题十二则又半则。今为录文并略作校释。录校格式同于前录伯3747号。

此残卷所载经目十一种，前七种均为支谦所译经，后四种《出三藏记集》卷四列入"新集续撰失译杂经录"，译主佚名。〔录文略〕

四、伯3848号佚名经录残卷情况简述

王有三先生对此卷的描述是："首尾俱残，存百零九行，无书题"，"每经目下，有总义一句，谓明某某，次解题，较详尽。总义用朱笔，解题用墨笔。唐写本，书法佳。存一〇九行"。这都是正确的。潘氏亦云："白楮纸，无书题，首尾俱残，存百零九行。"

化文案：此残卷存经目十四种，题下有朱笔注总义，后附解题。但在《佛藏经》经目前之首十四行，为另一经之解题。故此一百零九行之残卷。实存十四部经名，占十四行；十五部经之解题，占九十五行。写卷书法工整，"世"字以避讳缺笔，乃盛唐写经生手笔。

各经目下之解题，乃内容撮要式提要，以摘录经内认为重要之经文句段为主。与现存南北朝隋唐各经录著录方式均有不同。当是一佚名经录。

此残卷十四部经目中，除鸠摩罗什、求那跋陀罗等译本多种外，尚有南朝萧齐时昙摩伽陀耶舍所译《无量义经》，梁代僧伽婆罗所译《文殊般若经》。潘氏文中指出：

《胜鬘经》下有朱笔注云："明破南宗北宗入无崖际处"。据神会《南宗定是非论》谓"秀和上在日，天下学道者号此二大师为南能北秀"。又，宗密《圆觉大疏钞》卷三下《神会略传》云："因洛阳

诘北宋传衣之由，及滑台演两宗真伪，与崇远等持论一会，具在《南宗定是非论》中也。"是南北宗之名较为晚出。考其时代，当在此卷（指伯3747号）之后。

按，南北宗的说法，从提出到普及法界咸知，最早是8世纪的事。故伯3848写卷，从其反映的内容看，不会早于武周时期。从字体看，是盛唐开元天宝时期优秀写经生所录。此卷写定时间，估计在公元700年至750年之间。著作时间比写定时间也早不了多少年。确如潘氏文中所云："观其内容，其非《众经别录》，灼然可知。"朱笔注在影本中极不明显，兹参考潘氏文中录文，重录于下。原卷经目墨书，总义朱书小字旁注。今依前两写卷录文格式录出，惟其详尽解题略去：

佛藏经四卷　明破西方净土卅六本大愿处
鸯掘摩罗经四卷　明解脱虽有名不说有名相处
维摩经三卷　明不断烦恼而入涅槃处
首楞严三昧经两卷　明内行六波罗蜜处
超日月明定经二卷　明菩萨作梦悟通处（化文案："通"字可能系"道"字）
仁王般若经二卷　明菩提与烦恼合为一义处
法界体性经二卷　明觉了贪瞋痴如来出缠处
诸法无行经二卷　明凡夫强分别作佛度众生破如来本行处

111

法鼓经二卷　明若有我者必解脱口（化文案：此末一字漫灭，但实有一字，潘氏未录释）

胜鬘经一卷　明破南宗北宗入无崖际处

清净毗尼经一卷　明如如烦恼等无二处

缚象经一卷　明若见如来如幻梦者是正见佛（化文案："明"字下有"幻"字，又似被涂去）；"若"字似为"者"字改写）

文殊般若经一卷　明施者受者俱获五常

无量义经一卷　明灭识安心寂然不动处

五、相关问题的讨论

主要讨论两个问题：

甲、《众经别录》的成书与亡佚年代；

乙、对译经质量的"文""质"品评。

并从而引出：

丙、一种假设。

以下顺次讨论。

甲、《众经别录》的成书与亡佚年代

1. 成书年代

《历代三宝记》卷十五："《众经别录》二卷，未详作者，似宋时达者。"后世多据以为说。姚名达先生勾稽后来诸经录，认为："《别录》于同类之书，亦汇聚一人所译于一处。综其所收，上自汉末安世高，下至萧齐之释道备"，

"则其著作时代必在齐初"。王有三先生则维护《历代三宝记》的说法,他说:

> 费氏所谓"似宋时述者",《大唐内典录》卷十,《贞元新定释教目录》卷十八亦并有"言似宋时"之说明,今亦可从此残卷中证明之。如《贤愚经》云:"元嘉二十二年出"。《过去现在因果经》云:"宋文帝时,天竺摩诃乘法师求那跋陀罗以元嘉中出"。就残卷所载八十部佛经观之,无出元嘉以后者,费氏所谓"似"者,盖亦据此献疑而为估计之说也……其撰成盖在刘宋时。

潘重规先生于王先生的论断又有所发挥:

> 盖此卷所载经目,几尽见于《出三藏记集》,无宋以后译本。唯"三乘通教经录"中"《未曾有因缘经》二卷",与梁僧祐《出三藏记集》卷五"新集抄经录第一"所著录之齐竟陵文宣王"《抄未曾有因缘经》一卷"经名相同。然《祐录》卷四"新集续撰失译杂经录第一"又载"《未曾有因缘经》二卷",且云:"其两卷以上凡二十六部,虽阙译人,悉是全典。"……《历代三宝记》卷十一云:"《未曾有因缘经》二卷……群《录》直云:'齐世沙门释昙景出',既不显年,未详何帝。"然卷七"译经东晋录"载"《未曾有因缘经》二卷"等五十三经,注

云:"右五十三经,合五十七卷,并是僧祐《三藏集记》新集失译。"是《未曾有因缘经》有二本:一为晋世阙译人之本,一为齐世沙门释昙景译本。费氏亲见二本,既云"《众经到录》似宋时述",则知此卷著录之《未曾有因缘经》,乃晋本而非齐本也。今《大唐内典录》卷十"历代所出众经录目第九"载古经录、旧录以下二十余种,注云:"检纪传有之,未见其本,故列名而已。"察其所见诸本,首为《众经别录》,次即齐末梁初沙门释僧祐撰之《出三藏记集》,是费长房、释道宣等固确定《众经别录》为刘宋时人所撰也。今费长房《三宝记》著录《方便经》《坐禅经》《禅经》等,注云:"见《别录》";《杂譬喻经》一卷,注云"凡十一事,《祐录》云失译;今检见《别录》,故载之"。类此所举,皆见于此敦煌写本,亦足为此卷即《众经别录》之明证矣。

化文案:《众经别录》在《大唐内典录》中著录于《出三藏记集》之前,只能说明早于《祐录》,而不能确定其必出于刘宋时。伯3747号残卷中有《佛说花严璎珞经》一卷、《佛说般若得道经》一卷,居于"大乘经录第一"(著录三百七十部)之最后。按《众经别录》中各部分的排列,大致是译主相同的各经列在一起,各译主略依时代为次。后来经录中列为"失译"诸经则穿插其间,看来《众经别录》的作者不是知道译主是谁，就是大致按出经年代插入其间的。此二经居于殿后位置，说明时代最晚。这两部经，据《出三藏记集》卷五著录的内容看，都是梁武帝即位的天监元年（502年）时，一位法名叫"僧法"（公元490—505年）的女尼所出。僧祐（公元445—518年）与她同时而年长，曾去访问过她。据僧祐说，她是南齐末年太学博士江泌（当时有学识重操守蜚声士林的人物）的女儿，原名"尼子"：

> 初尼子年在龆龀，有时闭目静坐，诵出此经。或说上天，或称神授。发言通利，有如宿习。令人写出，俄而还止。经历旬朔，续复如前。京都道俗咸传其异，今上（梁武帝萧衍，著名佛教信徒）敕见，面问所以。其依事奉答，不异常人。……后遂出家，名"僧法"，住青园寺。……此尼以天监四年三月亡。……

僧祐收集到她所"出"的经，计二十一种，三十五卷。上举《别录》残卷中二经，都注明"天监元年出，时年十三。智远承旨"。

从而我们见出，《历代三宝记》"似宋时述者"的论断不太准确，姚名达先生的意见较为接近实际。《众经别录》极可能最终完成于梁初，比《出三藏记集》早不过十年（《出三藏记集》写定的下限是天监十四年，即公元515年）。

2. 亡佚年代

姚名达先生云:"此书至唐初尚存,故《祐录》《费录》《宣录》皆备引其说。"潘重规先生云:

> 智升《开元释教录》卷第十"总括群经录"及《贞元新定释教目录》卷第十八"总集群经录"均著录《众经别录》二卷,篇目全同《费录》,惟皆注云:"从《众经别录》下四家目录,《长房》《内典》二录具列篇题,今寻本未获,但具存其目。"是《众经别录》自开元时已佚其本。

综合姚、潘两先生之见,《众经别录》之亡佚当在唐高宗麟德元年(664年)之后,唐玄宗开元十八年(730年)以前的这一段时期内。前者为《大唐内典录》成书之年,后者为《开元释教录》成书之年。

乙、对译经质量的"文""质"品评

孔子那几句关于"文质彬彬"的话,原来似乎是对人们修养、表现、风度等的品评,后来发展成中国文学批评史和修辞学史领域的热门,由人格而风格,讨论历久不衰。南北朝是我国文学批评史的头一个高潮时期,产生了大部头的独立的文学批评著作和优秀论文;南北朝也是我国佛经翻译的头一个高潮时期,佛藏中主要经典在这段时期内差不多都被译成中文,有的不止一个译本。于是,有关语言文字和作品的文质之辨,波及佛经翻译作品中来,就是很自然而又必然的事了。王先生、潘先生都把"每经皆注明文质",以为是《众经别录》解题方式的一大特色。潘先生文中迭引当时释家论译经文质之论,以及《文心雕龙》论文质的话,详加论列。

笔者认为,可以向不太熟悉佛经翻译的读者补充说明以下几点:

一、从东汉末到南北朝以至隋代,佛经译本虽多,但相当一部分译得不太高明。从内行看来,有的是词不能达意,即"质";有的是过分汉化、修饰太多和原著的意思不尽相合,即"文""文质均"即译得恰到好处的不多。至于"不文不质",那是佛名、咒语之类,谈不上文或质的。所以会出现这样的问题,主要是当时兼精胡汉两种语言文字的人太少。常是西域胡僧口述汉人笔受。当时佛教初入东土,也得迎合中国人本来的语言风俗习惯,才能立定脚跟。南北朝译经重"文",即追求文从字顺,让一般人能听懂读懂,质直的译法不受欢迎。这是接受了后汉时早期译经的教训,向普及化汉化发展的必然趋势。

二、如上所述,这种对译文是否惬当的品评,简单而集中地反映在"文""质"之评论里,它是时代的产物。同时,从魏晋九品论人到清谈"题目"人物,其投影也隐隐在其中闪现,文学批评的发达更是其直接动力。

应该看到,这种对译文的品评,促进了佛经翻译在普及基础上的提高。具体措施是译场的精密化完备化。

三、隋唐时代,国家组织的译场人员齐备,水平极高。

有精通梵汉两种文字的译主，有缀文、参译、刊定、润文等反复校量译文"文质"务使其"均"的众多助手，有更多的参听讲说者参加讨论提意见。译文水平有了保证。这就使文质之评成为多余的事。即使有点小问题，对皇帝亲开的大译场的工作成果，敕定颁布的经文，也没有人敢去下鉴定。《众经别录》的此种鉴定式解题方式没有被继承下来，这怕是一个重要原因。却也用不着为此感到遗憾。

丙、一种假设

综合上述甲、乙两项讨论，有个大胆的假设：

写成《众经别录》，要有两个必要条件：

一、《众经别录》文质之辨，由儒及佛，兼具清谈"题目"品评性质，非精通三教擅长文学批评之大知识分子莫办。要有这样的人。

二、《众经别录》通贯赅括全藏。要有这样的有编目和写提要任务需要的专业"经藏"图书馆。即，也要有这样的书、机构和任务。

南朝齐末梁初，具备这样条件的，只有僧祐领导的一批高级僧人，根据地是定林寺。

《梁书·刘勰传》："早孤，笃志好学，家贫不婚娶。依沙门僧祐，与之居处。积十数年，遂博通经论，因区别部类，录而序之。今定林寺经藏，勰所定也。"

我们能否大胆假设：《众经别录》就是像管理如定林寺经藏的一批专业图书馆工作者所编的一部"佛藏分类总目提

要"，其中含有推荐书目性质。这部书的编纂，即使没有刘勰这样的人参加，甚至作领导，也必受其影响。

1986年4月10日，蔚秀园

（原载于《敦煌学辑刊》1987年第1期，第14—25页）

中国敦煌学目录和目录工作的创立与发展简述

一

笔者希望从一开始就交代清楚几个有密切联系的概念。

首先，要说清楚什么是敦煌学（Dunhuang Studies）。如果从严格的哲学高度的科学分类（Classification of Sciences）角度来看，作为一门科学的"学科"，敦煌学恐怕不大合格。这一点，一读我们这一节的分析就会很清楚。撇开科学分类先不谈，仅从现在木已成舟的敦煌学成学的态势看，必须说明的起码也得有以下两点：

一、这个学科的内涵，正在不断地向着扩大化发展。1930年，陈寅恪先生在《敦煌劫余录》的序言中提出："敦煌学者，今日世界学术之新潮流也。"为斯学在中国定名之始。可是陈先生并没有给敦煌学下过一个能概括其外延与内涵的定义。按当时的研究所能接触的范围来看，则大致是局限在敦煌遗书之内的。敦煌遗书的内涵，可是从来都很明确。指的是从敦煌莫高窟第17号窟（藏经洞）出土的那一批材料。据王圆篆荐疏《催募经款草丹》中所载，这批材料在清光绪二十六年五月二十六日（公元1900年6月22日）被发现。其中文书材料最多，绘画也有不少，还有少量法器物品等。其数量至今尚无精密统计，一般估计在四五万件左右。狭义的敦煌遗书指其中的书卷部分，写本居大多数，间有唐、五代、北宋木刻本出现。西域通行各种文字书卷也有不少。藏文文书数量庞大。广义的敦煌遗书则包括那次发现的全部材料，特别是把绘画类材料计算在内的。这批材料的写印绘制时间约在公元3至10世纪。20世纪初，经英、法、日、俄等国文化窃贼的盗劫，流失海外者极多，其中绝大部分藏于英国图书馆东方部，法国巴黎国立图书馆，俄罗斯科学院东方研究所圣彼得堡分所等处。在我国国内，汉文卷子主要收藏于中国国家图书馆，藏文卷子主要收藏于甘肃省图书馆和敦煌市文化馆等处。绘画类材料则主要收藏于印度和英法等国。

敦煌学的研究，大致是从20世纪初研究敦煌遗书开始的。大约从三十年代初前后，研究的内涵逐步扩展。八十年代以来更加迅猛扩展。至今，它的主要研究对象和范围大致是：

1. 广义的敦煌遗书。

2. 今敦煌研究院所属的莫高窟、榆林窟、西千佛洞、水峡口、五个庙等石窟（总称敦煌石窟）的壁画、塑像、题记、碑刻、建筑和对石窟保护的研究等。

3. 敦煌简牍，这是今敦煌、玉门、酒泉三地，即原汉代敦煌、酒泉二郡所辖地区烽燧遗址等处出土简牍的总称。

4. 古敦煌郡历史、地理、考古发现的遗址和墓葬等地面地下文物资料。

5. 对以上四类材料，和对敦煌研究院现在管辖的各石窟的诸方面进行研究的古今文献，其中重要的和常被称引的，是20世纪初以来的各种中外文文献资料。

也就是说，对以上1—4四部分本身，和对这四部分进行的研究（也就是上述的第5部分），构成了当代敦煌学的主要内涵。因此，可以给敦煌学下一个如下的定义：敦煌学是研究敦煌地区遗存的古代文物与文献的学科。

二、更应该说明的是，严格地说，敦煌学本身并非是可以从科学分类的角度界定的一种"学"，却是可以从各种不同的学术领域来对上述四部分文献进行研究的"学"。因此，在敦煌学中逐渐衍生出多种专科性的"学"。而且随着时代发展和科学进步，以及敦煌莫高窟列入"世界文化遗产"名录而受到举世瞩目，研究者越来越多，研究面越来越大，敦煌学中的专科性质的学科会越来越多。越是如此发展下去，敦煌学就越来越不是科学分类意义上的"学"。因此，可以进一步再给敦煌学下一个定义：敦煌学是利用一切可能利用的不同学科为手段，来对敦煌地区遗存的古代文物与文献进行研究的一门学术。必须说明的是，这些专门学科，往往孳生于其主学科。例如，敦煌石窟文物保护，这是一门跨自然、社会两大学科的学术。就其科学内涵与研究成果来说，是科学的，可以推广使用到其他石窟等处的。它本是不必非得冠以"敦煌石窟"字样的。再如，对简牍的研究，虽然历来采取大体上按出土地点划分进行研究的处理方式，但总的来说，它们都是在中国简牍学研究领域之内的。而且，敦煌简牍虽以敦煌冠名，研究范围是包括酒泉等古河西地区的出土简牍在内的。

其次，再谈谈敦煌学目录（The Catalongue of Dunhuang）。随着敦煌学的发展与扩大，敦煌学目录的内涵也在不断扩充。总的来说，敦煌学目录是对敦煌学包孕的所有学科的目录本身，以及对这些目录所进行的工作的研究的学术。它是敦煌学中最可称为基础学科的学科。当代的敦煌学目录和目录工作有广义、狭义两种内涵。广义的，包括敦煌学上述四部分的全部目录和目录工作，其中当然包括现当代研究成果的目录和目录工作在内。狭义的，则仅指对上述第一部分，即对敦煌遗书的著录和对著录工作的研究。我国图书馆系统进行的编目和整理工作，则常在狭义的范围内进行。现在有逐步扩大之势。

二

敦煌学目录本身，以及环绕敦煌学目录进行的目录工作，都始于图书馆编目。具体地说，在早期，这个术语的内涵，特别是指对狭义的以至广义的"敦煌遗书"的编目。到了当代，研究范围不断扩大的客观现实，迫使编目范围逐步扩大。但是，从本质上看，由于它本身的特点或说是特殊性，使它具有不同于常规的图书馆目录的如下特点：

一、从它一出现，本身就带有文物性质。这是著录时必须考虑到的重要因素之一。从当代图书馆学的角度看，起码要考虑到两个可能导致出现矛盾的问题：一个问题是。得按特藏处理，还得在著录时为其另编一套著录规则，其中要有必要的文物性质著录项目。如果写提要，也得考虑或说必须包涵其文物性质的内容。这就使它变成介于图书馆目录和博物馆目录之间的一个混血儿。它的面貌与一般的馆藏目录很不一样。这是由它本身的特点决定的，看来无法改变。另一个问题是，按当代图书馆学理论性的设想，一个馆的馆藏，包括特藏，最好能做到统一编排并给号，统一著录。按世界图书馆学的发展趋势，分久必合，编排、著录、给号等等目录工作，一定会走向大一统。这个大方向是不会变的。可是要按上一个问题所述的办法去作，与这个问题中所述的要求矛盾很大，而且随着时代和各馆目录工作的进展，矛盾会越来越大，越来越多。如何妥善解决这一矛盾，已经成为敦煌学目录工作的亟待解决的重大问题。可惜，现在的各馆和整个图书馆学界对这个专业性极强又处于跨界的问题，悬而不论。这样下去，将要如滚雪球一般，问题越来越大，形成积重难返之势。因此，笔者在此呼吁，应赶快召开敦煌学与图书馆学界的国际学术会议，共商大计。

二、任何人安置任何事物，总会有自己的某种分类方式。从古及今，一堆图书即使乱堆乱放，也多少有点内容或形式上的分类的。譬如卖废纸，也得按报纸、大开本杂志、小开本书籍等略加分类打捆，才能卖个好价钱。敦煌莫高窟第17号窟（藏经洞）所藏，原来无论如何也是有个分类储藏现状的。可惜被劫夺、撕裂、分别收藏，弄了个乱七八糟。当代考古学进行田野工作，强调不能搅乱扰动原状，以便研究原来的安置意图，借以搞清其中包孕的文化内涵，这已是一种学术界尽人皆知的常识了。可是，敦煌遗书的劫余现状就是如此。寻找考证其原来的安置面貌，从当代学术特别是敦煌学目录的角度看，倒是无此必要。不过，在著录中增添联结分藏的割裂原卷的内容等等，却是敦煌学研究者经常在论文中涉及，研究性质的目录中也常作为重点的。这也是敦煌学目录著录中有别于一般性著录之处。可是，馆藏目录中似乎很少顾及，至于国际性的联合目录，连目录本身还没有影子呢，遑论其著录内容乎！

三、承上第"二"点，进一步来说，真正的可称为图书馆目录的工作及其成果，一定要落实到分类目录上面。而敦煌学目录却是至今没有作出一个完全合乎古人入藏时心目中的某种分类来，更没有作出当代的科学分类来。大一统的国际性分类，自然更是没有。严格讲，迄今为止的所有的敦煌学目录，都是停留在基本上属于"财产账"的水平。给的号，也是以"账号"为主。读者查的差不多都是账号，科学的分类号还没有给出呢！

以上啰嗦这些，目的是提请读者注意，敦煌学目录的现状就是如此。那么就会对下文所述，既从发展的角度看，也会从理论的高度看了。

三

我国的敦煌遗书目录工作，从发表的成果来看，以汉文目录为最显著。从整理和发表的时间来看，可以将它分为比较明显的六个阶段来观察：

第一个阶段，20世纪10和20年代，是为发轫期。

第二个阶段，30到40年代，代表作是《敦煌劫余录》。

第三个阶段，50年代到60年代中。代表作是《敦煌遗书总目索引》。

第四个阶段，70到80年代，特别是80年代中期以后，是我国各馆的馆藏目录与馆藏补充目录争相发表的百花齐放时期。也是敦煌学目录本身的扩展期。敦煌学目录的工作一方面向文物目录等领域扩展，另一方面则向多语种扩展。

第五个阶段，90年代，配合多个馆藏卷子影印公开发表，为之服务的目录、索引及提要之类的工作提上日程。对敦煌学目录本身的学术研究也有进展。

第六个阶段，即在刚刚开始的21世纪。由于计算机技术以迅猛之势在世界上和我国发展普及，应用于各个行业，图书馆编目也不例外。多种机编目录，特别是中国古籍机编目录和汉文佛经机编目录的试行本相继出台，我国几个敦煌学资料中心也各自采用计算机编目，促使大家把目光转向敦煌学目录的电脑编目研究。其结果极可能是促成上述五种敦煌学内涵的资料的编目的逐步统一，并创造出多种检索方式，大大地便利了查检，从而直接影响并提高了敦煌学研究的水平，甚至又能创造出一些新的交叉性的敦煌学分支学科来。

四

敦煌学发轫期的研究工作，几乎都和目录工作有关。可以说是边编目录边作研究。这一点和别的学科很不相同。它是由前述敦煌学本身的特点决定的。敦煌学从一产生就离不开目录和目录工作，以后的发展更是愈来愈要依靠目录。

敦煌学目录和敦煌学几乎同时产生。发轫期的敦煌学目录工作，则以编制某种草目和撰写个别卷子的提要、影印本题跋等为主。以下略依时代顺序与工作类型分述。

1907—1908年之间，那个伙同斯坦因（Stein，Aurel，1862—1943）在敦煌莫高窟第17号窟（藏经洞）盗窃敦煌遗书的蒋孝琬，曾襄助斯坦因制作了一份约占他们劫夺的卷子数目三分之一的草目。在以后的一段时间里，此目是英藏敦煌遗书的唯一目录，属于馆藏草目性质，更确切地说，那是一份不全的馆藏特殊财产账。这个目录，可以勉强算是最早的敦煌遗书目录，也可勉强算是中国人所作的第一份敦煌遗书目录。

1908年从敦煌劫夺了大量敦煌遗书之后，伯希和（Pelliot，Paul，1878—1945）在1909年夏季再次来到北京，目的是给河内的远东学院买书，并修补一些敦煌遗书卷子。他向罗振玉等人出示某些卷子，并应罗氏之请，赠与罗氏一批敦煌遗

书照片。罗氏马上开始研究这些材料,并迅速写出三篇有连续性的不断补充的文章,那就是:

《敦煌石室书目及发现之原始》,刊登在商务印书馆出版的《东方杂志》六卷十期。此文大约是我国和世界上第一篇较为正规的敦煌学研究的文章,其中载有所见的敦煌遗书十二种的记录,还有三十一种书的一份书单。有的书名之下附有简单说明。

《莫高窟石室秘录》,刊登在《东方杂志》六卷十一、十二期。是前一篇文章的增补本。其中的书目部分记录敦煌遗书六十七种,新增约二分之一。

《鸣沙山石室秘录》,单行本,是前两文的增补本。国粹学报社出版。

罗氏此三文,可说是中国和世界上敦煌学目录及其目录工作的最早成果。从这一点上看,说罗氏是中国敦煌学目录工作的首创者中之一位,并不为过。

中国敦煌学目录的另一位首创者,馆藏目录的奠基人之一,应推李翊灼(1881—1952)。1911年,京师图书馆(北京图书馆的前身)将学部移交的敦煌遗书八千余卷编成草目,这就是后来的《敦煌劫余录》的基础。李翊灼参与此事,将其通检一过,从中选出两千余卷,为它们各撰写了提要,这就是《敦煌劫余录》中大部分卷子提要的基础。李翊灼还细心辨识出一百六十余种后世失传的佛经及其相关著述,编成《敦煌石室经卷中未入藏经论著述目录》一卷。1911年,最早发表在国粹学报社出版的《古学汇刊》第一集。此文虽短，却是一部功力甚深的考证和研究著作。它可称为敦煌学中第一部研究性质的目录，影响深远。五十年后，王重民先生在《敦煌遗书总目索引》的后记中评述说："这一目录打开了研究敦煌佛经的门径。随后，日本的佛教团体和佛学专家就在这一目录的指导意义下，利用伦敦、巴黎和日本国内收藏家所藏的敦煌遗书，经过十多年的努力，校订出了二百种以上的古逸经和疑似经，在1924—1928年间编入《大正新修大藏经》的第八十五卷内，给佛藏注入了新的资料，引起了佛学研究者极大的注意。"这是从目录学的运作角度作出的对李氏此文极恰当的评价。对李翊灼（1881—1952）的生平与他的全面学术成就，佛教以外的学术界，包括敦煌学界，一般说来都了解得不够，笔者愿意在这里略加介绍：李氏名证刚，字翊灼，以字行（1881—1952）。江西省临川人。佛学大师杨仁山先生门下。早年任职京师图书馆，参与敦煌遗书辨识与编目。后来曾任东北大学（"九一八"事变后入关）、中央大学教授（至1948年离退）。主要著作有《西藏佛教史》，1929年正式由佛学书局出版。《中国近现代佛教人物志》（于凌波著，内地版由宗教文化出版社于1995年正式出版）中有他的小传，请有兴趣的读者参看。

一些学者以得到的国外藏卷照片为依据，撰写了若干提要性质的微型论文。可以按照其内容分成两种类型：

1. 传统的校勘学目录学类型，以刘师培为前驱和主要代表。1910年，刘氏以当时能看到的伯希和供应的少数材料为依据，在《国粹学报》第七卷（总编号75—82期）上，率先连续发表了《敦煌新出写本提要》十九篇。这是对传统的"四部书"残卷进行的最早的深入研究，以考订写卷年代、进行文字校勘、评定写卷价值等为主。极为精审扼要，可称典范之作。罗振玉在这方面极为努力，他在这一时期和以后写了六十多篇以"跋"为主的文字，后来大都收入《雪堂校刊群书叙录》之中。缺点是常常在考订年代等问题上过于武断。

2. 受到西方学术研究影响，从较新的角度进行研究的，首推王国维。王氏所写的名为"题跋"实属研究的文章，还有其他专题性质的研究文章，约有三十多篇。他的研究范围较广，其《敦煌发见唐朝之通俗诗及通俗小说》一文，开创了中国俗文学研究中敦煌俗文学研究的先河。二十年代晚期，陈寅恪开始以其史学、文学、佛学、语言学等多学科综合研究的独特风格与巨大实力，投入到敦煌学的研究中来，作出许多开创性的贡献。

在这一时期中，从事这类大体上属于目录、校勘性质的工作的，还有王仁俊、蒋斧等十来位学者。他们共同创造出这一时期中国敦煌学研究的一大传统特色，并对直到现代的中国敦煌学研究产生了潜在的影响。其中重要的题跋，后来都收入北京大学图书馆学系王重民所编的《敦煌古籍叙录》（1958年，商务印书馆）。

这一时期，也是中国敦煌卷子影印工作的起始期，主要应用石印的方法，出版了一批原卷影摹本。影印的水平虽然不高，但由于所据的原卷后来有的略有残损，个别的不知去向，所以这些已经显出老态的影印本有时还被一些细心溯源的研究者提起和使用。

再晚些时期，出版了一些录文本。代表性的如刘复所编《敦煌掇琐》（1925年，中央研究院历史语言研究所）。这是刘氏在法国目验原卷，选择抄录的一批材料，为我国学者亲赴海外阅卷开了先河。他以敏锐的眼光，从民俗学、俗文学等当时可称为新颖的学术角度，辑录出敦煌学中应归入变文、曲子词、佚诗、契约文书等大批材料。开拓了国内研究者的眼界，拓宽了敦煌学研究的道路。现在看来，这部书似乎已经完成了它的历史使命，有许多后来居上的各种各样的录文加注释的书代替了它。但它的历史功绩一定要大大肯定。

五

30年代可以看成我国图书馆编目与整理工作的头一个高峰期。表现为：

一、北京图书馆所编馆藏敦煌汉文遗书目录第一部分《敦煌劫余录》出版（1931年，中央研究院历史语言研究所）。陈寅恪的序中首先提出"敦煌学"一词，并迅速被国际学术界接受。陈寅恪并对目录工作与目录本身在敦煌学研究中的重要性及其先行地位作了明确说明。他对首次出现在国际学术界的一门新学术——敦煌学研究的重要意义作了具有普遍性质的学术意义的简明阐释，并怀着强烈的爱国主义精神指出敦煌遗书受劫持的悲惨史实。这些话简短有力，切中肯綮，强烈地影响了直到现在的几代中国敦煌学研究者。

二、出版了本国藏卷的录文本，代表性的是北京图书馆许国霖据馆藏写成的《敦煌石室写经题记与敦煌杂录》（1937年，商务印书馆）。

三、逐步深入研究国外特别是英、法两国的收藏。编译国外图书馆所藏目录的工作从二十年代即陆续进行，较有代表性而在解放前经常被使用的目录则是陆翔所译的《巴黎图书馆敦煌写本书目》（1933年，《北平图书馆馆刊》7卷6期）。北京图书馆并派遣向达、王重民与刘修业等以馆员身份赴法、英两国调查。王重民在法期间并为法国巴黎国立图书馆藏卷编目。向、王二氏写成一些经眼录类型目录和若干卷子内容与形态的提要，陆续寄回国内发表，其中一部分提要，后来收入《敦煌古籍叙录》。他们还为北京图书馆拍摄了很多重要的卷子照片，这些照片成为50年代中期以前我国国内学者研究国外藏卷的主要依据，袁同礼据以编成《国立北京图书馆现藏海外敦煌遗籍照片总目》（1940年，《图书季刊》2卷4期）。

四、一些自费出国游学的人员，如姜亮夫和后来40年代末的王庆菽，也作了一些搜集拍摄资料的工作。王庆菽搜集来的敦煌俗文学资料，解放后成为《敦煌变文集》结集的主要依据。

作为这一高峰期代表的，自然是北京图书馆所编的《敦煌劫余录》。此书的出版。可以说不仅在中国敦煌学界是一件大事，也是当时世界敦煌学界的一件划时代的大事。它是世界上第一部公开出版的敦煌遗书馆藏目录。

《敦煌劫余录》共分十四帙，著录北京图书馆馆藏敦煌遗书写卷8679号，是该馆馆藏汉文敦煌遗书目录的第一部分。出版于1931年。编纂时间约二十年。其工作基础，是前述的馆藏草目。有关《敦煌劫余录》的编纂过程，以及这本目录包涵的内容、著录的格式等等，王重民所作《敦煌遗书总目索引》的"后记"有翔实的说明，请参看，不具引。需要强调说明的是，从图书馆学的角度来观察。它算是世界上第一部汉文敦煌遗书的带有分类倾向的目录，也就是说，可以勉强算是一部分类目录。这正是《敦煌劫余录》在敦煌学和敦煌学目录工作发展史上的重大贡献。只要想一想，一直到50年代末期，英国才出版了他们的不全备的馆藏目录，其分类也不比我们强多少，可是晚了三十年；法国和俄国的到现在还在陆续编制。咱们也就能心平气和地对待这部目录了。

《敦煌劫余录》的缺点，拙作《敦煌文物目录导论》中有所分析，请参看。大致是：沿用了原来财产账的《千字文》流水号；提要的"防盗"式著录法虽然是不得已而为之，并为此后的许多国内外敦煌学目录所仿效，形成了半博物馆半图书馆的著录风格，未可厚非，但是正规的著录加提要性质的说明最多只占全书的三分之一，也使人有后期工作不力之感。

六

第二次世界大战和国内的解放战争，使我国敦煌遗书研究接近中断。解放后两岸重新开始，并在50至60年代形成新的小高潮。表现为：

一、《敦煌遗书总目索引》于1958—1962年连续编纂，1962年由商务印书馆出版。它的出版具有划时代的意义，是至今为止的世界上唯一的敦煌汉文遗书的不完备的总目。其主要部分为三大馆藏目录：《北京图书馆藏敦煌遗书简目》，是《敦煌劫余录》的一种简编本，仅为简目，不附原提要；《伯希和劫经录》，系据王重民在法国编成的法藏2001—5579（中缺4100—4449）号目录过录，间附王氏原作提要、录文；《斯坦因劫经录》，系刘铭恕根据中国科学院图书馆新购入的英藏卷子缩微胶卷作成，间附提要、录文。刘氏的工作，是解放后我国图书馆对敦煌遗书进行的编目中最早最大最艰巨的一次。

二、出版了一些经过整理的资料书。代表性的开创性质作品如：《敦煌曲子词集》，北京大学图书馆学系王重民编（1950年，商务印书馆）；北京大学图书馆馆长向达和王重民（北大图书馆学系教授，向、王二氏为敦煌学领军）、王庆菽、周一良（北大历史学系教授）、启功（北京师范大学）与曾毅公（北京图书馆）等六人合编的《敦煌变文集》（1957年，人民文学出版社）。

三、我国台湾方面，在1975年出版的《国立中央图书馆善本书目（增订本）》中，著录了该馆所藏全部敦煌卷子，计一百五十余卷。这是我国图书馆界将敦煌卷子目录归入馆藏善本目录内以第一家。但著录的专业化程度差，有不准确之处。1975年出版的《敦煌学》（国立中央图书馆藏敦煌卷子专辑）中，发表三篇文章予以纠正。这一段时期，我国台湾学者不断地前往欧洲访问藏有敦煌卷子的大图书馆，特别是目验了当时苏联列宁格勒馆所藏秘而不宣的大量残卷中的一小部分。

七

"文革"中，我国内地一切研究停止。拨乱反正之后复苏。1983年中国敦煌吐鲁番学会成立，标志着敦煌学研究的新高潮即将到来。从20世纪80到90年代，一个声势浩大的研究新高潮在我国形成。各大图书馆和相关的资料室大力配合，在这一高潮中起了极大作用。以下仅从图书馆工作角度简述。

一、收藏敦煌遗书的各馆、各资料室纷纷编成自己的目录。首先应提到的是，北京图书馆编辑出版了《敦煌劫余录续编》（1981年，该馆善本组出版），并继续编纂其"三编"。其他各馆也不甘落后，它们编成的是：

1. 敦煌文物研究所藏敦煌遗书目录，敦煌文物研究所资料室编，《文物资料丛刊》第1期（1977年）；

2. 关于甘肃省博物馆藏敦煌遗书之浅考和目录，秦明智编，《一九八三年全国敦煌学术讨论会文集·文史·遗书编·上》（1987年出版）；

3. 西北师范学院历史系文物室藏敦煌经卷录，曹怀玉整理，《西北师范学院学报（社科版）》1983年第4期；

4. 敦煌县博物馆藏敦煌遗书目录，荣思奇整理，《敦煌吐鲁番文献研究论集》第三辑（1986年）；

5. 上海图书馆藏敦煌遗书目录，吴织、胡群耘编，《敦煌研究》1986年第2—3期；

6. 天津市艺术博物馆藏敦煌遗书目录，刘国展、李桂英编，《敦煌研究》1987年第2期；

7. 北京大学图书馆藏敦煌遗书目，张玉范编，《敦煌吐鲁番文献研究论集》第五辑（1990年）。

可以说，70至80年代是中国馆藏目录百花齐放的高潮期。

二、我国台湾的黄永武依据缩微胶卷放大的照片，编印成《敦煌宝藏》一百四十大册。与之配合的目录则是《敦煌遗书最新目录》一册（1986年）。此二书均由台北新文丰出版公司出版。《敦煌遗书最新目录》可视为《敦煌遗书总目索引》的补正简编本。这是敦煌遗书整理出版和敦煌学目录中当时新而大的一项前驱工程。内地在90年代所作的几项整理出版大工程，可以说均受到它的潜在的启发与影响。

三、成立了几个大型的敦煌吐鲁番学资料中心，具有代表性的是：中国国家图书馆敦煌吐鲁番学北京资料中心，敦煌研究院资料中心。这些中心为敦煌学，特别是敦煌遗书的整理和编目，以及有关敦煌学研究的资料搜集与编目，都做了许多工作。

四、敦煌学目录向新开拓的领域发展。表现为：

1. 敦煌研究院资料中心编制并发表《敦煌学文献资料分类类目表》（《敦煌研究》1987年第3期），它的出现表明，敦煌学著作在图书分类法中的位置及其复分的方法等问题，已经提上图书分类工作实践与进一步研究的日程。

2. 有关敦煌学著作的多种多样的目录与索引，包括专书与论文等在内的连续性年度目录，专业性学科目录，多语种目录，有针对性的索引等，不断出版。以下仅分门别类各举一例。

《中国敦煌吐鲁番学著述资料目录索引》及其"续编"，出有"1909—1984""1985—1989"两册，后来在《中国敦煌吐鲁番学会研究通讯》上连年续编。

《敦煌乐舞著述论文索引》，林海飙编，《中国敦煌吐鲁番学会通讯》1986年第4期。

《敦煌学研究专著目录》（中文、日文、西文），敦煌研究院资料中心，1988年。

《北京图书馆藏敦煌遗书目录索引》，陈晶、王新合编，敦煌吐鲁番北京资料中心自印油印本，1988年。按：此书之基本功用为供查阅《敦煌劫余录》所收卷子的胶卷盒号、顺序号，并可附查《敦煌宝藏》中的册、页位置。

《巴黎国立图书馆藏敦煌于阗语写卷目录初稿》。张广达、荣新江编,《敦煌吐鲁番文献研究论集》第四辑。

《哥本哈根皇家图书馆藏敦煌写本》,[丹麦]彼得森编,荣新江译,《敦煌学辑刊》1987年第1期。

最后两篇目录的出现,表明中国学者的眼光已经投向小语种和国外小馆。

五、从60年代起,专科性质的资料录文(均加新式标点断句与分段)专集,步《敦煌变文集》《敦煌曲子词集》的后尘,不断涌现出来,海峡两岸均有若干种。例如江苏古籍出版社出版的《敦煌文献分类录校丛刊》,现在已经出版了多种。还应指出,某些加注释的高水平著作,如项楚的《敦煌变文选注》《王梵志诗校注》,是90年代初问世的有国际影响的精品。

六、海峡两岸学者联手,分别撰写、共同出版大型的敦煌学研究专书丛刊,计有《敦煌学导论丛刊》和《敦煌丛刊二集》、《香港敦煌吐鲁番研究中心丛刊》等,大大地推动了敦煌学的全面发展。其中与敦煌学目录有直接关系的,首推下列二书:

1.《敦煌文物目录导论》,白化文著,出版于1992年。此书是迄今为止的唯一的一部全面叙述敦煌学中各种目录的介绍性入门书。但是,其中也包含对开展新的目录工作的建议,和对过去的目录与目录工作的检讨。在敦煌学目录理论方面有些新见解。

2.作为《香港敦煌吐鲁番研究中心丛刊》之四,《英国图书馆藏敦煌汉文非佛教文献残卷目录(S.6981—

13624）》，荣新江著，出版于1994年。这是对英国原编只到S.6980号的翟理斯所目录的补充，有详细的文物、文献混合类型的提要。极为精确。很便于使用。此书将过去没有公布的材料勾勒出详细的图像，它的出版，必将推动对这部分资料的研究，并旁及其他，进而大大推动敦煌学研究的进展。又，荣新江的《海外敦煌吐鲁番文献知见录》一书，1996年由江西人民出版社出版。此书分七章，分别介绍英、法、德、俄、北欧、日本和美国等地的收藏，对初学者和即使是具有相当高的敦煌学研究水平的人来说，都不失为一部简明的导引型入门书籍。对图书馆专业工作者特别有用。

七、我国台湾的中国文化大学中文研究所编纂的《伦敦藏敦煌汉文卷子目录提要》出版于1993年，全录伦敦藏卷中的题记。关于我国台湾地区敦煌文献整理研究的情况。金荣华有《台湾地区近四十年来之敦煌文书整理》（载于曹亦冰所编《两岸古籍整理学术研讨会论文集》中，江苏古籍出版社，1998年）一文，作了扫描式的概述。请有兴趣的读者多看，不赘述。

八、上海辞书出版社与中国敦煌吐鲁番学会合作，从1985年一起，历时十余年，集百余名国内学者之力，编成《敦煌学大辞典》已于1998年底出版。它是国际敦煌吐鲁番学界划时代的大举动，必将大大推动斯学的发展。其中许多词条可以看作不同格式、不同写法的提要；全书目录及所附的一些附录，又可看成几种大小、繁简不同的目录。说它是当代敦煌吐鲁番学的"总目提要"，当之无愧。

八

20世纪90年代末到21世纪初。敦煌学研究可说是正处于丰收期。主要表现在以下几方面。

一、大型照片式敦煌遗书原卷影印集在陆续编印中。笔者所知所见者，有：

1. 国内藏品《中国国家图书馆藏敦煌遗书》，江苏古籍出版社出版中。全套出齐后约一百册。

2. 国外藏品《英藏敦煌文献（汉文佛经以外部分）》，四川人民出版社陆续出版，共15册。第15册是"总目索引"，属于敦煌学目录范畴。

3. 上海古籍出版社正在陆续出版大型配套丛书《敦煌吐鲁番文献集成》，其中敦煌卷子等图片专集，计有属于国外藏品的：

《法藏敦煌西域文献》

《俄藏敦煌文献》

《俄藏敦煌艺术品》

国内的，有：

《上海图书馆藏敦煌吐鲁番文献》

《上海博物馆藏敦煌吐鲁番文献》

《天津艺术博物馆藏敦煌文献》

《北京大学图书馆藏敦煌文献》

4. 其他出版社与之相呼应，也出版此类卷子图片集，笔者所见者有：

《甘肃藏敦煌文献》

《浙藏敦煌文献》

以上计有六处国内专馆出版其特藏或地方馆联合出版所藏文献，过去均未公开过。其中一些独有的和有特色的藏品的公开，对解决某些敦煌学研究中的问题极有用处。相对于中国国家图书馆藏、英藏、法藏、俄藏来说，这些馆藏数量较小，一旦整理出版起来也快得多。

相对来说，中国国家图书馆藏、法藏、俄藏三处所藏数量巨大，整理出版速度较慢。例如法藏，书目预告现在只到第二十七集；中国国家图书馆馆藏图版预定分装一百册左右。

这些图片集的出版，真使人有满目琳琅之感。其中如俄藏和中国国家图书馆这两馆所藏，过去发表过的不多。法国、英国所藏也有从未公开的。这些第一手资料的公开，必将引发敦煌学研究的新高潮。必须注意的是，这些影印本大多附有详细的文件目录，其中常带有详密的提要。即使是过去已经发表过目录的，这次影印时多数都作了改动与补充。如张玉范编的《北京大学藏敦煌文献》，其目录就比原来单独发表的要改进很多。

二、引起我们注意的是，郝春文等编著的《敦煌社会历史文献释录第一编·英藏敦煌社会历史文献释录·第一卷》出版。全书预定有30卷之多。从敦煌学图书编目的角度看，此书的"前言"极应一读。它从敦煌学研究史的发展，讲到敦煌文献整理、释读、校录、研究方面的一些问题，颇多甘苦之有。有意涉足敦煌学领域的青年新进更应一读，但恐尚不能完全领会其中真谛耳！

三、专业性质极强的两种目录出版。它们是：

1. 国内敦煌学和藏学界瞩目并期待已久的《法藏敦煌藏文文献解题目录》，终于在1999年春季由民族出版社出版了。主译者是王尧。对于国际与国内敦煌学、藏学、佛学等方面的学者们来说，对此书的重要性、价值均知之甚详。笔者能说的，只是向一般的或者说是广大的读者报告此事，以期引起更加广泛的注意而已。

法国的伯希和是仅次于英国国籍的斯坦因到达敦煌并获取大量敦煌遗书的人，比起斯氏，伯氏的明显优势在于，他通晓汉语汉文和大致理解古代通行于敦煌（河西地区）、西域和吐蕃等地的语文，并在取得王道士的同意后，将藏经洞中的遗物全部草草翻阅一遍，重点选取了许多非汉语文献。其中古藏语文献很多，后来成为法国国家图书馆馆藏敦煌文献中极有特色的特藏之一种。伯氏自己对这批材料原来也心中无数，他所编的法藏敦煌遗书目录草稿，汉文部分从2001号开始，原意大约是把前两千个号码留给包括藏文卷子在内的非汉文文献的卷子的，岂知藏文卷子就超过这个数字。所以。即以藏文卷子而论，也得由拉露（Marcelle Lalou，1890—1969）来另编成一种目录。拉露所编的基本上由法文与藏文对照的目录，现在中文翻译的标准书名是《国立图书馆所藏敦煌藏文写本注记目录》（依照1998年上海辞书出版社出版的《敦煌学大辞典》的译法，一般简称为"拉露目录"）。法文原书名就不再列举了。此书共三卷，分别于1939、1950、1961年在巴黎出版。共收2216号。编者对每号著录的内容是：外观、内涵、研究情况。对非佛教文献用拉丁字母转写出每项内涵的起止词句。前有主题索引。凡属馆藏的重要卷子基本上著录完毕。应该说，拉露已经尽了她的最大努力与能力去办了。

由于种种原因，特别是政治上的阻绝，即如我们简介的这部目录的主编王尧，也是在拨乱反正后才接触到"拉露目录"的。应该说明的是，第二次世界大战前，我国敦煌学和藏学先辈如向达、王重民、于道泉诸位先生，在伦敦、巴黎阅读敦煌卷子时，受到重重阻挠而所得不多，因而也无法向国内传递这方面的信息。可见，国家的强大领导人物的重视与经济资助，对敦煌学目录研究及其成果的出版有着直接而巨大的影响。返回头来说，这部藏文卷子目录的中文本在国内出版，使我们更加盼望国内的敦煌藏文遗书目录，以及国内外的其他非汉文文种敦煌遗书目录能早日编纂出版。

2. 方广锠编著的《英国图书馆藏敦煌遗书目录（S.6981号—S.8400号）》，2000年6月由宗教文化出版社出版。

对于该书编撰出版的意义，中国敦煌吐鲁番学会会长季希逋（羡林）老师的推荐意见，可以说是国际上敦煌学界的定局性指导性看法了，节引如下：

一百年前,敦煌藏经洞发现以后,在国内和国外逐渐形成了一门新的学问:敦煌学。这一门新学问与弘扬中华民族的优秀文化紧密相联,切不可等闲视之。整理研究洞中藏书,工作量极大。在过去的一百年内,只能说初步清理出一个头绪来。细致研究,还有很多工作要做。专就佛教典籍而论,过去整理的结果就不能令人满意。因为数量大,而贮藏之处又分散于很多国家。可是,这一件工作又是非做不行的。方广锠博士有极好的佛学研究基础,有极细致的工作作风。他穷数年之力,远涉重洋,兀兀穷年,终于完成了此书。这可以说是对敦煌学的一大贡献。

这段话言简意赅,已经对方氏的书作了极为确当的评价。笔者在此只从图书簿录的角度,略略谈一谈。

一点是,方氏采用并发展了分条分项的著录方法。这种方法,似乎是日本学者首先大规模采用的。首先用于佛教典籍簿录,如20世纪20至30年代的《大正藏》中的"勘同目录"等,还有《佛书解说大辞典》等书;继而用于敦煌遗书编目,如20世纪70年代大渊忍尔的《敦煌道经·目录编》。我国学者采用此法者似以刘国钧先生为最早。刘先生于20世纪30年代以日人之法整理我国早期汉译佛经,虽然在条目等方面没有太大改变,总算是在引进新方法这一点上得风气之先。方广锠先生是善于学习又大有主见的人,根据全部敦煌遗书编目的实际——他主编过中国国家图书馆的敦煌遗书编目，有统揽全局的经历与丰富经验——来安排这样一部局部性的书目的分条分项内容，自然游刃有余。他活用而不死守前人的方法，量体裁衣，作得恰到好处。这种簿录方式的优点是异常清楚，极便应用。再一点是，此书具有很好的包容性、在敦煌学著作中，后来的著作包容，刷新前人著作之处是极为常见的现象。例如，所谓"变文"的录文，就一代一代地在前人的基础上不断补充、刷新。目录方面的工作亦如是。关于英藏斯坦因敦煌文书，尽人皆知的是，英国学者翟理斯（方先生译名为"翟林奈"）以38年之力，编成以英文为主（中间非夹点汉文才行）的仅到S.06980号（外加点木刻品号）的约7000号出头的目录。20世纪50年代末，当时我国的一位中年图书馆学工作者刘铭恕先生，以4个多月之力，仅靠看缩微胶卷，一空依傍，也作成了与之相伯仲的中文《斯坦因劫经录》。其后，我国两位中青年学者，即方广锠先生与荣新江先生，于1991年远涉重洋，到英国目验原卷，对S.06981号以下各个卷子进行编目。他们的工作成果，荣新江先生的那一部分，已经编成我们前述的《英国图书馆藏敦煌汉文非佛教文献残卷目录（S.6981—13624）》一书，由台北新文丰出版公司于1994年7月出版。荣氏书系选择性登录，而方氏此书则为逐卷簿录。这就必然会产生交叉著录的问题。敦煌学方面类似的情况比比皆是，不足为病。但是，正如方氏此书"凡例"中所说："本目录决定将《荣目》已经著录的五十四号也作为著录物件涵摄进来。"其方式则是："除了遗书外观，如尺寸、行数等资料外，关于文献的内容,凡是《荣目》已经著录者,本目录一概不著录,并注明《荣目》已经著录该号,请读者自行参阅。仅在对《荣目》的著录有不同意见时,适当加以补充。这种补充,也只是提供一个新的视角,一种参考而已。"笔者以为,方氏此书,包容了《荣目》的相关部分。在将来的敦煌遗书编目进一步向深、广两方面扩展时,类似的情况会不断出现。这是敦煌学向前发展的一种可喜的表现。敦煌遗书编目的工作,正与全世界各地敦煌遗书原卷刊布的工作紧密配合,加紧进行。荣氏、方氏二目发表后,单独的薄录式目录,或者依附于刊布的原卷的目录、索引等,相信会在不久的将来,也就是在21世纪的前十年、最多二十年内,大致完成。在此基础之上,一部真正的,包括各个文种的敦煌遗书总目录。也将在此基础上作成。方广锠在《古籍整理出版情况简报》2000年第7期上发表《关于敦煌遗书的编目》一文,就敏锐地提出这一问题。请有兴趣的读者参看,不赘述。

九

从敦煌学原材料和研究资料编目的角度来看,我们注意的是:

敦煌文献原材料,包括狭义的文献。即敦煌遗书中的文字原材料部分;广义的文献,即越来越扩容的敦煌学内涵所包容的石窟(石窟中所题文字如榜题等仅仅是其中的一小部分)、其他考古所见遗存(如简牍)等部分。其中每一件原材料的定名，久已是研究者从一开始就必须面对的问题。理想的解决办法是名从主人，即按原材料自己的定名著录。可是，研究者尽人皆知，原材料留有自名者不多。现当代研究者代为拟题，不尽一致。这一次大批出版上述各种图版式图录，再加上郝春文的《释录》系列，还有敦煌研究院正在整理出版的分窟印行的详细的图版式图录等等，相关文献的出版，正在促进各个原材料文献（或说"文件"）的定名朝向准确、统一的方向发展。

据个人体会，郝氏《释录》的"前言"中，重点讲到的问题有：对狭义的敦煌遗书文书部分的性质、定名、年代的考证与尽可能的确认。分类释录与总体性质的释录互为表里，互为补充。相关的研究文献应作为附录。还有，"采用纸质图书和电子版两种方式出版，电子版不仅包括纸质图书的全部内容，还有多种检索功能，并附有文书原件图版。"特别是最后一项，十分令人兴奋。它说明，按照这样的设想，即以电子化方式编目与整理敦煌文献——包括狭义和广义的敦煌文献文物——的时代即将到来。

· 十

郝氏"前言"中一针见血地指出："直到今天，学术界、出版界中仍有人将对敦煌文献进行整理、释录等同于一般的古籍整理。"可以推而广之：图书馆学界，特别是具体作编目工作的人，虽然已经在一般性的编目工作中早已使用电脑，中国国家图书馆的鲍国强、程有庆等同志还编写出《汉语文古籍机读目录格式使用手册》一书，但基于敦煌文献的独特性，用一般的机读目录格式来套用，显然还是不够周延。特别在检索方面，尚需另编多编程序。

我们的建议是，趁此大规模地进行"馆藏或地区性藏品全集"类型图版式图录和大型的与之配套的"全集"式释录等如雨后春笋般出现之际，赶紧编制敦煌学原材料和研究文献的总的机读目录格式，并迅速地配合上述各种出版物，逐步将已经公布、出版的各个原材料和研究文献的目录全部纳入其中。

拙见是，机读的关键是实现多种渠道的检索。机读的显著优点在此。编制这种机读格式的难点，亦即如何编制这样的程序的复杂过程，必须在其进行过程中去认识，去体会，去解决。这是需要优秀的电脑专家来和敦煌学家、图书馆编目工作者三方合作，才能一步一步探索出来，并逐步完善的。

当然，已有的如上述《古籍机读目录格式使用手册》具有广泛的适用范围，能变通地适应多样化的要求。我们就不必另起炉灶，完全可以在那样的格式上，比如说，就在上述这本手册的基础上变化改动，使之适应我们的要求。这不失为一种走快捷方式的办法。

已经出版的各种敦煌学目录与专书、有的附有索引。虽详略不同，编制方法各异，均可参考。这些，往往后出转精。例如。日本学者所编目录多种，其著录与检索方式各具特色。如金冈照光主编的"东洋学研究25，28，29"中的《敦煌文献目录（斯坦因、伯希和搜集）汉文文献编》（1990年，非卖品）及其《索引》（上卷1991年，下卷1993年，亦均为非卖品），还是在我国的《敦煌遗书总目索引》基础上精细地对比原卷著录。河村孝照（上卷）、柿市里子（上下卷）、玉野井纯子（下卷）所编的"索引"，先分类后按笔划共索，也是在《敦煌遗书总目索引》的索引编制法的基础上有所前进。我国中华书局2000年出版的敦煌研究院施萍婷等改编的《敦煌遗书总目索引新编》与之异曲同工。但是，这些书册式的目录与索引似乎都不可能施行过多的检索功能。这就说明了，单纯书册式著录并检索的方式有一定的局限性。这种方式似乎已经在反复使用中使尽了它们的浑身解数。走到了尽头。现在，是使用电脑制目录，并从而实现能使用多种检索方式方法的时候了。

笔者现在所能想到的电脑编目后进行多种检索的内容是：

总的来说，最好是编制成一部包括原卷、各种图版本、各种目录著录、近于全部研究资料的，多文种的，概括敦煌学全部内涵的计算机目录加多种检索。原卷正反面文件及其在各种图版本目录中出现的情况当然必须著录且作互见。但是，由于多文种（如汉文与古藏文）混编相当困难，似应以已有相当好的基础的汉文文书编目为试点，此后再向理想化的全部文书与文物混编发展。

分别来说，单就狭义的敦煌遗书中汉文文书部分来说，编目著录后的检索机制，似应包括以下内容：

文件题名，包括原卷原有的首题、尾题、其他相关标题；后人代拟的题名，如有多种代拟题名，可以一种为正题名，其他为参照题名，并在检索中互见。应列出代拟者及出处。

文件著者题名，除原卷已有的著者题名外，凡考证考出者，亦应列出考证者并出处。出现不同的考证结果时，可以一种为正题名，其他参照，并在检索中互见。

文件书写者、责任者（如著名的"王玠"）题名，应作出一种检索机制。文件中提到的人名（如"译场列位"中题名）同此。著名文件中的主要人物与动物（如《燕子赋》中的燕子、黄雀与凤凰）同此。其中，有许多条目需要从原卷中选出，这就要依靠专家了。

有关联的卷子之间的检索，应另作出一种检索机制。文件连缀者及出处，后人使用此种连缀的出处等，亦应在检索中互见。

涉及的地区（如阳关）、地点（如三界寺），印鉴，已有前人作过的索引可资参照，应做得更细致。并作出互见。

有纪年的文件，划定书写等年代范围的文件（特别是前人作过划定的）应建立检索机制，并与其他检索机制作互见。

敦煌学研究文献登录，其中专书应尽可能作出篇名登录。书刊题名下尽可能作细，如列出作者、出版时间、序列号等。抽印本、非卖品、书评等均须以相应方式注明。均须作互见。

原卷载体特点，如纸质（如硬黄）抑或丝织品，书写颜色及相关特点（如血书，双色写等），装帧特色（如蝴蝶装，卷子装带轴，小册子等）均应尽可能标出，并加入检索机制。

附带说一说"释录"一类书籍中的词语索引。这在书册本中非常繁难，计算机检索中却是不难。以《大正藏》为例，前有多家联合编出的《大藏经索引》，卷帙繁重，也不能查词句，查词语也不能普遍。后出光盘，查词语乃举手之劳。我们这篇文章主要谈的是目录方面的事，对释录书籍的检索只不过捎带说几句罢了。但应提醒编释录索引者，用电脑编全部词语检索并不比选择性检索复杂多少，何不多花一点力气，全面覆盖呢！

当然，笔者说来容易，编成这样一大套检索光盘，可得前述三方面的专家通力合作，耗时耗资自是不待说的事。可是，在笔者看来，这却是必由之路，早晚得走的。晚走不如早走。建议三方面统一领导，及早召开会议，拟定格式途径，试点试行。争取经济上强大后盾支持，看来是十分必要的，甚至是关键性的。

（原载于《敦煌吐鲁番研究》第七卷，
上海古籍出版社2004年版，第156—173页）

简评《敦煌劫余录》和《敦煌遗书总目索引》

一

据王圆箓的荐疏《草丹》（原件现存敦煌研究院）中说，他于1900年6月22日（清光绪二十六年农历五月二十六日），发现了敦煌莫高窟"藏经洞"（现敦煌研究院编号第17号窟），并陆续取出其中的宝藏。

藏经洞中原来庋藏的那些各种文字的写本、刻本，以及绢本或纸本的画幅画幡，还有若干法器等，经过多次劫夺、收集，现在分散各国各地，人为地造成了重新整理工作的困难。目录是整理工作的基础，也是从事阅览与研究的基础与指路标。这一点，拿研究敦煌遗书和别种学科对比，就更显得突出和必要。若不靠目录引导，阅览敦煌卷子几乎是不可能的事，遑论研究"敦煌学"矣！

从半个世纪以来公布的各种目录来看敦煌学的目录工作，可以看出，由于汉文文书在全部敦煌遗书中占的比重最大，数量最多，内容也最丰富，因此也最受重视。相对于其他文种的敦煌遗书的目录工作来说，为汉文文书进行的目录工作可以说作得最多、最快，也最好。在这方面，我国学者所做的工作和所公布的成绩，曾走在世界的前列，至今仍给世界上治敦煌学的学者以极大的方便，其衣被学人，盖非一代。

我国的敦煌遗书目录工作，从发表的成果来看，可以将其分成三个阶段：

第一个阶段，二十年代末期到三十年代初期。代表作是《敦煌劫余录》。

第二个阶段，五十年代末到六十年代初。代表作是《敦煌遗书总目索引》。

第三个阶段，八十年代。近十年来，各馆的馆藏目录及馆藏补充目录发表的不下十余种。总目性质的，则有1986年台湾新文丰出版公司印行的黄永武博士所编《敦煌遗书最新目录》。值得注意的是，这些目录的编纂方式，都或多或少地受到《敦煌劫余录》和《敦煌遗书总目索引》的影响，可说是有血缘关系的老少三代。因此，粗略地回顾一下以往的工作，并据而说明我们今后将要作的工作，就是十分必要的了。

以下分另粗略地对《敦煌劫余录》和《敦煌遗书总目索引》作回顾式的述评。

二

《敦煌劫余录》，十四帙，著录写经8679号，是原北平图书馆（今北京图书馆）馆藏敦煌汉文遗书目录的第一部分，出版于1931年。编纂时间约二十年。其工作基础，是

1910年学部咨甘肃有司，将藏经洞中残卷"悉数运京"，移藏部隶京师图书馆（即今北京图书馆）的那份财产帐。

下面我们先看一下那份财产帐的特点：

它采用的编号是用《千字文》号加数字100号位作成的流在号。《千字文》号是从宋代《开宝藏》以下沿用的，《开元释教录略出》首创的佛藏编号方法，但是佛藏使用它时，一般只在单个字的下面设十个号，也就是说，把《千字文》中单字作为帙号，而把《千字文》下边的数字号作为卷号，一般每帙以十卷为率，最多到十二、三号也就是了。而《敦煌劫余录》中所反映的原来京师图书馆财产账的流水号，《千字文》单字下面留有一百个号位，这说明原编者对于拉到北京的这些敦煌卷子究竟有多少心中无数，所以就多给它安排了许多号，多至九万多号（《敦煌劫余录》中《千字文》号不用"天"字号，再加上以后可能不用的表达不好概念的字，只能用到九百多字，也就是九万多号）。实际上，《敦煌劫余录》中只用到八千多号。就是现在把整个北京图书馆藏敦煌卷子加在一起，也就一万多号。

另外，我们更看到一种奇特的现象，就是原来的流水号财产账，虽然采用了佛藏习用的《千字文》号，但因为它毕竟是财产账，所以每个《千字文》号和所著录的内容之间毫无联系。这即是说：这个财产账采取了佛藏的《千字文》号，但并没有采取佛藏按《千字文》号在内部的封闭式内涵中带有一些分类安置范围的办法。具体来说，佛藏的《千字文》号，虽然在各种藏经中给号的次序略有不同，但是，它们都是以《开元释教录略出》中各经的排列和给号顺序为基础而略加调整的。因此，每部藏经的《千字文》号，和该经在大成经中的顺序，各藏前后错位不大，或者纹丝不动。例如，《大般若波罗蜜多经》六百卷，从来顺序排在第一，《千字文》号占"天"字至"奈"字，即《千字文》之前六十字。每字统领一帙十卷。再如《大唐西域记》，宋元刻诸藏和高丽藏都在"转""疑""星"三字内占两字；只有明北藏占"孰"字，乾隆藏占"旦"字，也是只差一字。可是，原京师图书馆的财产账，虽然也用《千字文》号，但没有采用佛藏中《千字文》号暗中寓有某种分类意蕴和指示前后大致位置的寓意。它是随意地给号，属一部经的卷子，可以不按前后，和别的经混排，列入不同的字号。这种只按到手顺序不分类编排的给号法，恰是中国某些旧式商号特别是当铺开当票记流水财产账的简单而不科学的办法。这说明原京师图书馆接收敦煌遗书的人员水平太差，或者限于时间，再不然就是有必要先大致登记造册以防再丢再偷，于是就造出一份流水号财产账来。从此，这种财产账号就兼当"架号"使用，沿袭至今。

应该说明，已公布的馆藏目录，大部分都是财产账，采取流水号著录。它们除了不用《千字文》号而用阿拉伯数码顺序号外，在不分类和即以财产账号作架号这两方面，和原京师图书馆的作法是一致的。这也从侧面说明认识、研究敦煌遗书内涵的困难很大，非一般馆员学力所及，需要随着敦煌学研究的深入发展，方能作出正确、科学的分类目录。

可另一方面，这种以财产账流水号代替正规的图书分类架号的原始性方法一推行，就会影响到此后的分类目录的编制，使之受原来编号的影响制约而难以摆脱。英国翟理斯所编的《敦煌汉文文书解题目录》（L. Giles：Descri Ptiue Cataloghe of the Chinese Manuscripts from Tunhuang in the British Museum）只能用权宜之计，在翟氏新号（有分类意蕴）后附注斯氏流水号。而法国的目录（Cataloguedes Manucrits Chinoisde Touen-Houag）则还在沿用流水号，这与现代图书馆目录的发展显得多么不协调。作为分类类型的敦煌遗书馆藏目录的早期代表《敦煌劫余录》也遇到这个难以解决的问题。

相对于原来的工作基础，即原馆藏流水号财产账来说，《敦煌劫余录》所作的工作，可决不是低水平的重复，而是在原有基础上作了一次质变性的飞跃。从敦煌学发展史的角度来观察，《敦煌劫余录》是世界上公布的第一个馆藏敦煌汉文文书目录，是一个创举。从图书馆学的角度来观察，它也是世界上公布的第一个敦煌汉文文书的分类目录。我们知道，只有分类目录才可以叫作真正的图书馆目录。这正是《敦煌劫余录》在敦煌学发展史和敦煌学目录工作发展史上的最大贡献。一直到五十年代末期，英国的翟理斯才步《敦煌劫余录》的后尘，刊布了世界上第二部馆藏敦煌汉文文书分类目录。它比《敦煌劫余录》晚出三十年。

当然，我们也要看到《敦煌劫余录》分类的缺点。它依然大致采用了佛藏的分类方法，而佛藏分类法本身是封闭式的，和外界其他分类方法都没有任何联系。因此，采用这种分类法，必然使部分图书成为一种特殊的特藏，与馆藏其他图书的分类毫无联系。这缺点为大多数敦煌遗书馆藏目录所共有，而《敦煌劫余录》表现得尤其明显。这与它所藏几乎全为佛经很有关系。也反映出，当时的编目者只邃于旧学，缺乏现代化的图书馆目录理论与方法训练，欠缺全馆一盘棋统筹安排的考虑。

《敦煌劫余录》虽然采用了佛藏的按经集中，进行初步分类排列的方法，但并没有另外给分类号，而是沿用了原来财产账的流水号，因此就形成了一种极为奇特的现象，即：一部经有许多不同的千字文号，而且在一个千字文号中，同经的卷子次第可能前后颠倒。也就是说，虽然有了一个粗略的分类，但是又没有使用分类号，以至于在使用《敦煌劫余录》的时候，还必须要参照另编的千字文号索引。这是一个在图书分类和著录方面极为奇特的例证，说明将就原流水号来进行分类是如何的不方便。

英国的翟理斯可能是看到了这一点，所以在他所编的目录中，没有采用原来的斯坦因编号，而用自己给号的方法，把分类号给出，重新编号。但翟理斯虽在英国的最大图书馆工作近半个世纪，却似乎没有研究过彼邦的各种图书分类法和分类法理论。他把英国那批汉文卷子初步分类后，用给新的流水号将各类前后统排的办法编成目录。此法实在太糟。一则内部封闭，再有同类新卷子很难给号插入；二则只能看其说明方知从某号到某号属哪一类。

《敦煌劫余录》给每个卷子都作了提要，最简单的提要是略仿赵明诚《金石录》前十卷的体式，每轴注其原号、起止、纸数、行数。所谓起止，就是把每轴的首二行的首二字及末二行的末二字都登记下来，这显然是在原来财产账的基础上过录下来的。原来的财产账，为了防止割裂首尾进行偷窃，才这样记录。这种著录方式也很奇特。可戏称为"防盗式著录"。《敦煌劫余录》在附记式的提要中所记录的，大部分都是"尾行碎损""尾有木轴""下接某号"等情况，有关内容的提要，一般只记录在经中的品次，其他情况记录较少。这当然是因为某些佛经是专业学者非常熟悉的。所以记录了品次，就等于把本卷的内容进行了揭示。但是附记的那些材料，也说明提要中注意了卷子作为文物的内容。因此，《敦煌劫余录》中的提要，可以说兼有博物馆式和图书馆式目录提要两种性质，成为一种非常奇特的提要，与明清两代开始盛行的注重说明版本、版式特点、文字校勘的善本书提要有很大的区别。此种提要方式，为以后的各种敦煌遗书目录（馆藏目录与研究性的专科目录等）所继承与发展，有愈来愈精密细致的趋势，看来会形成一种跨图书馆、博物馆两界的新型提要格式。后来人的工作，应该是使之完善化、定型化、规范化。

英国大文豪狄更斯在其成名作《匹克威克外传》中曾慨叹说："序文虽然经常有人在写，却难得有人去读。"揆之《敦煌劫余录》二序和《敦煌遗书总目索引》一后记，却是大大不然。此三文都是结前启后的重要文献，敦煌学的经典著作，学者不厌百回读者也。

《敦煌劫余录》前两位大名家的两篇名序，顿使此书生色，增重。

陈垣先生的序，重点提出了藏经洞封闭时代下限的假说之一："《通考》载，'大中祥符末，沙州归义军节度使曹贤顺犹表乞金字藏经。景祐至皇祐中，朝贡不绝。'知此等经洞之封闭，大约在皇佑以后。"藏经洞封闭年代诸说中，陈先生此说，在我国学者中提出较早，且至今仍不失为一种稳妥的说法。笔者即认为较西方学者信从的伯希和说法为胜。

陈寅恪先生的序，在学术上至少有以下几方面贡献：

第一点，"一时代之学术，必有其新材料与新问题。取用此材料以研求问题，则为此时代学术之新潮流。治学之士得预于此潮流者，谓之预流（借用佛教"初果"之名）。其未得预者，谓之未入流。此古今学术史之通义，非彼闭门造车之徒所能同喻者也。敦煌学者，今日世界学术之新潮流也。"陈先生首先提出"敦煌学"这一学术名称。而在此序中说这番话，再益以下面我们在"第二点"中所引，自然喻指出，"敦煌学"，是经过敦煌学的目录工作，才确立、定名、称"学"的。这应该是敦煌学目录工作者的骄傲。当然，陈先生此段所述，远不止于敦煌学范围，而具有"学术史之通义"。

第二点，明确指出目录工作在敦煌学研究中的决定性作用："夫敦煌在吾国境内，所出经典又以中文为多，吾国敦煌学著作较之他国转独少者，固因国人治学罕具通识，然亦未始非以敦煌所出经典涵括至广，散佚至众，迄无详备之目录，不易检校其内容，学者纵欲有所致力，而凭借末由也。新会陈援庵先生垣，……应中央研究院历史语言研究所之请，就北平图书馆所藏敦煌写本八千余轴，分别部居，稽核同异，编为目录，号曰《敦煌劫余录》。诚治敦煌学不可缺之工具也。"

第三点，指出若干研究课题与线索，其中有些我们后来人到现在还没有涉足，令人惭愧。

第四点，以爱国主义的饱和感情，代表性地说出我国学者的心声："敦煌者，吾国学术之伤心史也。"半世纪以来，这沉痛的最强音，震撼着我国几代学者的心扉，成为献身斯学的巨大动力。而今，时移世易。新中国建立四十年了，中国人民早就站起来了。随着我国国际地位的极大提高，随着敦煌莫高窟于1988年被列入联会国教科文组织公布的"世界遗产目录"，敦煌学更成为国际性的"显学"。1988年，在北京举办的"敦煌吐鲁番学术讨论会"上，各国学者济济一堂。中国敦煌吐鲁番学会会长季羡林先生致辞时提出："敦煌在中国，敦煌学世界"。这响亮自豪的口号，正团结国内国际学者，一致向新的学术高峰攀登。当然，过去那一段伤心史，我们也绝不会忘记。

三

《敦煌遗书总目索引》，1958—1962年编纂，1962年商务印书馆初版，1983年中华书局重印补订本。

《敦煌遗书总目索引》的出版具有划时代的意义，它是到现在为止的，世界上唯一的敦煌汉文遗书的总目加索引。世界上研究敦煌学的学者可以说没有不利用这本书的。特别是我国的学者，更是这样。我们可以试想一下，如果没有这本书，到现在为止，英国的翟理斯目录还没有被翻成中文，法国的目录到现在才出版了两卷，共一千号，那么我们，特别是中国的学者研究敦煌汉文遗书和利用敦煌卷子，将会遇到如何的困难，就可想而知了。

《敦煌遗书总目索引》可以说是由三部分组成的

第一部分是它的总目部分，也就是它的主要部分；

第二部分是它的索引部分；

第三部分是它的附录部分；

此外，还有一篇非常重要的，王重民先生撰写的《后记》。

现在让我们分别地观察书中的各个部分，首先看总目部分。

总目部分又可分成两部分，其一是北京、英国、法国三大图书馆的馆藏目录；其二称为"散录"，包括从不同的地方搜集来的十九个目录。索引部分，则是三大馆馆藏目录和这十九个故录的"题名（Title）"字头索引。

在此应该说明，题名（Title），按现代著录规则的解释，是指直接表达或象征、隐喻性的表达文献内容、特征，并使其个别化，以区别于其他文献的一种名称。现代文献中的题名，经常以该文献的书名题目形式表达。可是，敦煌文献中的"题名"，有许多是由现代编目者代拟的，还常作改订，很不固定。因而，在敦煌文献著录中，我们使用的"题名"这个词，其适应范围较为宽泛。

下面，我们对《敦煌遗书总目索引》的内容，分成几部分来逐一分析，以指出其中问题及研究产生问题的原因为主。前面已说过，这是为了给今后的目录工作提供经验与教训。

我们先看三馆馆藏目录：

第一个目录就是"北京图书馆藏敦煌遗书简目"。这个简目完全根据《敦煌劫余录》而来，可是把《敦煌劫余录》中的提要完全删去，而且恢复了原来的流水号，从"地"字第一号开始，到"位"字七十九号为止，等于是把原京师图书馆的财产账重新恢复了一遍，只是在每一号的后边附有《敦煌劫余录》的页码。这种作法；实际上只是把《敦煌劫余录》的索引的排法，由方阵图式改为流水线式罢了。凡用过《敦煌遗书总目索引》的人都知道，北京图书馆"简目"这一部分可以说是《敦煌遗书总目索引》三大馆藏目录中最不得用的，属于"聋子的耳朵——配搭"。它既无提要又无分类，更没有《敦煌劫余录》以后新编的那一部分。所以，要详细地研究某个经卷，还得看《敦煌劫余录》去。

为什么会出现这种现象？我们认为，恰恰说明，编者是一个非常聪明的内行。因为，当时世界上已知的三大馆馆藏的目录，在"总目"中不可缺一。那么，如何把北京图书馆馆藏的目录编入？照印《敦煌劫余录》是一个办法。应该说明，《敦煌劫余录》在1931年出版以后，到了三十年后的1962年，就是《敦煌遗书总目索引》出版的时候，已经很少见了，所以把它重新录入《敦煌遗书总目索引》，未尝不是一个办法。如果能补上《敦煌劫余录续编》甚至于《续编》也尚未编入的内容，那就忒好了。但是，《总目索引》的编者没用这个办法，而采取了偷巧的，把流水账重新排列的办法，并且还删去提要。我们推测，这是因为：

第一，后边的《斯坦因劫经录》和《伯希和劫经录》都是用的流水号财产帐的著录方法。

第二，后边的两个《劫经录》，和《敦煌劫余录》的提要著录方式很不一致，而两个《劫经录》却比较一致。那么，按它们的办法新编提要，并和《续编》统排或至少前后分排，行不行呢？行，但需要有关馆方的大力支持，和有刘铭恕先生那样有真才实学、身体好、具备献身精神的工作人员。在条件不备的情况下，只好因陋就简，在流水号一项上与两个《劫经录》取得了一致。此外，编者恐怕还要考虑到：所印北京图书馆的目录，除了跟后边英、法两个目录要比较一致以外，还要表现出跟《敦煌劫余录》不是一本书。在这样的情况下，就采取了这种内行人看来非常精明，又不禁为之摇头嗟叹的办法了。

下面再看《伯希和劫经录》：

这部劫经录的工作基础，是王重民先生在巴黎为法国人所编的一套卡片目录的副本。王重民先生在法国的时候，给法国图书馆所藏敦煌汉文遗书卷子编了一套卡片式目录。这套目录，当时录有一套副本，后被王先生带回国内，王先生逝世后已经捐赠给敦煌研究院。经过笔者在敦煌研究院初步比对，就是《总目索引》中"伯希和劫经录"的原稿。"伯希和劫经录"就是在这套卡片的基础上过录而成的。在北京过录的时候，似乎没有经过太大的改动。

王先生的目录是根据法国人的流水号编成的，没有分类。这个目录的一个突出的优点是在若干重要的卷子后边都写有提要。我国的目录学家向来有写作提要的优良传统，这个传统的特点之一是：它是一个学者根据自己所学、所得，给后人，也就是后来的学者所作的提示，所谓"可为知者道"，就是这种提要的一个特点。这即是所谓中国旧式的提要，与现在的图书馆目录中所要求的带有一定的写作规定和范围的提要很不相同。它明显地表现出写作提要的学者的学力优劣，和他的注意力所在。

王先生给《伯希和劫经录》所作的提要，可说是属于这样的类型的，在工作中札记的，为以后进一步研究提供线索与提示的记录。它给后来的敦煌学研究者指出了许多在研究中应该注意之点。由于当时王先生在巴黎观看卷子的时间有限，非常匆忙，同时又缺乏参考书，也就是说，缺乏进一步深入研究的时间和条件，因此，《伯希和劫经录》中存在的问题自然也不少。遗憾的是在把卡片转录成《伯希和劫经录》定本的过程之中，王先生似乎没有作进一步的、过多的审定。这有它的客观原因。因为王先生、向先生等从巴黎拍回的敦煌遗书照片只有几百个卷子，而全套的敦煌遗书胶卷当时还没有运到我国来，王先生没有机会再重新浏览一次全部的巴黎所藏敦煌遗书卷子或照片。

总之，"伯希和劫经录"的缺点是：

第一，它是一个流水号财产账式的目录，以账号代架号。

第二，虽然在它的许多提要式记录当中，闪耀出学者智慧的光辉，给后人以许多的启发，但是，从整体来看，它是一个相当粗糙的成果，没有经过进一步仔细的推敲。黄永武先生曾指出它著录上的许多问题，那还主要是"题名"著录上的问题（载于《〈敦煌遗书总目索引〉之补正》等文中）。而提要中的若干问题，更值得我们注意。试举一例，如，1956年7月，王先生为姚名达先生《中国目录学史》的重版作"后记"，曾正确指出伯3747号是《众经别录》残卷。可是1962年出版的《总目索引》，该号题名仍依原卡片作"三乘通教经录"。而把伯3848号误认为《众经别录》。可见据原卡片转抄时未作仔细比对。

但是总的说来，如果我们想到，到现在为止，法国人自己所编的法文的，附有博物馆式和图书馆式混合提要的目录只出了两卷，一千个号，远远没出齐，而且也是用流水号财产账的方式来编纂的，那么我们就应该格外感谢王先生所编的这一部《伯希和劫经录》。它是至今为止世界上公布的唯一的法国图书馆藏近全部敦煌汉文遗书的书目。

下面再看《斯坦因劫经录》。

《斯坦因劫经录》是刘铭恕先生根据当时中国科学院图书馆新收到的英国伦敦博物馆所藏敦煌经卷缩微胶卷，用几个月时间，独立奋战编成的。这部目录采用胶卷流水号。刘先生也为其中许多卷子作了具有学术性的说明。可以说，它和《伯希和劫经录》的编法差不多。后来王先生在《敦煌遗书总目索引》的"后记"里边，对刘先生所编的学术性的提要式的说明作了分析，现在具引如下：

> 刘录在一些重要卷子的著录下面，使用了三种说明方式，以表达出那些卷子的内容和特征。第一"题记"，即照录卷尾抄写人、校勘人、施舍人的题记年月等。第二"本文"，凡简短的重要史料、契约、文告、诗词等都迻写出来，供读者参考使用。第三"说明"，凡是需要解释，或需要用其他文献证明才能反映该卷特征的地方，都作了必要的说明。有的还引用了相关的参考资料，或由编者提出了自己的见解，这些都是对读者有用的地方。

《斯坦因劫经录》当然也存在着许多问题，例如：

第一，所录不全。由于刘先生所见的胶卷只有那样一些，因此6980号以后刘先生没有著录。此外，木刻品的胶卷，当时刘先生也没见到，所以这部分，也就是伦敦所藏的敦煌遗书中木刻印刷品中的精华部分，刘先生没有著录，其中包括咸通九年王玠印《金刚经》等著名经卷。

对这方面的缺欠，台湾的黄永武博士在其所作《六百号敦煌无名断片的新标目（S.6981—7599）》一文中，首先作了全面补充。此文原载于《汉学研究》一卷一期（1983年6月），后收入黄氏所编《敦煌丛刊初集》中之第二《敦煌遗书总目索引》（影印本）中，作为附录。此丛书于1985年由台湾新文丰出版公司出版。另有碎片二百块，在黄氏所编《敦煌宝藏》中五十五册内随图片标目。这些改正，后来总括起来，在黄氏所编《敦煌遗书最新目录》中得到反映。

第二，所登记的"题名"有一些是有问题的，有一些没有查出。对此，黄永武先生的几篇文章里也作了许多补充，外加还有对翟理斯目录的补正，其中《刘铭恕〈斯坦因劫经录〉之订补》一文，原分载于《文史学报》十二期（1982年6月）和十三期（1983年6月），后收入《敦煌遗书总目索引》（《敦煌丛刊初集》影印本），作为附录。文中共补苴千余条。另增补卷次、改正名目、补订阙漏者尚有二千余处，则未列入文内，而反映在《敦煌宝藏》有关各册目录及《敦煌遗书最新目录》中。对翟理斯目录的补正，亦见于《敦煌宝藏》各册目录及《敦煌遗书最新目录》中各条径作改正之处。集中反映之处，则在《敦煌丛刊初集》第一册《英伦博物馆汉文卷子收藏目录》（影印本）内附录之

《英伦所藏敦煌未知名残卷目录的新探索》和前面已提到的《六百号敦煌无名断片的新标目（S.6981—7599）》两文中。《新探索》一文原分载于《汉学研究通讯》一卷二期（1982年4月），一卷四期（1982年10月），二卷一期（1983年1月）。

第三，提要里边也有很多的小问题。比如，有的是抄的时候比较匆忙，有的是观察的时候略有一些问题，这些，已经经过后来的许多学者予以补充了。

应该说明，产生以上的问题，从客观上说，是不能完全由刘先生负责的。正像王先生在"后记"中说的，刘先生在几个月的时间里，竟然完成了比翟理斯三十多年的工作还要好的业绩，实在是令人惊叹。

特别应该指出的是，编成《敦煌遗书总目索引》，可说全仗刘先生此录。只要细看《敦煌遗书总目索引》这本书，就会发现，只有刘先生此录是新编的，别的目录，包括王先生的《伯希和劫经录》在内，全是早编成的，只要重新抄录、排比一下就行了。而如果没有刘先生此录，三大馆藏缺一，当时这本书就编不出。可以说，这是刘先生为《敦煌遗书总目索引》所立的最大的汗马功劳。

下面看散录部分。为了便于说明问题，我们先把散录中的十九个小目录按照原来的顺序抄录：

1. 前中央图书馆藏卷目

2. 旅顺博物馆所存敦煌之佛教经典

3. 李氏鉴藏敦煌写本目录

4. 德化李氏出售敦煌写本目录

5. 李木斋旧藏敦煌名迹目录（第一部分）

6. 李木斋旧藏敦煌名迹目录（第二部分）

7. 刘幼云藏敦煌卷子目录

8. 罗振玉藏敦煌卷子目录

9. 傅增湘藏敦煌卷子目录

10. 日本大谷大学图书馆所藏敦煌遗书目录

11. 日本龙谷大学图书馆所藏敦煌遗籍目录

12. 日本人中村不折所藏敦煌遗书目录

13. 日本诸私家所藏敦煌写经目录

14. 日本未详所藏者敦煌写经目录

15. 敦煌石室经卷中未入藏经论著述目录

16. 敦煌所出古逸经疑似经目录

17. 敦煌变文残卷目录

18. 敦煌曲子词残卷目录

19. 敦煌四部遗书目录

考察了这些目录之后，我们可以说，把以上的十九种目录集中在一起，编者的用心是好的，因为它们分散各处，收集在一起，可以免去后来学者的翻检之劳。但是，最大的问题是把不同类的目录不加任何说明地集中在一起，这从简单的形式逻辑的分类角度看就是说不通的。它违反了分类中非同类不相容的原则。其实编者心目中未尝没有一个按类前后安排的观念，可以看出，他的编排是：中国中央馆藏，中国地方馆藏，中国个人收藏（按李氏、刘氏、罗氏、傅氏顺序），日本馆藏，日本个人收藏，专科目录。但不标出同类项指示标题，就使人产生了混编的感觉。其实，所缺者，一转念后一举手之劳耳。可往往在这些地方显现出目录水平的高下和编者的细致或粗疏。

现在，按我们的分类，将这十九种目录略加分析：

第1、2、10、11这四种都属于馆藏目录的范畴，其根据都是二十到三十年代的馆藏，经过半个世纪的沧桑，各馆的馆藏已有了很大的变化。这四个收藏馆，本馆都有新的目录公开发表了。因此，这些老目录，不过是历史参考资料而已。它们与作为《总目索引》主体的三大馆藏目录虽同属馆藏目录，但已失去指导检索现有馆藏的作用。编者没有把它们附丽于三大馆藏之后，良有以也。

第3、5、6、7、8、9、12这七种目录，属个人藏书目录，反映了二十到三十年代某些藏书家的收藏情况。情况早有变更，许多藏书已经进了国家图书馆。因此，这些目录也只是历史参考资料而已。其中有个别卷子，由于藏书家之间的交换购买及外流等，著录时可能有交叉重复现象。此外，某些藏书家的收藏，极可能有伪品在内。

这里无妨举个例，《傅增湘藏敦煌卷子目录》中，载有0704号《鹖冠子》，"存卷上全卷共二十六纸每纸二十八行通七百二十八行"，末行还有"贞观三年五月敦煌教授令狐衰传写"题名。真是惊人秘笈！傅氏亲笔题跋，校过，所记载入《藏园群书题记》续集第二卷中。可是，笔者于侍坐时，听本师周绍良先生说，此卷是李木斋的外甥利用剪下的敦煌经卷空白原纸，仿唐代写经生笔迹伪造的。傅增湘先生以六百元买进，校过后因急用款又转让给周叔弢先生。周先生一看是假的，情愿赔本低价又回售给傅先生了。

最近听日本某著名敦煌学家说，日本公私诸家现存的敦煌卷子中，除大谷探险队携回的以外，后来由中国人手里买的，百分之九十多是赝品。这个，恐怕还得通过逐一分析来证实。不过，此言提醒我们：对国内各馆收购或通过捐赠得来的卷子，也应逐卷鉴定。

第13、14两种目录，是日本私人藏书家目录的综合记录，只反映了某一时期的情况，早已过时。说它们是某种展览会的展品目录，倒可能更恰当些。它们只可聊供追溯流落线索使用了。

第4种目录是售书目录，只能当参考用，而且和别的目录，特别是第三种目录是不是有交叉也值得研究。特别应该注意的是，其中出现伪品的可能极大。

以上几种目录，无论是馆藏、私藏还是待售目，都还可以勉强凑合在一起，算是属于藏书目录范畴。可是第15—19这五种目录，都属于专科性的研究目录，学者专用，不是藏书目。它们分属佛经、变文、曲子词、经史子集四部书四类，所录间有交叉。它们所录的卷子，大多是三大馆藏中的卷子。把它们和绝非同类的馆藏目（特别是三大馆藏目）编在一起，又重新给它们进行了统一流水编号，而且和三大馆藏的目录混同编入索引，造成了极大的混乱：

首先，散录中著录的许多卷子就是三大馆藏中的卷子，如此重复著录，容易使人把一卷认为是不同的两卷。

其次，这些小目录中间也有很多可能是重复著录的地方，何况还有相当的伪品。

再次，散录中的某些专科目录所收的卷子虽然属于三大馆藏。但在前面三大目录中缺乏著录，或是著录有误，也形成了混乱。如，《敦煌变文集》所收"故圆鉴大师二十四孝押座文"，著录为刻本斯7，按，此卷实为G.8102，《斯坦因劫经录》并未著录。斯坦因编号S.0007是写本佛经，而非刻本押座文。

下面我们再看一下索引，它可说是《敦煌遗书总目索引》中问题最大的部分。

按编制索引的原则来看，立目的每一条都应该有着落，索引应该没有差错，每索必得，前后一致，没有知识性的错误，这才是起码的索引。而这个索引是把三大馆藏目录和散录中的十九个目录混编在一起，所作的题名字头索引，其问题大致有下列一些：

首先，作索引的人似乎工作责任心不够，也缺乏检查，所以索引中收录不全。例如，原书第489页，"赞僧功德经（一卷，即佛说赞僧功德经）"，这是一个参见条目。根据这个条目再看419页，"佛说赞僧功德经（一卷）S.6115"。那么，根据索引，在整个的卷子中似乎只有这一卷了，实际上，就拿总目所标的题名来说，京昃70、海78、服62、衣22、生40都是《赞僧功德经》，S.1549、2420、2643也都题名《赞僧功德经》，这些卷子索引均未标出。这样的工作质量，实在是令人惊讶、遗憾。

其次，是各种重复性的混乱，例如，第445页著录了"首罗比丘见月光童子经""首罗比丘经""首罗比罗（？）经"，实际上应是一个经，它们的内容完全相同，将它作为三项著录已经造成了混乱，又因把散录和三大馆藏混编在一起著录，造成了重复："首罗比丘经"条中既收录了S.2697，又收录了散1514，实则二者是同一个卷子。此外，S.1811和S.3322也是《首罗比丘经》，但在索引中没有反映。这是因为，《斯坦因劫经录》中没有认出它们，只标为"佛经"，所以索引无法标出。

再次。因为是题名索引，而且是一个卷子里边的重要的题名索引，所以有些卷子仅标出是"佛经"的，索引中就没有反映，而这些正是研究者需要研究的重点。当然，这已脱离索引本身，进而研究应该索引的内容的问题。例如，《贤愚经》除索引已标出者外，还有标为"佛经"而无法索出的S.1102、2879、4464、4468等诸卷。

在这里再说一下，把《敦煌遗书总目索引》的索引和翟理斯目录及苏联目录来比较，就会发现，后二者，尤其是翟理斯目录，所作的索引虽然也有一些错误，但作得细致，索引的项目比较多，包括写卷中的人名等项，对研究者更有帮助。在此还应提到英国人E.D.Grinstead于1963年在伦敦编辑出版的 *Title Index to the Descriptiue Catalogue of Chinese Manuscripts from Tunhuang in the British Museum* 一书，它是题名索引，比较《敦煌遗书总目索引》中的工作作得细而著录的卷子号多。

《敦煌遗书总目索引》中附录三种，均自翟理斯目录迻译或移置，不具论。

最后来看一下《后记》。

这篇文章像是王先生对敦煌汉文文书目录研究的一篇小结，是一个目录学家甘苦之言，句句是经验之谈。此文称得上是解放后发表的最精彩的目录学和敦煌学论文之一，以少量篇幅浓缩性的展示出半生的心血与经验，娓娓道来，鞭辟入里，十分自然而绝无半点卖弄的显现出作者的学力与才华。

应该说明的是，这部书的编纂时间是在六十年代早期，说得具体些，其编纂动议，恐系在"大跃进"时期；具体工作则在1958—1961年底。1962年出版。在当时特定社会环境条件下，王先生虽是事实上的负责具体业务的主编，却未被给予相应的名义。他也没有时间与条件把《总目索引》稿本对照已有的部分照片（当时伯希和劫经胶卷未到）整理再加工。再说，从目录学的著录体系角度看，如前所述，第四部分"散录"中所收十九种目录，不是按照一个统一标准收录的。有的目录可补前三部分之不足，属"总目"的一部分；有的则是遗书中某一类资料（如古逸经、变文、曲子词、四部遗书）的专门性目录，著录的内容与前面的"总目"系统的内容重复。这都是一眼就能看出的问题。作为一位优秀的目录学家与敦煌学家，王先生自己岂能不知道。《后记》的末尾，他语重心长地、明确地说道："当1958年商务印书馆开始编辑和出版这部'总目索引'的时候,我估计在最近五年或十年以内,将是一部参考敦煌遗书的最好最有用的目录,因为那时候我推想:在五年或十年以后,就能编出一部统一的、分类的、有详细说明的敦煌遗书目录的。现在看来,我那样的估计是过于性急了一点,就是从现在起恐怕十年之内,还是不容易编出那样一部统一的、分类的、有详细说明的目录的。"

可悲的是,至今,世界上较完备的敦煌遗书汉文部分总目还是它。王先生的预见不止到十年,而且竟延续到二十多年,看来还将延续下去。这也从另一方面说明编集这一目录的不容易。当时出版机会难得,再精雕细刻,一拖几年,恐怕到现在也印不出来。而二十多年来世界上敦煌学界受此书嘉惠不少,其沾溉学人,早非一代。

四

给《敦煌劫余录》作补充的,有北京图书馆于1981年发行的《敦煌劫余录续编》。给《敦煌遗书总目索引》作了许多补正的,是前面已经提到的,1986年出版的黄永武博士所编《敦煌遗书最新目录》(台湾新文丰出版公司印行)。对此二书之评价,当另外写文章讨论之。在本文的最后,笔者仍想借用《敦煌遗书总目索引》之《后记》的一段话来作结束语:

敦煌写本书的目录工作是有它的特征和困难，希望作编目工作的人和使用目录的人，都应该虚心的互相体谅，更多多搜集有关的参考材料，正确的说明某些写本的书名、性质和内容，为促进与提高敦煌学的研究而共同努力。

（原载于《社会科学战线》1989年第1期，第322—331页）

王重民先生的敦煌遗书研究工作

敦煌遗书的出现，至今已八十五年。由之引起的敦煌学的建立，以及在敦煌学中占重要地位的敦煌遗书整理与研究，也已有了七十多年的历史。几百名中外学者，或多或少地从不同方面参与了这项工作。拙见以为，在他们之中，王有三（重民）先生应该是最为博大精深的一位。

王先生治学勤备，涉及的学术领域极为宽广。敦煌学，特别是其中的敦煌遗书整理与研究，只是其中的一部分。但应该说，它是王先生学术成就中最为突出、成绩最大的一部分。

仅仅列出按发表年代排列的几项总结性成果，便可见出王先生成就之巨大：

一、编纂《敦煌曲子词集》，1950年1月商务印书馆出版，1957年修订再版。

二、主编《敦煌变文集》，1957年人民文学出版社出版，1984年再版。

三、汇编《敦煌古籍叙录》，1958年商务印书馆出版，1979年中华书局再版。

四、主编《敦煌遗书总目索引》，1962年商务印书馆出版，1984年中华书局再版。

五、《补全唐诗》《敦煌唐人诗集残卷》，编入《全唐诗外编》，1982年中华书局出版。《补全唐诗拾遗》，编入《中华文史论丛》1981年第四辑。

六、逝世后，《敦煌遗书论文集》由刘修业先生编成，1984年中华书局出版。

此外，散见而未结集的文章数十篇，详见《王重民先生著作目录》。尚有待整理的存稿，内容不详。

王先生能有如此成就，固有其客观条件，可是他治学的勤备，也实在令人惊佩。

王先生1924年入北京高等师范学校（今北京师范大学）学习，1925年起，即以"勤工俭学"身份参加编纂《国学论文索引》，开始接触有关敦煌学的材料。那时，敦煌学实在还是一片待开垦的处女地。帝国主义掠夺者，自己的研究能力很差，连目录都迟迟编不出来。又深藏固拒，不让中国学者有机会全面阅览。只有罗振玉、刘复先生搞到了一小部分材料，付印行世。继之前往的向觉明（达）、姜亮夫诸先生，受到百般阻挠，只能在某些方面有些收获。而在国内，《敦煌劫余录》的编纂正在进行，材料也只有少数人能见到。因此，当时的人，对遗书中究竟有什么宝藏，实在了解不够。知之既鲜，无法利用，很多学者也就望望然而去之。知难而进，是在于豪杰之士。

王先生于1929年大学毕业后即任职北京图书馆。1934年夏奉派去法国与英国工作，直至1939年欧战开始后撤离。这五年多时间，大量地接触了伯希和与斯坦因盗去的遗书材料，所得甚丰，从材料搜集等方面奠定了以后研究的基础。

这段时期，不但对于王先生个人，即便对于国际和我国敦煌学界来说，都可说是一个高潮时期，黄金时代。据笔者粗略计算，在这五年多时间里，连节假日统计在内，不算看其它大量汉文材料如太平天国资料等（起码占去一半工作时间），王先生平均每天得看五六个敦煌卷子，并作详细记录，有的是全部过录。外带帮法国人编目录。而其所得材料，在王先生逝世十年后的今天，尚有未经整理发表者。其工作量之大，收获之丰，实在令人惊叹。

在这段时期里，王先生最大的贡献之一是，编成了《伯希和劫经录》的初稿。

伯希和在劫经者中对中国文化了解较深，因此所得质量最高。但他晚年工作很不努力。王先生在《敦煌遗书总目索引·后记》中对他有三点批评，都很中肯：其一是编目工作了草，极不负责；其二是阅读中国典籍的能力和汉学知识有限；其三是懒，仅编成了2000—3511号，又4500—4521号的目录，其余还有将近一千卷的汉文卷子在他家里存放了很长一段时间，却始终没有编出目录来。有的卷子丢了，他死后在家里没有找到。在我们看来，王先生的批评过于客气。严格地说，伯氏作为一个有文化的内行古董强盗，可坐头把交椅；而作为一个严肃正派勤劳认真的目录工作者和图书馆学家，却是真不够格。在巴黎的那套敦煌遗书汉文卷子的较完备的目录，还是王先生代他们搞成的。后来整理成《伯希和劫经录》，在《敦煌遗书总目索引》中公开发表，那已在二十年后了。

在这段时期里，王先生还注意向国内迅速传布信息。从1935年起，在《大公报图书副刊》《北平图书馆馆刊》《图书季刊》《金陵学报》《东方杂志》等刊物上，几十次地公布了新的材料和自己的研究成果。其中有创见的代表作如：

一、《金山国坠事零拾》（载《北平图书馆馆刊》9卷6期，1935年）。这是系统地研究"金山国"历史的第一篇论文，也是以后研究这个问题时必须阅读的第一篇文章。

二、《敦煌本历日之研究》（载《东方杂志》34卷9期，1937年），是系统地研究敦煌遗书中历本的总结性开山名作。

三、王先生在伯3747号卷子中，发现了《众经别录》的残本。后来在《敦煌古籍叙录》和为姚名达先生《中国目录学史》新版所作的《后记》中披露出来（最早发表于1938年2月）。此卷首尾残缺，无书名，残存八十部佛经的著录内容。经王先生据书内类目名称考出，这是我国现存第一部最古佛经目录，也是仅次于《汉书·艺文志》的现存第二部最古目录。王先生的这一发现，在目录学和佛教经录研究史上贡献很大。可惜无人注意，至今国内无人再写文章提到。

王先生虽然积累了大量资料，有许多创造性的研究成果，但在旧中国得不到发表的机会。解放前，只能算是王先生积累资料和练兵的阶段。王先生在敦煌学研究方面的绝大部分业绩，是在解放后刊印公布的，总的看来，可以说是"有质有量，质量全优"，无论在国际或国内的敦煌遗书整理与研究方面，均称泰斗，是贡献最大之一人。试作分析，王先生的贡献表现在四个方面：

一、经过个人整理与研究，校勘写定刊布的敦煌遗书文献：

主要可举出《敦煌曲子词集》和《补全唐诗》。

在《敦煌曲子词集》出书前，一般人所见的"敦煌词"，有《云谣集》三十首，还有周泳先《唐宋金元词钩沉》中据罗振玉、刘复等公布的材料辑成的《敦煌词掇》一卷，共得十一首。如是而已。也还没有明确地认识到"今所谓词，古原称曲子"。

《敦煌曲子词集》在1957年再版，"此集所辑曲子词，均著录自敦煌所出残卷。凡伯希和劫走十七卷，斯坦因劫走十一卷，上虞罗氏藏三卷，日人桥川氏藏一卷。都三十有二卷。共录曲子词二百十二首（内十三首残）。以相校补，除重复五十一首，定著为一百六十二首（内七首残）。"（王先生为此书写的叙录）不难看出，在敦煌曲子词的研究方面，此书的出现，标志着一个从量到质的飞跃，使当时的学者大开眼界。时至今日，未见同类新著出现。要研究"曲子词"（而不是"敦煌曲"），还得从此书开始。后来学者如饶宗颐、周绍良先生等位所补不及此书百分之二十，其中以周先生所补为多，乃出自私家秘藏，非外人所得见。若论在图书馆阅卷所得，自当以王先生为巨擘。

王先生根据敦煌遗书对《全唐诗》进行补遗的工作，已发表者三部分，即：

《补全唐诗》《敦煌唐人诗集残卷》，这两部分结集于中华书局1982年出版的《全唐诗外编》中。前者补出九十七首，又残者三首，附者四首，共一百〇四首；后者补出七十二首。

《补全唐诗拾遗》，发表在《中华文史论丛》1981年第四辑中。其中有五十二首为《全唐诗外编》所未收。

如众所知，补唐诗是一项费力大而见效少的为人作嫁的工作。难在辑出后有时发现《全唐诗》中原有。如王先生在《补全唐诗·序言》中提到的："我在初稿内曾根据伯二五五五号卷子逐录了一首无名氏的《拗笼筹》诗，疑当为李峤、樊铸的作品，因附在樊铸《咏物》十诗之后，其实都是主观臆测，经刘盼遂先生指出，乃是朱湾的《奉使设宴戏掷笼筹》诗，载《全唐诗》第五函第六册。这对我的初稿来说是极好的纠正。"这样，指摘者显得比辑者高明。其实，内行的人懂得，最辛苦爬梳最后还可能费力不讨好的是辑者。近现代据敦煌遗书补《全唐诗》的，主要是罗振玉和王先生两人。罗氏成书较早，且是以余力为之，所得甚少。王先生不但所得极丰．而且坦率地披露学友指摘之功。这里，我们看到一位真正学者的坦荡胸怀。

二、由王先生带头组织和积极参加，完成了两部划时代的大部头著作。一部是《敦煌变文集》，另一部是《敦煌遗书总目索引》。

汇编变文的第一部书，是周绍良先生的《敦煌变文汇录》。此书1954年出版，1955年增订再版，收文三十八篇。周先生没有出过国，在当时英、法所藏尚未完全公开并拍成胶卷外售的条件下，自然所见不多。有鉴于此，由向觉明（达）先生和王先生倡导，并领导编纂了《敦煌变文集》，参加者还有王庆菽、周一良、启功、曾毅公四位先生。1957年由人民文学出版社出版。根据一百八十七个写本校定成为七十八种。据该书《叙例》和向觉明先生的《引言》略云："1934年以后，王重民先生到了巴黎伦敦，周览了伯希和、斯坦因劫去的敦煌石室藏书，大量摄照了变文之类的作品。这些照片现在都藏在北京图书馆，清华大学图书馆也收藏了一部分。1948年，王庆菽先生留学伦敦，后来又去巴黎，她特别注意俗讲文学和其他的通俗文学作品，一面抄录，一面摄照了一大批的显微照片。本书所收伦敦、巴黎藏的变文一类作品，主要的是根据两位王先生的照片和钞本。"另据王庆菽先生所写的回忆录《我研究搜集敦煌文学情况》（载《敦煌文学研究通讯》第7期，1984年9月），也明显地看出，王庆菽先生是此书的"责任编辑"，而向先生、王有三先生像是编辑组的两位组长。王有三先生除供应底本外，由于熟悉卷子的原始情况，又在此前发表过对《捉季布》《王陵变》的校释，所以在校勘方面参加的工作独多。书中王先生的校语所在多有，说明王先生是此书的组织者、主要工作者和底本主要供应者。

　　《敦煌遗书总目索引》是王先生主编的一部划时代里程碑式专科目录。内收王先生所编《伯希和劫经录》《敦煌曲子词残卷目录》《敦煌四部遗书目录》等。并统筹通览全书，写了一篇极为精彩的《后记》。这篇文章像是王先生对遗书目录研究的一篇小结，是一个目录学家的甘苦之言，句句是经验之谈。此文称得上是解放后发表的最精彩的目录学和敦煌学论文之一，以少量篇幅浓缩性地展示出半生的心血与经验，娓娓道来，鞭辟入里，十分自然而绝无半点卖弄地显现出作者的学力与才华。

应该说明的是，这部书的编纂时间是在六十年代早期，说得具体些，是1958年到1961年底。1962年出版。在当时特定社会环境条件下，王先生虽是事实上的负责具体业务的主编，却未被给予相应的名义。他也没有时间与条件把《总目索引》稿本对照已有的部分照片（当时伯希和劫卷胶卷未到）整理再加工。再说，从目录学的著录体系角度看，第四部分"散录"中所收十九种目录，不是按照一个统一标准收录的。有的目录可补前三部分之不足，属"总目"的一部分；有的则是遗书中某一类资料（如古逸经、变文、曲子词、四部遗书）的专门性目录，著录的内容与前面的"总目"系统的内容重复。这都是一眼就能看出的问题。作为一位优秀的目录学家与敦煌学家，王先生自己岂能不知道。他难道不想改变？我们当然知道他"非不能也"，而是由于在当时的条件下"不可能也"。他认为，能出，能这样出，纵然有缺点，也比出不来要强。《后记》的末尾，他清楚地、语重心长地、明确地说道："当1958年商务印书馆开始编辑和出版这部'总目索引'的时候，我估计在最近五年或十年以内，将是一部参考敦煌遗书的最好、最有用的目录，因为那时候我推想：在五年或十年以后，就能编出一部统一的、分类的、有详细说明的敦煌遗书目录的。现在看来，我那样的估计是过于性急了一点，就是从现在起恐怕十年之内，还是不容易编出那样一部统一的、分类的、有详细说明的目录的。"

可悲的是，至今，世界上较完备的敦煌遗书汉文部分总目还是它。王先生的预见不止到十年，而且竟延续到二十多年，看来还将延续下去。这也从另一方面说明编集这一目录的不容易。当时出版机会难得，再精雕细刻，一拖几年，恐怕到现在也印不出来。而二十多年来世界上敦煌学界受此书嘉惠不少，其沾溉学人，恐非一代。返观王先生的《后记》，在德、才、学、识四方面，都具备炉火纯青的火候。我们细读《后记》中对周叔迦（王先生的长辈）、刘铭恕（比王先生年辈略后）两位先生工作的评价，就能体会到一位正派学者的真才、实学、卓识和高尚品德。他对同行学者取得的成就满怀欣喜，并给予恰如其分的评价。

三、由王先生纂辑而成的，其中包括大量王先生自己的作品的，是《敦煌古籍叙录》。辑入的论文，散在各处，搜集不易，汇总起来，省去后人觅寻之劳，是一件有意义的工作。

四、王先生新发表的论文，《敦煌变文研究》应为代表作。此文原载《中华文史论丛》1981年2期（1981年5月），并收入《敦煌变文论文录》一书，文字略有不同。文内列出写本简目并作说明，解释"变文"名称涵义，研究变文发生、发展和转变的历史，都有新的见解。属于王先生解放后学习马列主义，用新的观点，全面掌握新老材料后的力作。可惜先生早逝，留下来的这类文章太少。

以上，对于王先生在敦煌学特别是敦煌遗书整理与研究方面的业绩，作了简括的不全备的追溯。以之置于近五十年中外学者之林中，略作比较，拙见以为，没有一位赶得上王先生的全面、博大；在某些领域内，也没有人赶得上王先生的专精。著作，包括他组织领导编纂的在内，在量的方面，可称最多；在质的方面，树立了大大小小好几座学术研究进程中的里程碑。他是我国解放后敦煌遗书整理与研究的实际的指导者与业务领导者。最难得的，是他具有学术带头人的恢宏气度、广阔胸怀，能够慧眼识人，与人为善，理解和阐明作具体工作的人员的甘苦，明确指出他们的贡献。即使单从这一点上看，他也够得上难得的专业帅才。

当前，中国敦煌吐鲁番学会已经成立，《敦煌遗书》的汉文部分的编纂工作正在全面展开，王先生的许多老友，老当益壮，正率领中青年同志为之奋战。闻鼙鼓而思将帅，这就是我们更加缅怀王先生的原因了。

（为纪念王先生逝世十周年而作，曾载《敦煌吐鲁番学会通讯》1985年第11期，《图书情报研究》1986年第1期第77—80页。前者为学会内部刊物，后者为北京大学信息管理系内部刊物。）

写在《国家图书馆藏敦煌遗书》加紧出版之际

《国家图书馆藏敦煌遗书》是中国国家图书馆馆藏敦煌遗书的影印本,现在正在加紧印制,不断分册出版。据说,要是出齐了,能有120—150册之多。敦煌学乃国际显学,中国国家图书馆馆藏敦煌遗书又从来没有这样完整地出版过,相信海内外学者均寄予厚望。这是我国以及世界文化界的又一盛事,必将在中国以及世界文化史、出版史等方面留下自己的巨大足迹。

这套书的第一册,首载任又之(继愈)老师的"序",以下则为方广锠学长的"前言"。这可是理解此书的两篇重要文章,更是当代敦煌学的重要论文。任老师的"序",高屋建瓴,将敦煌学百年来的研究情况作出清晰扼要的陈述,可说是以出版此书为引子,以一当十地对敦煌学的发源、发展及其有待加强之处都简要地说到了。我感觉到,青年新进若细心钻研此文,足可对敦煌学百年发展史有一个鸟瞰式的总体认识,据此以定自己的主攻方向,虽不中亦不远矣!

至于方广锠学长的"前言",则是了解中国国家图书馆馆藏敦煌遗书的一把总钥匙。我虽学习敦煌学多年,而且偏向目录方面。但是对国家图书馆馆藏始终搞不大清楚,只觉得他们隔一大阵子就能搞出来一批公布,真有点书囊无底的样子了。为什么会这样？读了方大学长的论文和他所写的其他相关文章，我们就会了解，敦煌遗书的庋藏整理以至于编目，是一件非常复杂的工作，需要耐心细致地多工种配合，作长期努力。

照我的理解，"敦煌遗书"这一概念，可以有广义和狭义两种内涵与外延。广义的是，凡是敦煌藏经洞（今编号17号窟）出土的所有的物品全算。其中的画幡等美术品，还有为数不多的印刷品，绝大部分被斯坦因劫到印度与英国去了。狭义的，则以卷子为主。中国国家图书馆庋藏的，绝大部分是手写卷子。因此，《国家图书馆藏敦煌遗书》发布出版的就是馆藏现已整理好并编了号的以手写卷子为主的材料。干过整理敦煌遗书工作的人，会知道其中的甘苦。英国的翟理斯为英藏编目，作了三十八年，就是明证。20世纪50年代前，中国政局动荡，经历二次世界大战，文物搬迁，工作人员首先考虑的是如何保住国宝，以防日寇抢劫、国民党劫运等事。据说，北大图书馆许多馆藏宝贝，如李氏书、艺风堂拓本等，编目一再拖后延迟，那多半是故意的，怕政治势力前来按图索骥。我想，如方大学长所说，国家图书馆的编目一拖多年，甚至有两大箱子残卷弃置不问，等待时清海晏之时，才由适逢其会的方大学长发现，重加董理。此等事必须提高到世界风云和国运胜衰的高度来认识，才能比较准确地把握呢！

至于出版工作，那更是谈何容易。就拿可能作为印刷出版的前期准备中之一种——使用缩微胶卷拍摄原卷（也可以用反转片拍，属于另一种）并可以在阅读机上阅读来说，二战后，日本人与英国人首先联合采用，然后是我们的国家图书馆，进一步是交换。我们在20世纪80年代看敦煌遗书，主要的凭借就是这个。一个馆只能供一两个读者使用。前后翻阅比对十分繁难，几乎不可能。我国台湾的黄永武先生以私人的力量，利用所得的缩微胶卷编出《敦煌宝藏》，虽有擅用缩微胶卷的版权问题，但总归将大部分卷子印出，其志可嘉，学者称便。今日持以与内地近年出版的对比，就以大批出版敦煌卷子影印本的上海古籍出版社的出版物（习用反转片）来对比罢，水平高下不啻霄壤。可见，印制这类文书，必须投入大量财力、人力、物力，并非一蹴可几之事。

国家图书馆这次的出版工作，可谓天时、地利、人和俱备，正当其时。

占天时，正当国家蒸蒸日上之候，国力充盈，领导重视，社会和谐，上下齐心要完成这一文化大事业。这是基础，是保证。

得地利，本馆和本馆的出版社协作，有什么大小问题及时就地解决。不像印别的，就说印"英藏"吧，好几位学者外加出版社编辑、技工，穿梭英伦、成都之间，电信往来自不必说。费时费力可就大了！

靠人和，得从几方面说说。

一靠本馆本社内部多年来齐心协力。即以拍摄胶卷前的准备来说，从修整外观、辨识内容到登录，就是八十多年许多职工努力、接力的成果，其间还造就出一批专家。馆内拍摄，我所见可说是细致、细心到极点，一天下来拍不了多少，还累得腰酸腿疼。长期坚持，全都得了近视眼、腰椎间盘突出。到了印刷阶段，更是兢兢业业，调灰度，量尺寸，一丝不苟。

二靠全国一盘棋。先前已经作过同类书籍的社，如上海古籍出版社，不吝传授经验教训。上海社是用反转片制作的，他们把情况如实全盘托出，客观上促使国图社改用缩微胶卷。这在国外的公司间竞争中是不可能的。

敦煌遗书的影印，嚷嚷多年，停留在小打小闹阶段。最后，从黄永武开始大规模运作始，后出转精者，端在内地各社矣！国图社属于后起之秀，动员的人最多，准备时间最长，考虑也最全面。我听说，他们很替读者着想，力求降低成本。一本这样的影印本，别的社定价一千七八百块的，他们想办法，精打细算，只卖九百九十元。薄利多销，让内地的学者们咬咬牙也能买得起。据说，办法之一是，用"蒙肯纸"而舍弃上海人用的"铜版纸"，效果相同。纸张的韧性颇佳，层次感也好。采购费用可是比买铜版纸下来不少。一本书印出来，也轻了不少。别的社用铜版纸印出的，小姑娘端不动呢！印刷方面，则为用书者考虑，尽可能清晰地放大原卷，要求达到将原卷纸张的纹路反映出来的程度，仅仅下原卷一等。我听说该社副总编辑、影印专家徐蜀先生，为此是绞尽脑汁的。

最后，谈一点感想：中国是发明造纸术的国家，并以此推动了世界文明的快速发展。至今，优秀的中国纸张，如敦煌遗书中用的纸张，有的是东晋时期的，至今不坏。洋纸，铜版纸也罢，蒙肯纸也罢，恐怕也就几百年的寿命。报纸更甭提，早期的《申报》现在都飞蝴蝶了，等待抢救呢！再过一千年，书库里的敦煌遗书原卷可能纹丝不动，咱们的几大套影印本恐怕就顶不住了。科学地发展我国的传统造纸业，力争在不久的将来，创造出价廉物美的中国传统工艺型影印用纸，那该多好！

2006年3月29日，星期三，紫霄园

（为国家图书馆出版社内部刊物而作，载于
《国家图书馆藏敦煌遗书》出版专号，2006年）

周燕孙（祖谟）先生与敦煌学

当代著名语言学家、中国敦煌吐鲁番学会顾问、北京大学中文系周燕孙（祖谟）先生，因肺炎及并发症不治，于1995年1月14日凌晨3时在北京医院逝世。享年八十一岁。按：周先生属虎，生于民国三年甲寅阴历十一月十九日，换算成阳历已是1915年1月4日。为求阴阳二历年份相合，对外以阳历11月19日作为诞辰。实际上，周先生是在八十岁生日后十天过世的。在此处顺便提一下，以便引起将来为周先生编年谱、学谱的后起注意。

周先生讳祖谟，字燕孙。生于北京。1932年秋入北京大学中文系，1936年毕业，考入中央研究院历史语言研究所任助理研究员。1937年北归省亲时抗日战争爆发，被迫滞留沦陷的北京。1938年起任辅仁大学国文系讲师，涖升至副教授。抗日战争胜利后到北京大学任教，并任《国学季刊》编委。中华人民共和国成立后，历任北大中文系副教授、教授。1979年起，任北京大学首届学术委员会委员。1981年担任首批博士生导师。五十年代以来，周先生还先后担任了北京大学古典文献专业教研实主任兼研究所所长，国务院古籍整理规划小组成员、顾问，中国语言学会常务理事兼学术委员会委员，中国音韵学会名誉会长，全国高校古籍整理研究委员会委员，中国训诂学研究会学术顾问，中国敦煌吐鲁番学会顾问兼语言文学研究分会顾问,中国逻辑与语言研究会顾问,中国语文现代化学会顾问,许慎研究会顾问,北京市语言学会副会长,北京市秦文学会会长,《中国语文》杂志和《语言研究》杂志编委,《中国大百科全书·语言文字卷》编委会副主任,《汉语大字典》学术顾问,《汉语大词典》学术顾问等。

周先生学识广博精深,治学态度踏实严谨。他从青年时期起一直潜心中国语言文字之学。他既熟悉中国传统文化,又精通现代语言学理论,并善于把两者结合起来进行研究。音韵、训诂是他学术成果最丰硕的领域。他经常站在时代的前沿,注意整理与研究新出现的资料,和开拓前人没有涉足的学术领域。他可以说是中国敦煌吐鲁番学领域中音韵学方面的拓荒者之一。有关周先生学术的全面介绍,非笔者学力所能及,将来必有语言学界的学者出来担当。周先生的著作目录,也由先生的哲嗣周士琦同志初步编成。笔者谨竭绵力,就目录中有关敦煌吐鲁番学的部分著作略作简介,以期引起初学者的注意而已。

周先生就学于北大时,先后从学的两位老师刘半农(复)和罗莘田(常培)先生都是那个时期研究敦煌学的前驱。刘先生留学巴黎前后十分注意敦煌卷子,进行过多学科的录文和探索性研究。他的《敦煌掇琐》一书,就是我国敦煌学多学科文献的集录,曾对后来人起了新资料指路牌的作用。周先生广泛地具体钻研语言和文学方面的敦煌卷子,如对敦煌本《文选音》的注意与研究,肯定是受到刘先生的启发与影响。罗先生是我国早期使用敦煌资料研究唐五代西北方音的学者，周先生似乎是把罗先生的接力棒接过来了，而且跑完了自己的那一段路程。

周先生是一位脚踏实地一步一个脚印的学者，作学问总是从研究基本资料入手。他对敦煌卷子的探索就是用的这种方法。他的早期论文如《唐本〈毛诗音〉撰人考》《论〈文选音〉之作者及其方音》等，和晚期的作品如《记吐鲁番出土〈急就篇注〉》，就都一贯表现出这种具体而求实的学术风格。在此基础上，他根据语言学特别是音韵学等学术系统的普遍规律，研究敦煌卷子中的相关问题，得心应手，得出的结论或者说是推论就是很令人信服的了。这方面的代表作，可以举出晚期的论文《敦煌变文与唐代语音》《唐五代的北方语音》。这两篇可以互相补充的文章中提出的一些结论式的看法，如"变文的押韵部类代表北方的实际语音"，"变文押韵的部类可分为二十三部"，据笔者看，已经是颠扑不破的定论。类此的例子还有不少，仁者见仁智者见智，请读者在周先生的几部论文集中自行搜求，笔者就不再赘述了。

《唐五代韵书集存》是周先生在自己最擅长的音韵学为主的领域内整理资料的结集。此书内容以在集印的基础上全面阐释敦煌所出的韵书残卷为主，兼及其他有关资料。对其中的每一份材料，每一个卷子，周先生都作了详尽的分析。可以说，每篇分析都是一篇细致的有独到见解的论文。更可以说，这些分析，也包括前一段所说的那些独立的论文，就是周先生对敦煌吐鲁番学后学留存的垂范。

周先生虽曾几次出国，赴日本等处讲学，但他没有到过英。法、俄等收藏敦煌吐鲁番出土资料最丰富的国家。因此，周先生研究凭借的敦煌吐鲁番出土资料基本上都是照片或移写本；有些新发表的资料，如英藏S.8521《文选音》残卷，估计可与法藏P.2833拼合，周先生也没有见到。这都是周先生限于条件而无法办到的，有待于后来人去弥补了。

（原载于《敦煌吐鲁番研究》第1卷，上海古籍出版社1995年版，第339—341页）

《敦煌本佛教灵验记校注并研究》序

以敦煌遗书中的"灵验记"作为研究课题,据我所知,没有人全面深入地作过。但这确实是一个值得深入研究的课题。作者抓住这个选题,可说独具只眼。古人所谓"听唱新翻杨柳枝"者是也。

作者潜心于这个课题,前后二十余年。终于将其作得几乎题无剩义。既有全面的宏观的观察与探索,更有微观的一篇篇的校注。她的二十年如一日"咬定青山不放松"的精神,亟应在此揭出。

我与杨宝玉女史相知二十余年,深知她只要下定决心去做一件事,就会全身心投入,心无旁骛,所谓"结庐在人境,而无车马喧"者近是。这也是需要为不了解情况的阅读此稿的人说明的。当今,都说能坐稳冷板凳的人不多,似这样坐了二十多年冷而又冷的小板凳的更少。窃以为,应该提倡此种精神。

由于多年钻研,开垦的又多为处女地,因而自然收获丰硕,俯拾即是,不取诸邻。此稿定能凭借本身产出的累累成果,自立于敦煌学之林。所谓"居高声自远,非是藉秋风"者是也。

英国伟大作家狄更斯说过这样的话:"序,不断地被写,但是几乎很少有人去读。"我对此深有同感。读者想看的是书，而不是序。因而，我及早打住。请杨宝玉女史上场吧。

2009年6月11日，星期四，紫霄园

（原载于《敦煌本佛教灵验记校注并研究》，甘肃人民出版社2009年出版。）

《开宝遗珍》弁言

覆面说法，世尊转轮。佛祖立教垂言，声闻结集述旨。法流东土，经到中原。蕴结竺乾，译传华夏。魏晋大经初出，隋唐诸贤继翻。品类星罗，理致渊奥。勒成大藏，实属丛书。典型定自智昇，刊刻肇于《开宝》。

《开宝大藏》刻从西蜀，印于东京。于版刻为奇观，在佛家为盛事。藏弆诸山名刹，流传蓬岛鸡林。中国佛教史、书籍史并印刷史、中外文化交流史，均大书特书焉。

慨自中原多故，经籍罕存。残卷十余，珍如拱璧。方广锠、李际宁诸君，邀游法海，挺秀学林。鼓吹休和，发扬幽寂；提倡影印，著意征求。揽金书贝叶之遗，搜藜阁蜂台之秘。藏家襄赞，社会谐和。法宝重光，化身二我。

佛事焕成，人天欢庆。接祥光于雁塔，听潮音自沪滨。锡名《开宝遗珍》。以菲才始终翊赞，属为短引，以著前因。闲斋漫笔，实愧芜辞。

时维戊子天贶，观世音菩萨成道日，颐和退士白化文谨叙。

（原载于《开宝遗珍》，文物出版社2010年出版）

对影印《赵城金藏》的一些建议

国家图书馆出版社提出影印《赵城金藏》之动议，我十分赞成。本师周绍良先生所写的"推荐出版《赵城金藏》"的建议，我更是十分赞成。这些，我都不再重复了。仅对影印应注意之处提出一些个人建议。分述如下：

一点是，现存的残余的《赵城金藏》，是影印在《中华大藏经》中的；在广胜寺发现后，有些珍稀典籍，还曾辑为《宋藏遗珍》，由当时的"北平图书馆"（即今国家图书馆前身）和三时学会共同操持，在20世纪30年代先行印出；并非没有影印过。不过，它们都是缩印本。《宋藏遗珍》为线装本，《中华大藏经》则是洋式精装十六开本。注意：那时，三时学会还影印了一部完整的《楞严经》，按原大，依原式卷轴装，影印装帧四百部。今日已成"准善本"。建议：我们影印时，必须把这部影印本找出来作参考。

再一点，我们更应注意到的是，近十几年来，国内影印各种大藏经已有多起，如，影印《清藏（乾隆藏）》，先有线装本，后出洋式精装本；影印《嘉兴藏》，现知有精装本；影印《洪武南藏》（准确说应该称为"初刻南藏"）残本，精装本；等等。单纯就印售"藏经"而言，市场已近饱和。我们再操作此等事，必须另辟蹊径，出奇制胜。要和别人印得不一样！

怎么个不一样？最近出的影印本，大都是供阅览、查阅用，说供此种用途的市场已近饱和，我就有此种推断，自觉虽不中不远矣！可是，供寺院"供奉"，给信士"供养"的经卷，原则上应该是中式装帧，起码得是线装本，最好是经折本或卷轴本。那是一卷一卷按《千字文》顺序排序的，便于信士认领号数进行供奉、供养。精装本动辄将数十数百卷号集于一大册，外形似大辞典，试问信士个人如何供养？还有，寺院近年大兴土木之事，时有所闻；塑佛造塔，方兴未艾。塑佛像，需"装藏（装脏）"；造塔，需在"天宫""地宫"中装填镇塔宝物，如舍利、经卷。这些，也都要卷轴本、经折本，至少得是线装本才行。《赵城金藏》原为卷轴本，建议要有大魄力，照原式原样原大影印。装帧则可参考《永乐南藏》请印之法，有绢质、布质、纸质等多种托裱，售价不同。这样作，当然成本甚巨，工程量加大许多倍。但这是千秋事业！必将流传千古！如加大预售宣传，起码各寺院来请印的不会少。也不必考虑印数，采取发售预约方式，编号发行。应不怕压库，存放若干绢质装帧全套，以备将来送大规模国礼时，不致措手不及。这种作法，还会带动国内民族手工业的复兴，如造纸业、装裱业等，必将深受其惠。要立大志，作留名中国出版史的千秋事业！不可求速成，要稳扎稳打！

必须注意的是，《赵城金藏》这个词语，主要针对的是国家图书馆所藏。此藏似应正名为《金藏》。必也正名乎？为了搞好这次影印，还非得正名不可！以防国家图书馆出版社内有人图省事，仅仅把本馆所藏取出一印就了事！研究者皆知，《金藏》特指崔法珍断臂捐资刻印的一套大藏经。原刻约七千卷，经版在运抵燕京（北京）后有过补雕。现存者分藏于：一、国家图书馆，约四千八百余卷。原藏山西赵城广胜寺，专家间习称"《金藏》广胜寺本"。二、西藏萨迦寺北寺存有五百五十余卷，原藏燕京大宝积寺，习称"《金藏》大宝积寺本"，或"萨迦寺本"。除去与"广胜寺本"重复者，现在也影印入《中华大藏经》之内。三、国内外各大图书馆等处有零星收藏，且多为自广胜寺散出者。李富华、何梅所著《汉文佛教大藏经研究》（宗教文化出版社2003年出版）第93页有粗略统计，可供按图索骥。我们的影印本，应该而且必须尽可能地将此三部分除去重复后全部纳入。预售时更应揭示出这一条。因此，我们影印的应是《金藏》，而不是《赵城金藏》！

又一点是，影印时，建议可参考20世纪30年代在上海影印《碛砂藏》的办法，另印一"副册"，其中详载：一、有关《金藏》之历史资料，如《最初敕赐弘教大师雕藏经版院记》（明·释善恢撰），直到民国年间蒋唯心的《〈金藏〉雕印始末考》；还有在广胜寺最初重新发现者释范成法师，最初在广胜寺为之重新编目的蒋唯心居士的传记；特别是共产党八路军保护广胜寺藏经的记载，运到北京图书馆后揭裱等情况，等等。二、请经单位按请经前后顺序编号表，详列芳名（此点在预售时先作说明，借以鼓舞请印者）。三、影印本目录。

但须避免影印《碛砂藏》之重大失误，即删去所有的"题记"。我们一定要保留所有的题记！据李富华、何梅的统计，有一百四十余则，都是重要的印经与印刷史料，以及社会史料！

建议者：白化文　2005年5月14日，星期六，颐和山庄

（这是给当时要刊印《金藏》影印本的出版者的一项书面建议，未发表过。）

《补刻清敕修汉文版大藏经》解题

佛祖释迦牟尼讲经，仅凭口述，不立文字。佛祖涅槃，弟子无所遵依。于是，亲聆教训的弟子们（特称为"声闻"）聚集，由一人为主，进行背诵。与会的人作补充，甄别，审定。最后整理记录下来。此种集会称为"结集"（梵文Sangiti的意译）。佛教史上记录的古代大结集共四次，近代两次。第一次声闻结集最为重要，是在释迦牟尼佛涅槃那一年即刻进行的。地点在摩揭陀国王舍城郊外七叶窟。有五百声闻阿罗汉会聚，以大弟子摩诃伽叶为上首。当时，由阿难陀诵出释迦牟尼佛所说的理论部分，写定后安置在古代南亚次大陆放置东西的一种竹箱"藏"（梵文Pitaka的意译）之中，意译称为"经藏"，这是梵文Sūrapitaka的意译，音加意译是"修多罗藏"。由优波离诵出佛说的清规戒律部分，意译称为"律藏"，这是梵文Vinayapitaka的意译，音加意译是"毗奈耶藏"或"毗尼藏"。此后的佛经编纂者又慢慢地将解说佛说经义的后代人著作加入，称为"论藏"，这是梵文Abhidharmapitaka的意译，音加意译是"阿毗达磨藏"。三者合称"三藏"（Tri—Pitaka）。现在常以三藏为佛教典籍的总称。

古代南亚次大陆的佛教徒常用一种铁笔在一种"贝多罗"（Pattra）树的叶子上抄录佛经。经文常用梵文或巴利文书写。写成后串连起来，用木夹夹在一起。所以，从书写材料上看，称为"贝叶经"；从"装订方式"上看，称为"梵夹"。后来，中国人在书写和装订汉文佛经时，把梵夹装略加改造，主要是由横行书写梵文等文字的横宽形式，改为书写直行汉文的竖长形式，基本上维持原装订方式，就成为中式的梵夹装。后来变化为经折装形式的佛教经典，有人也称之为"梵夹装"，至少是原来意义上的一种引申发展，涵义就不准确了。但是，经折装成为北宋以降汉文大藏经的三种主要装订形式之一。另二种则为卷轴式与方册式。

汉化佛教将佛经翻译成汉文，大体上是从东汉末年开始，经历一千多年，南宋以后逐渐衰歇。此种翻译工作常成为中央政府组织的一项经常性的国家事业。将翻译完毕的多种佛经编纂成一套大丛书，是从南北朝时期开始的。早期也大多由政府倾注财力与人力。唐代，更着重由政府通过颁布标准的"经录"，决定哪种佛经入藏，从思想上加以控制，遏止有反政府倾向的经籍入藏。早期的佛教经籍大丛书常称为"一切经"，隋朝开始有了"大藏经"这个术语。唐代开元年间，智昇编成对后代影响最大的经录《开元释教录》二十卷，其中首次编出两卷"入藏录"，共载有佛典1076部，5048卷。在此基础上，后来编成带有实用性"馆藏目录标准"性质的单行本《开元释教录略出》四卷，用"千字文"号固定各种经籍在架上的位置。此种上架方法成为后来编纂大藏经的准绳。《略出》是否智昇亲自编纂，尚无定论。但是，由唐代到当代，用不断发展变化扩大的《入藏录》为抄写以至刻印大藏经的准绳，却是确定无疑的。用

"千字文"号，也基本维持到清代。

六朝至唐五代，写经生正规抄写佛经特别是大藏经的规格渐趋固定。写"经"，常为每行十七字，有的上空两字下空一字、律藏、论藏和经疏则常写成二十到二十五字一行。这些在敦煌遗书写卷中表现得很清楚，以后的版刻大藏经参考了并大体上遵循这样的规格。

早期的个别佛经有刻板印刷的。今所见最早的有明确自报确切年代的佛经印本，是敦煌遗书中的唐咸通九年（868年）王玠出资刻印的《金刚经》一卷。

刻印整套大藏经，从北宋时期开始。

北宋官修《开宝藏》是第一部雕版印刷的大藏经。此后，辽金元明清各朝，以及高丽与日本，都雕印过各种不同的汉文大藏经。近现代西方印刷术传入东方后，又有多种铅印、影印本的大藏经陆续出版。

我们刻印的是《补刻清敕修汉文版大藏经》，下面就专门谈谈我们补刻的这部大藏经。

清代由皇帝下旨敕修的大藏经，有汉文版、满文版、藏文版、蒙文版等多种。所以，我们首先标明，我们补刻的这部大藏经是"汉文版"。由于汉文是中国全国通行的主要文种，因而，过去的研究者常常仅称呼这部大藏经为《清藏》《乾隆藏》《龙藏》，但都不太准确。需要辨正一番。

先说《清藏》，清代刻印的大藏经，除了我们所说的这部以外，汉文的，至少还有民间刻印的《嘉兴藏》（从明季陆续刻印到清代中叶左右）等。清代是非汉文的多种大藏经刻印的极盛时期，把《清藏》冠于我们这部大藏经之首，实为以偏概全。

再说《乾隆藏》。这部大藏经由雍正十一年（1733年）年敕修开始，到乾隆三年（1738年）竣工，经历六年。仅称收工之"乾隆"，抹去起始创议之雍正，似乎不太公允。再则，满文版《大藏经》是乾隆三十八年至五十五年间（1773—1790）雕版的，木版现存故宫博物院。要说"乾隆藏"，那才算合适呢。

再说《龙藏》。早期的佛学专名词中，"龙藏"首先表示的是藏于"龙宫"之内，后经龙树菩萨自龙宫传出的大藏经。如南朝沈约作《内典序》，讲"足蹈慧门，学通龙藏"，说的就是。那个时代，姚秦时的鸠摩罗什译出《龙村菩萨传》，竺佛念译出《菩萨处胎经》，萧齐昙景译出《摩诃摩耶经》等等，讲的都是这种神奇的一套话。后来，至少到了明代和清初，有人把明朝皇帝敕修的官版大藏经称为"龙藏"。张德钧先生早于1963年在《文史》第三辑中发表《关于清刻大藏与历代藏经》一文，多所引据，证明"称以'龙'者，以开雕出于'御敕'。'龙'是作为皇帝的代名，如称皇帝容颜为'龙颜'一样。今天自不宜再相沿用"。说得很清楚了。

那么，对我们正在为之工作的这部大藏经，应该怎样称呼呢？我们以为，从原书的角度，可以称之为《清敕修汉文版大藏经》。这部大书，自问世以来，从刷印的角度看，则可以大略分成三个阶段：

第一个阶段，是原版刷印阶段。据1998年1月出版的《北京出版史志》第11辑中所载的孙关根先生所作《〈乾隆版大藏经〉重印始末》一文，列出自1739年至1936年的"刷印情况统计表"，属于第一阶段。

第二阶段，首先，得看孙先生重点介绍的文物出版社1990年刷印本。此本情况，孙先生介绍极详，请有兴趣的读者参照。其中补版约占原版八分之一以上，均用影印法，以清代原印本为底本作成。这套书应该说是原版和影印版拼成的。后来，各地据此本整套影印，洋式精装，就成为脱离原装帧版式的纯粹的影印本了。

第三阶段，就是这次北京市文物局委托邦普公司"再造"的大藏经了。办法是彻底翻新，即：一、对现存的原版对进行查对，挖补个别模糊的字，改正原来印错的字。二、补版，即使用原印本中的清晰的本子为底本，新刻出约七分之一以上的底版。其中包括清政府下旨撤去的一部分经文（有的尚存原版则用原版）。三、基本上按原装帧式样，经折装，加书套，加经帙，务求恢复早期原样。这样一来，就与前述两个阶段所印作法大不相同。其具体作法与个中甘苦，另见邦普公司的详细工作说明。

从以上所述可以看出，必须给这套大丛书另起一个名副其实的书名，用以与上述两阶段的各种印本区别。个人的建议是：全称可用《补刻清敕修汉文版大藏经》。简称，可以简到《补刻清敕修汉文大藏经》，甚至就称作《清敕修汉文大藏经》。

（为《补刻清敕修汉文版大藏经》而作，这套大丛书尚未出版。）

《高丽大藏经》简述

一

"大藏经"是汉文佛教经典的总称，它也具体指汇辑汉文佛教典籍而编成的一套大丛书。这是它的初始涵义。后来发展到泛指一切文种的佛典所编成的大丛书，如我国又有西夏文、藏文、满文、蒙文等大藏经，国外有巴利文、日本和文等大藏经，等等。可是最早的、流传有绪的，在世界文化史上影响最大的，还得数汉文"大藏经"。它的内容，以汉译的南亚次大陆佛典经、律、论三藏为主，还包括一些南亚次大陆和中国等国的佛教撰述。编辑大藏经，在中国是从南北朝时代开始的，那时叫"一切经"，到隋朝的时候，有了"大藏经"这个新名称。盛唐开元年间，智昇编成的著名经录《开元释教录》二十卷，其"入藏录"部分载有佛典1076部，5048卷。智昇并编成了似为"馆藏目录"性质的《开元释教录略出》四卷，按《千字文》顺序，对1076部典籍都给了"书号"。智昇的工作成果，从反映的内容方面看，带有划定入藏范围的"国家书目"性质；从编目方法上看，有二级类目架号（后来商务印书馆编《万有文库》，书脊自印架号，后先辉映），相当精密完善，成为后来编印《大藏经》的准绳。

宋太祖开宝四年（971年）敕命在雕版力量雄厚的成都开雕大藏经，太宗太平兴国八年（983年）完成。共雕版十三万块。每版正文二十三行；每行空天头两字空地脚一字，实刻十四字，满行十七字；版尾有小字一行，刻经名卷数，本卷用纸张数序列号（即本卷雕版序列号），千字文号。卷尾有经名卷数和雕造年代题记。这些格式，长期为以后雕造的大藏经所遵循，成为定式。高丽藏典范地遵守了这一格式。

这部藏经，后人习称为《北宋官版大藏经》，亦称《蜀版藏经》，常简称为《开宝藏》。刻成后运到今开封（当时的首都汴京），在印经院印刷，装成卷轴本，分480帙，帙以千字文为序，帙内各卷以数目字为序，构成二级书号。千字文始"天"字终"英"字。这种装帙编号方法，也长期为以后的大藏经所遵循。高丽藏更是亦步亦趋。

《开宝藏》480帙，完整地反映了《开元释教录》中"入藏录"的内容，编号则依《略出》。在依"入藏录"刻印《开宝藏》的同时，北宋政府还刻印了《开元录》编集后宋朝建国前所译的一批佛经（主要据《贞元录》），计259卷，分入27帙。雍熙元年（984年）至咸平二年（999年）这十六年间，又继续刊刻宋代建国后新译佛典，共得279卷，分入30帙。

宋朝政府每以《开宝藏》（可能还包括续刻诸经）赠送给友好国家，如契丹、高丽等国。也不禁止外国僧俗人等自买经典携带出国，如对日本。这些，既有利于佛教教义传布，也刺激其他国家自刻大藏经的想望，并供应典范的底本给他们。《开宝藏》虽现存者只余极少零本，但它在佛藏刊刻史上是各种藏经的基础之基础，底本的底本，自不待言。

大约在东晋时，汉化佛教传入朝鲜，并逐渐传布流行。到了高丽王朝（918—1392），统治者带头大力崇奉，奉为国教。高丽成宗八年（989年，宋太宗端拱二年）遣僧如可入宋请大藏经。宋太宗当即颁给，并对如可赐紫，以示褒异。第二年（990年），高丽使臣韩彦恭入宋，再次请经，得到新印的"大藏经"一部，于991年（高丽成宗十年，宋太宗淳化二年）四月持归。这部"大藏经"显然是《开宝藏》，但不知包括一些续刻佛典否。有的学者认为，如可与韩彦恭所得，实共只一部，也有认为是两部的。但无论如何，《开宝藏》传入高丽是以此时为始。后来，高丽显宗十三年（1022年，宋真宗乾兴元年），入宋使臣韩祚又赍归佛典一藏。

与此同时，契丹统治者也大力提倡佛教，也认为佛教能佑护国运，使国家昌盛。契丹刻经甚早，今见有统和八年（990年）所刻经。辽圣宗太平二年（1022年，宋真宗乾兴元年，即高丽韩祚使宋之年），契丹也得到宋朝所赠《开宝藏》一部，想来更刺激了契丹人，使他们自刻大藏经的愿望更加急迫。在此前后，契丹自刻大藏经的工作加紧进行，约在1060年前后刻完。今称其所刻为《辽藏》或《契丹藏》，朝、日等国人亦习称之为"丹本"。此藏传为579帙，房山石经中辽刻石经翻刻了其中一部分。全藏久佚，1974年在山西应县木塔塑像体内首次发现十二卷。

契丹曾几次赠此藏给高丽。最早的一次是在高丽文宗十七年（1063年，宋仁宗嘉祐八年，辽道宗清宁九年），以后又有1099年、1107年的两次明确记录。《契丹藏》规抚《开宝藏》，但所收新入藏经典不少，刻工亦精。此藏传入高丽，对高丽刻藏自然会发生影响。

二

高丽刊印大藏经，与其抵抗外族入侵有直接联系。

高丽第一次刻藏，和契丹入侵高丽的三次战争是联系在一起的。

辽圣宗（983—1030年在位）一代，契丹国势强盛，频频入侵高丽，规模大的有三次。

第一次在993年（高丽成宗十二年，辽圣宗统和十一年，宋太宗淳化四年），契丹东京留守萧逊宁率军号称"八十万"入侵高丽，结果以双方订约，高丽承认为其纳贡国而迅速罢兵。

第二次在1010年（高丽显宗元年，辽圣宗统和二十八年，宋真宗大中祥符三年）。此前一年，高丽西北面都巡检使康兆入开京弑穆宗，立显宗。契丹以欲问叛臣康兆之罪为借口，由圣宗率领大军四十万入侵。阴历1010年十二月二十八日（实为阳历1011年2月3日），高丽显宗率亲信南逃罗州。三天后的正月初一日，契丹军队突入开京，大肆破坏。高丽显宗南行避难途中，与群臣"发无上大愿"，要刻成一部大藏经以保国佑民御寇却敌。刚好，契丹军队作恶太甚，高丽人民同仇敌忾，到处予以打击。侵略者存身不住，在开京停留十日即行撤退。沿途受高丽军民游击性袭击。这次战争好像是拿破仑入侵莫斯科后败退的小型预演，只不过契丹人没有败得那样惨而已。高丽统治者却把"丹兵自退"看成是发刻经大愿的感应，于是，从1011年起，以《开宝藏》为蓝本，组织大批人力，大动国帑，雕造自己的大藏经。并为此成立了专门机构。

1018年（辽圣宗开泰七年，宋真宗天禧二年，高丽显宗行宋年号）年底至1019年年初，契丹第三次入侵高丽，以败退告终。这次战争，不但没有影响还可能促进了高丽大藏经的刊刻工作。高丽统治者更死心塌地地迷信刻藏护国之功。大约在1029年，即高丽显宗二十年四月，高丽倾国力以赴的第一部汉文大藏经刻印初成。后世称此藏为《初雕高丽藏》（以下简称《初雕》）。

《初雕》版式全仿《开宝藏》，刻工甚精，有的简直像是《开宝藏》的影印本。《初雕》内容，也照抄《开宝藏》，基本上按《略出》，分480函（帙），千字文自"天"字至"英"字。今《初雕》只余零本，但据说《再雕高丽藏》的前480函全同《初雕》，我们据以见出：它有经典1087部。与《略出》比较，增加了十八种，合并了三种，析出一种变为三种，减去三种。这种与《略出》的些许相异处，究竟是从《开宝藏》还是从《初雕》开始的，有待研究。现在只能据《再雕高丽藏》前480函追溯观察。这其中，与目录学有关的，是减去彦悰《众经目录》(《略出》"席"字号著录)，用静泰《众经目录》代之(《再雕》入"设"字函)。这是因为，静泰的目录全抄彦悰(不作"惊")目录，但加入了玄奘译经，部数卷数增多，取静泰便可兼括彦悰所录内容。

从11世纪到12世纪初，约六七十年间，在高丽，出现了一个比较和平和稳定的时期。文化繁荣，作为护国兴王的国教，佛教也更加昌盛。高丽文宗（1046—1082年在位）大兴佛教。如：他倾全国之力动工创建"兴王寺"，自1056年起，历十二年落成，计有房舍两千八百间，是朝鲜古代名寺，在当时的世界上也可算是最大的名寺。他又发动续刻藏经的活动，《初雕》经过增补，增加到大约1405部，分为57帙，千字文编号顺延到"更"字。增补工作约在1082年左右完成。

用《再雕》的451—570帙部分，特别是其最后三十帙宋人新译部分来推究《初雕》的依稀面目，可以看出，这部分经典大部分是强调护国禳灾的密教系统文献，是《高丽藏》带有护国性质的明确证明。其中有在它以前藏经中于今未见的独有经典约二十种，如李通玄长者所撰《新华严经论》四十卷。

文宗的第四王子王煦（1055—1101年）年幼出家，法名"义天"。1085年（宋神宗元丰八年）入宋，在三年中（实际时间不到两年）搜集经疏多部归国。他又组织人到契丹、日本搜求。据说前后所得约千余部，四千七百余卷。经奏请在兴王寺置"教藏主监"，将带回的佛典陆续刊印，是为《高丽续藏》（以下简称《续藏》）。义天又将所得这部分编了一个简目，名叫《新编诸宗教藏总录》。《续藏》现有残本流传，观其版式不甚一致，大率每行二十字至二十一二字。当时是否将义天所得四千余卷新经疏全部刊完，也不清楚。

总之，从高丽显宗初年开始，经过德宗、靖宗、文宗到宣宗，共历五朝七十余年，倾注国力，总算把《初雕》及其增补部分刻印完毕。《续藏》也刻印出不少种，也算基本完成。所有的经版，奉安在大邱符仁寺。

三

又经过一个半世纪，元朝崛起，东征西讨，以其余势入侵高丽，大肆烧杀。1232年（高丽高宗十九年，宋理宗绍定五年，元太宗窝阔台即位四年），符仁寺与经版均被焚。这一年，高丽迁都至江华岛以避敌锋。在国家存亡关头，统治阶级又想起依靠佛力禳灾退敌，用佛教来作维系人心团结御侮的一种精神支柱。于是，在江华岛南方八里的海岸建巨刹禅源寺，1236年（高丽高宗二十三年）在寺内建"大藏都监"，后并设分司于南方海岸的晋州，1237年起重刻大藏，至1247年（高宗三十四年），十一年内，入藏经典大部分刻完。因为政府财力匮乏，动员人民舍财，所以可从雕版中看出刻版时间与目录顺序不合的任愿施造和并刻施主姓名情况。从刻工姓名也看出僧侣与俗人合作的景象。所用版木是征收来的朝鲜济州岛、莞岛、巨济岛一带出产的桦木，雕刻前浸入海水作防腐处理，然后晒干制版，工作量十分巨大。可以看出，这次刻藏，是在遍地烽烟的战乱中动员人民倾注全力进行的严肃认真的国家事业。从1236年刻藏起，到1248年编刻大藏目录，1251年完成全帙，前后计十六年，比在和平时期完成的《初雕》反快了三四倍，可以想见其悲壮的努力奋斗景象。这就是现存的《再雕高丽藏》（以下简称《再雕》）。

四

《再雕》，首先以其雕版量大质精、保存完整且至今尚能刷印的现状而蜚声于世界学术界，特别是考古和图书学界。

《再雕》共享81137块版，两面刻。版式全依《初雕》，而《初雕》又翻刻《开宝藏》，它们之间可说是祖孙三代的关系：都是每版二十三行，外加一个页码行，每行十四字，天空两字，地空一字。

从目录学的角度看，《再雕》的一大优点是来历十分清楚。也就是说，它是根据目录刻书，有案可查，其间出入不大。我们在前面已经据《再雕》以推断《初雕》，现在来看《再雕》，就显得更清楚：

千字文从"天"字到"英"字，据《开元录》，出入不大。

"磻"字到"合"字，据《贞元录》中的经论部分。

"杜"字到"穀"字是宋代新译的三十帙密宗文献。

以上大致是《初雕》原来就有的，《再雕》大约是不加变动（至少是变动不大）的全部继承。

值得注意的是，从"霸"字到"洞"字，共68帙，93部经典，632会，居于《再雕》的最后一部分，大概是高宗时代新入藏的。这部分包括三部大型工具资料书，计：《法苑珠林》一百卷，《一切经音义》一百卷，《续一切经音义》十卷。还有许多重要的大乘经论，如《佛说大乘菩萨藏正法经》四十卷，宋朝法护等译，收入《再雕》"宗、恒、岱、禅"等四个字号；《大乘集菩萨学论》二十五卷，法称菩萨造，法护等译，收入"主、云"两个字号，等等。

还有特别应该提到的是，刻《再雕》时，十分注意校勘。当时刻藏的僧界支持人是一批有学问的朝鲜高僧，组成以守其为首的校勘小组。他们手里大约有《初雕》《续藏》《开宝藏》《契丹藏》各一整套，还有若干零散经典。于是以《初雕》为底本，用宋本、丹本勘定。后来选出有代表性的校勘成果，写成《高丽国新雕大藏校正别录》三十卷，收入《再雕》的"俊、义、密"三个字号之中。这部书是世界上第一部佛藏校勘记专书，在汉文典籍校勘学史上也应有其一席显著地位。可惜过去的中国学者十分正统，视佛经为异端，更没有见过《再雕》，所以，在中国的校勘学史上从不见提起。

因为《再雕》经过仔细校勘，所以与别的大藏经对看，"同译异文"之处甚多。因此，在版本上，《再雕》有其独具的特点。日本的《缩刷藏》在其《缘起》中说："昔者高丽国王归依佛法，慨叹支那大藏屡经改刻，误谬甚多。遍聚宋朝官版及本国所传国前本、国后本、中本、丹本、东本、北本、旧宋本等，使大德校正，刻以传四方，是丽本所以胜他本也。"说的就是这种情况。其中所说的宋朝官版指的是《开宝藏》，国前本指《初雕》，国后本指《续藏》，丹本指《契丹藏》，北本指契丹散刻经，东本指日本散刻经，中本和旧宋本大约指宋朝散刻经和《开宝藏》以外的宋藏刻本。近代的日本佛学界是非常崇拜和信赖"丽本"即《再雕》本的，认为它取各本之长，虽版式规模《开宝藏》而校勘水平远胜之，青出于蓝而胜于蓝。所以，近代日本印大藏每以之为底本。如《卐字藏》专从"丽本"；《缩刷藏》汇校《再雕》和宋刻《资福藏》、元刻《普宁藏》、明刻《永乐北藏》。《大正藏》以《再雕》为底本（正本）。而以宋、元、明各刻校定，遇有歧异较大者，则"正本""别本"并行印出：如《开元释教录》，《大正藏》以《再雕》为底本（正本）印出，但其卷十九、二十"入藏录"，《再雕》本与中国各藏刊本出入较大，而"入藏录"又是目录学者必用的，所以《大正藏》除印出"正本"外，又以《北藏》为底本，用宋、元两藏本对校，印出"别本"。这种作法很好，值得提倡。从而也可看出《再雕》版本上的特殊性。至于日本人过分迷信《再雕》，认为"胜他本"，恐怕还得具体问题具体分析，不能笼统地认为其中每一部都"胜他本"。

《再雕》经版刻成后，原来奉安于江华岛禅源寺。后来，从朝鲜李氏王朝太祖李成桂建国六年（1398年）起，约用了两三年时间，陆续运藏于汉城西大门外支天寺。再后，大约怕倭寇骚扰国宝受损，又移至新罗哀庄王四年（803年）建立的古刹陕川郡伽倻山海印寺，至今保存完好。后来还在此寺刻了若干补版。汉文大藏经雕版，现存完整的除此版外，就只剩下我国北京智化寺所存清代的《龙藏》了。《龙藏》完成于1739年初（乾隆三年阴历十二月），收经典1670部7167卷，全部版片78230块。比《再雕》要少些。从年代和版片数目看，《再雕高丽藏》版片实为世界上现存最早最多最完整的一部大丛书版片。其文物价值无法估量。海外汉学家为此称伽倻山为"海东敦煌"。

五

《初雕》印本，据日本佛学家小野玄妙于三十年代调查，在日本南禅寺有十四种六十五卷。但其中有三种系《初雕》《再雕》两种版拼合的本子。典型的《初雕》本有《佛说佛名经》《能净一切眼疾病施罗尼经》《一字顶轮王经》等。《续藏》残本，今朝鲜松广寺存有《大涅槃疏》卷十，东大寺存有大安十年（1094年）至寿昌二年（1096年）刊

《华严经随疏演义钞》残本等,可为代表。《再雕》刻版后印数不少,据说1915年日本人还刷印了三部。代表性的藏有全藏之处是日本东京增上寺。现代大图书馆常用的《再雕》则是经台湾新文丰出版公司复印的1976年南朝鲜"高丽大藏经完刊推进委员会"影印本,书名《影印高丽大藏经》。精装48册。前47册连补遗共收1514部6805卷。第48册是总目、索引、解题,作得很细,很有用,虽是用的朝鲜文,但因原书是汉文大藏,所以目录、索引、解题必然得用汉字,中国人看起来也不费力。

《影印高丽大藏经》起码有三大优点:

其一是普及了高丽藏。即以我国来说,据说过去只有一部原刻刷印本(可能为日本人在20世纪初所印),许多人看不到它,对这一特殊版本颇有神秘感,大多数人只靠《大正藏》等间接取得对《再雕》版本校勘方面的认识。现在各大图书馆都可采购典藏,如北大图书馆即有两部(其中中古史研究中心一部,大馆一部),学者称便。

其二是如上所述,有十分详尽的总目、解题、索引。

这部分集成一厚册,为影印本的第48册。内容包括:总目录,解题,经名索引,异经名索引,略经名索引,内容索引,译著者索引。其检索系统极为齐备,有多种渠道。可以说,在已出版的各种大藏经中,以此种版本的检索系统为最全最好。这是它的一大特色。

更应注意它的"解题"。它在每部书项下分六部分:

①经名:列出该经的梵语、巴利语、藏语等名称。并举

出异名、略名。

②在著者项下，列出著者、译者，汉译年代。

③在提要项下，以客观列出小标题的介绍方式，将全经要目写出。

④举出异译本。

⑤列举收录此经的其他大藏经。

⑥举出此经的注疏。

这种解题不但对阅读这部大藏经有用，对阅读其他大藏经和单行本佛经也有用。可以把这部分看作是：在一定制约条件下（仅限于收本藏中所有的书），是《佛书解说大辞典》一类工具书的简编本。这又是它的另一大特色。

其三是比《再雕》原刻还多，有"补遗"，所补即海印寺后来所刻尚未正式入藏的具单行性质的那一部分。这一部分计十五种，外加新编《高丽大藏经补遗目录》，共十六种。千字文由"禄"字至"希"字。种数不多，量很大，分编入第44至47卷，共四大本，占全书十二分之一，即相当于原《再雕》全部的十分之一左右。补遗的质量也极高。如《宗镜录》一百卷，《禅门拈颂集》三十卷，《华严经探玄记》二十卷，都是大部头名著。特别应该提到的是二十卷《祖堂集》，是久已失传的禅宗史料，对研究唐宋口语也极有用。自20世纪初经日本学者在海印寺发现后，久为佛学家和语言学家所瞩目，但在我国很难看到。这次借影印之便以广流传，实在是令人愉快的事。

总之，影印本保存《再雕》之全部特点，又加补编，加目录解题，其实用价值在《再雕》原刻印本以上。

六

有关高丽刻本大藏经的情况，略如上述。最后，不嫌词费，从版本源流的角度小结如下：

一、《初雕》翻刻《开宝藏》《金藏》(《赵城藏》中的一部分，也翻刻《开宝藏》，都作到亦步亦趋。她们是一个母亲孪生的女儿。《开宝藏》和《初雕》现存都不多，《金藏》还有不少。要说为第一部大藏《开宝藏》寻觅大批的"虎贲中郎"，还得找《金藏》去。《再雕》则像是继承《开宝藏》《契丹藏》两家混合血统的外孙女儿，和这两家都有点像又都不全像。从它身上追溯两者中任何一个的完整形象，都是不太靠准的。我们还是把《再雕》当成一个有自己特色的特殊版本来对待罢。它和《初雕》虽有直接继承关系，但也不是一码事，万勿相提并论，在版本上等而同之。

二、《再雕》本身，却是对日本近代铅印本诸藏影响极大。不是它们的生母至少也得算姨母。再通过日本《缩刷藏》倒流入中国，影响了翻印《缩刷藏》和《频伽藏》。因此，《再雕》在近代印制大藏经的版本源流中可说是最活跃的母本，其势力不可低估。在佛藏版本校勘研究中，应将其作为最重要的版本之一，认真分析。从这个角度上考虑，《初雕》的地位显然不如《再雕》。

三、《影印再雕》本加补，好用，易得，是个好本子。

解题和索引编得很切合实用，值得整理古籍的人学习和借鉴，应该提倡。

（原载《大学图书馆通讯》1985年第5期，第14—19页。此稿系据《影印高丽大藏经》第48册中所载资料补充编译而成。）

在《密宗甘露精要》
出版座谈会上的发言

甘露，是梵语amrta的意译，也译作"天酒，不死药"等，音译作"阿密哩多"。按古代南亚次大陆经典《吠陀》称，诸位天神常饮一种苏摩酒，以其甘甜如蜜，称之为甘露。佛教用以比喻佛法如甘露，其法味与妙味常养众生之身心。密宗则特称真言两部不二之灌顶香水为不死甘露，故密宗经典亦可特称甘露。

密宗，作为佛教的一个重要流派，很早就传入中国。后来发展成中原的汉密，西藏地区的藏密，云南地区的滇密（Acarya，阿阇梨教、阿叱力教）。藏密与滇密各有自己的整理得较好的密宗经典系统。汉密则基本上收入各个时代编纂的大藏经之中，也有一些藏外单传。

汉密的汉译与流传的极盛时代在盛唐，以"开元三大士"即善无畏、金刚智、不空和他们的中国弟子为代表。一行是其中的杰出者。北宋、辽金时期，译著形成另一个小高潮。

近现代以来，中原汉传密宗的传流与钻研似乎主要在特定的人群中进行，包括各个阶层信众和研究学者两种人。学习中，他们共同的困难似乎都是缺乏集中起来的基本资料。《密宗甘露精要》的出版，在极大程度上解决了汉文原始资料的供应问题。

拙见以为，近现代汉化佛教各宗派的发展不太均匀，密宗经常隐而不显，处于信士专门研求状态。但寺院建筑、佛像制作与配置等隐隐中有大量的密宗思想与规制存在。如果不涉足这些领域，就不能深入了解汉化佛教。这部书的出版，可以帮助解决一大部分资料问题。

拙见是，这部书的出版，特别对密切中日韩三国的佛教关系能起到相当的作用。中国当代的中原佛教，也就是汉化佛教，在历史上特别对东北亚日本与朝鲜半岛影响巨大，对东南亚信奉汉化佛教的越南也是如此，至今，他们的汉密传流，如日本的东密与台密等，仍以西安即古代长安的大兴善寺、青龙寺等为祖庭。扩大来说，我们的重视及由此引发的国际交流，一定能起到一个方面的国际统战的作用，同时，也能起到国内汉密、藏密之间交流直至民族之间统战的作用。恐怕这也是已故的赵朴初老会长首倡编纂此书的初衷内涵的一部分。

这部书的出版，编纂者爬梳剔抉的功夫甚深，展卷便知，用不着我在此代为吹嘘。要特别提出的，是出版社系统的不懈努力。此书印刷装帧质量堪称上乘，配得上编纂者苦心孤诣的多年伏案。两者可称双美。发布会上，常常是表扬编纂者的词语多，注意出版者的努力者少，不太公平，所以我在这里表而出之，以不没其贡献。

据我所知，特别在唐宋两代，日本来华僧人受灌顶归国后创立自己的密宗宗派，至今基本上保持原样。他们请回的经卷也不少，创作阐述汉密精义的专著颇多，基本上以古代汉语书写，我们阅读起来不甚困难。韩国和越南的情况我不了解，想必也有。这些资料，他们多有汇编，可是，一般的中国国内学者很难得到。我希望，咱们这部书的编纂者和出版者，再贾余勇，出一部续编以至三编。以造福于学界。

此书如再版，可以考虑出一些按原经卷分册，以线装以至经折装装帧的本子，不但便利诵读，也有利于"装藏""装塔""供奉""供养"之用。

（此稿原系2008年12月9日在"《密宗甘露精要》出版座谈会暨捐赠仪式"会上的发言稿。会议地点在人民大会堂三层西藏厅。后在《古籍整理出版情况简报》2009年第1期24—26页上发表。发表时经责任编辑齐浣心改题为《简评〈密宗甘露精要〉》。）

《行历钞》校点本前言

圆珍（814—891），字远尘，日本天台宗寺门派开山祖师。日本赞岐（今为香川县）那珂郡金仓乡人，俗姓因岐（866年此姓改为"和气"），入唐时取同音字"殷"为汉姓。圆珍是日本入唐弘法大师空海（744—835）的侄孙。日本淳和天皇天长五年（828年），圆珍十五岁时，登日本天台宗本山比叡山，师事义真（781—833）。义真精通汉语，曾于804年随日本传教大师（追赐的谥号）最澄（767—822）入唐为译语（译员），随最澄登天台山，从中国天台宗僧人道邃、行满学习天台宗教义。翌年相偕返日后，辅佐最澄，在比叡山建设延历寺，创立日本天台宗，并于832年被任命为第一任天台宗座主。圆珍以此师承因缘，于日本文德天皇仁寿三年（中国大中七年，853年）七月十六日（8月24日）随新罗商人王超（"入唐公验"中称之为"大唐商客"）等人的船渡海入唐。八月十五日（9月21日）午时，抵达福州连江县。十二月十三日（854年1月15日）抵达天台山国清寺。唐大中八年九月七日（854年10月2日）离天台赴长安。中间曾在越州开元寺参学。大中九年五月二十一日（855年7月8日到达长安，七月一日（8月17日）入居龙兴寺。并在青龙寺受密教法，同时参拜巡礼长安诸寺。十一月廿七日（856年1月8日）离开长安。十二月十七日（856年1

月28日），于没膝大雪中，抵达洛阳龙门，住广化寺。大中十年正月十五日（856年2月24日），从洛阳南下。六月初四日（7月9日）又回到了国清寺。

大中十二年（858年）五月，圆珍作成自己入唐求法所得经卷、道具、法物的总目录。六月八日（7月22日），携带所得，在台州搭乘商人李延孝的船渡海返日，六月十九日（8月2日）抵达。计在华六年，约一半时间在天台国清寺参学。

日本清和天皇贞观十年六月三日（868年6月26日），圆珍奉旨任日本天台宗比叡山延历寺座主，时年五十五岁。任座主二十四年。他还在近江建成园城寺，当时是比叡山的下院。日本宇多天皇宽平三年十一月初一日（891年12月5日）清晨入寂。年七十八岁，戒腊五十九年。日本醍醐天皇延长五年十二月二十七日（928年1月22日），赐谥号"智证大师"。

公元993年，圆珍一派的门徒，与圆珍前一任延历寺座主，入唐八家之一慈觉大师圆仁一派的门徒争论，遂撤离延历寺，进入其别院园城寺。此后，延历寺圆仁一派称为日本天台宗山门派，以比叡山延历寺为总本山。圆珍一派称为寺门派，以园城寺为总本山。

圆珍遗留的图书文物甚多，大部分留存于园城寺。其中有如"大中十二年四月一日国清寺日本国僧圆珍再乞公据印信状"等许多他从中国带回日本的资料，以及早期的绘画、雕塑等，大部分定为日本国宝。定为"重要文物"者亦甚多。圆珍的著作及相关资料，经园城寺编纂成《智证大师全集》，也收入《大日本佛教全书》中。

圆珍在唐所写日记，编为《在唐巡礼记》（又名《入唐记》或《行历记》），今不传。有后人从中录出的重点日记《行历钞》一卷行世。又有人从中录出的《在唐日录》，与《行历钞》的一部分从同。圆珍晚年的朋友三善信行写了《天台宗延历寺座主圆珍传》，也使用了《行历记》中的大量原材料。此外，宽正五年（1464年），尊通为圆珍编了《年谱》；明和四年（1767年），敬光又对《年谱》进行修订。《年谱》中使用了大量圆珍自己写的原始素材，其中包括《行历钞》。

如果《行历钞》全书具在，我们推测，其价值不会在圆仁的《入唐求法巡礼行记》之下。圆仁的《行记》，有人怀疑现存的也是节本，笔者就怀有此种看法。但《行记》所存究竟不少，而且前后联贯。现存的《行历钞》节本，则似是节录者唯自己所需而节录。其作法不外两种：一种是删去许多天的日记，以致前后很不联贯，远不如《传》《年谱》之能连续地勾勒出圆珍行迹。另一种是，即使在一天之内，也随意删节，这在与相关材料特别是与《传》《年谱》核对时便可见出。可是，《行历钞》毕竟是圆珍自己写出的作品，是与圆仁《入唐求法巡礼行记》、成寻《参天台五台山记》等并列的作品。要整理，就得整理它。日本的小野胜年先生，继《入唐求法巡礼行记之研究》四卷本（1963--1969年，铃木学术财团出版）之后，于1983年发表了《入唐求法行历之研究》(法藏馆出版)。这是一部研究性的巨著。编排方式是：把包括《行历钞》在内的圆珍的原始材料，按年、月、日排比录出。然后译成日文，并加注释，间有校勘。这种作法对研究者很有用，但对一般只希望引用史料或泛泛阅览的读者来说，是过于分散了。日本的另一学者佐伯有清氏可称是研究圆珍的专家，他著有《智证大师传之研究》(1989年，吉川弘文馆)和《圆珍》(1990年，吉川弘文馆)两书。特别在研究圆珍的传记方面，佐伯氏集中大批资料，并不断提出自己的取舍主张。应该说明，没有上述两位先生巨著为先导，为主要依据与借鉴，我们这部书是不可能编写出来的。

鉴于圆珍的《行历钞》和他的一生行事对中国的研究者还比较陌生，在中国找到相关材料也不容易，所以，我们做成一个供中国读者使用的本子。作法是：

就《行历钞》本文来说，我们作成一个校点注释本。

一、以日本园城寺编纂的《智证大师全集》(1978年同朋舍再版)中的《行历钞》铅印本为底本，加以标点。此本是大正四年(1915年)高楠顺次郎的校勘写定本。它源于文治三年(1187年)智劝的写本，并根据日本史料编纂所(日人简称"史本")和辻善之助(日人简称"辻本")两个影写本，及《在唐日录》《传》《年谱》等校勘，写成《考》，系于相关字词之下。我们将《行历钞》正文按日编定为49条，校勘时照录《考》，并参照了小野本，引用时随手注出。凡我们的意见，则加"据……补""按"等陈明。

二、我们的注释,主要可分四类。一类是有关自然和人文地理的注,这是为了省去读者翻检之劳。一类是有关佛教词语的注释,再一类是有关中古和近代汉语词语的注释,这两类注释,都是企图向一般读者建议,读到这里时,不宜轻易地不求甚解地看过去,可以思考一下其中与古代汉语和现代汉语有联系而又"微殊"之处。还有一类是有关日本佛教、历史、地理的注释,我们尽所知并主要参考小野和佐伯两氏专著中的注,提供一些材料。在此还必须进一步申明:我们的四类注释中,直接使用或说参考使用小野、佐伯两氏的原注释极多,我们所作的,无宁说是一种"减肥""瘦身"的工作,是把日本学者惯用的繁富的注释法,根据我们认为的中国读者的需要给简化了不少。我们的想法是,有特殊参考需求的中国学者,大部分人都能找到并阅读日文原著,还能减少我们转贩之误。我们提供一个一般性的本子,当引玉之砖,也就可以了。关于一些中古和近代汉语词语的注释,倒还可以说一说。我们尽可能地避免使用以词解词的注释法,不避辞费,使用阐述和甚至于接近于下定义的解释法。这是因为,我们认为,"一棵树上没有两片相同的叶子",自古至今,没有完全一致的同义词,所谓同义词,至多只是近义词罢了。每一个词语,都有它自己的内涵与意蕴,有其使用范围,有其感情色彩与意味。我们还认为,一个古代词语,我们往往在它出现于不同地方而用当代汉语不能用一个同样的词语来对应解释时,习用不同的词语解释,并常常因而形成不同的词义。实际上,这个古代词语词义可能比较宽泛，涵盖了当代汉语中两个以上词语的内涵或外延范围，反之，当代汉语中的词语若施用来解释古代以至当代的词语时，也有类似的状况。这都不能用以词解词的办法来处理。宁可多费口舌，把词语的涵义、使用范围（甚至随时代变化而扩大或缩小范围的情况）、感情色彩与意味等尽可能地通过注释表达出来。圆珍是生活在唐代的人，我们特别把唐代人习用的词语或还在沿袭前代（大略是汉代至南北朝）使用的词语配合举例解释。不溯源，因为那不是此书注释的任务。尽量引用唐人书证。注中引用的唐朝人和敦煌变文、曲子词书证，不冠朝代。其他时代的资料冠以朝代。

三、《行历钞》现存节本太不完整，可是与圆珍相关的直接材料却是相当多。其中，三善信行为圆珍写的《传》，是最直接的数据。按传文中某些地方行文的口气，极可能是在大量摘引《行历钞》。此传通贯圆珍一生，读后能对圆珍有较全面的认识。因而，我们将这篇传记也作成校点注释本。尊通和敬光相继编成的《年谱》，与《传》中的材料不尽一致，可以互补。因此，我们把《年谱》的录文标点本作为另一个附录，供读者参照。此外尚有下列附录：（一）《在唐日录》的录文标点本；（二）圆珍在日、在唐所用的一部分公验、过所、牒、状的集录标点本；（三）圆珍所编几种"求法目录"的集录标点本；（四）《风藻馀言集》的标点校注本。

我们是业余从事这项工作的。前后约十余年。周太初（一良）先生在世时一再鼓励我们，季羡林、任继愈两位先生大力推荐。都让我们感激非常。

此书列入国家古籍整理出版"十五"重点规划。此书的出版,得到全国古籍整理出版规划小组的补贴资助。本课题系全国高校古籍整理研究工作委员会资助研究项目。

此书由白化文、李鼎霞夫妇合作完成。

(《〈行历钞〉校注》,白化文、李鼎霞校注,花山文艺出版社2004年出版。必须指出:责任编辑张采鑫兼作了校对文稿和校样的工作,并编制出重点词语索引。)

本生经的功能与作用

"本生"是梵语jātaka的意译，也译作"本起""本缘"等，日本人习惯译作"本生谈（谭）"。音译有"阇多迦，社得迦，阇陀迦"等。它是讲释迦牟尼佛无数次前生的故事的。记载此种故事的佛经称作"本生经"。本生可以简称"生"，因而，西晋竺法护翻译的一部辑录五十五种小型本生故事的佛经就直接称作《生经》。

据说，释迦牟尼佛在成佛之前经历过无数次前生，在这些前生中积累功德，才得以最后成佛。本生经就是专门登载这些前生的故事的。它的结构比较简单：主角一般就是释迦牟尼佛的前身；可能有一些不同的配角，大体上是：释迦牟尼佛出家前的妃子耶输陀罗（Yaśodhara，意译"持誉"），他的儿子罗睺罗（Rāhula，意译"障月"）。他的对立面，也就是他的叔伯弟弟提婆达多（Devadatta，简译"调达"，意译"天授"）。还有，他的几位弟子，眷属。这里的"眷属"采用佛教的广义的说法，包括释迦牟尼佛的直系亲属如父母、姨母、叔伯弟弟、弟媳（如著名的痴情美人孙陀利），甚至佛爷的主要声闻弟子。当然，在某个故事里，他们并非一起出现，而是根据需要，出场几位。还有，极为重要的是，经常出现，为佛爷点化、证明的天神。常见的是后来成为释迦牟尼佛成道后守护神的帝释天（Sakra

Devānāmindra，音译常用略称"释提桓因"等）。

应该说明，有几位有时被单独叙述的释迦牟尼佛的大弟子的前生，也算是一种"本生"。我们为了便于区别对待，把他们称作某某弟子的"本生因缘"。

一般说，本生故事都是"佛说"，亦即释迦牟尼佛自己说的。由于有些本生故事集为后人纂辑，也就以叙述故事为主，忽略讲述故事的本人。但是，常规的本生故事，在每一则故事的末尾，一定要点明谁是谁的前生与今生。这是本生经故事的标志。一见此种结尾，便知确属本生经。

释迦牟尼佛有无数次前生，亦即本生。但是，我们现在所见的本生经，只有约六百个故事。我们现在探讨的是，任何宗教都有神化本宗教中创始人以及一部分重要人物（常为虚拟出的人物）的创作，但在佛教中这种作品忒多，而且花样翻新，大讲前生。这当然与古代南亚次大陆传承下来并经过佛教改造的"轮回思想"及其作法有密切关联，但是，为什么佛教需要反复创造并使用本生经，需要本生经来说明、证明什么？也就是说，本生经在佛教传播中能起到什么作用？这就是我们这篇小文里初步探讨的问题。

单纯从释迦牟尼佛本生来看，我们认为，本生经要揭示的，主要是以下几种问题的答案。

一、释迦牟尼佛在无数次前生中，为成佛积累了无数功德

这些本生经大都出现较早，叙述的是释迦牟尼佛前生中积累善行的故事。常以常人无法达到的作法出现。主角往往只有释迦牟尼佛的前生，配角是一位至几位来考验他的天神等。我们还可以将这些故事粗粗地分成两组。

一组是，为了芸芸众生而牺牲自己。略举几个常见的故事如下。

尸毗王舍身贸鸽：尸毗（梵语Sibi之音译）王，又译作"尸毗迦王"等，是释尊的前身。性慈悲，有一鹰追逐一鸽子，鸽子躲到王的腋下。鹰和王对话说，鸽子不死，鹰就得饿死。王说，要以自己的肉代替鸽子喂鹰。鹰要求与鸽子相等重量的肉。于是上天平秤量。不料鸽子很重，国王割肉多次都轻，最后全身坐进天平，才算勉强平衡。原来，鹰为帝释天所化，鸽为古代南亚次大陆古老神话中的火神阿耆尼（梵语Agni的音译）所化，他们是来试探国王的。最终自然是国王身体平复如故，又经过了一次考验。

萨埵王子舍身饲虎；"萨埵"是"摩诃萨埵（Mahāsattva）的简称。萨埵王子是传说中的摩诃罗陀（梵语Mahā-ratha的音译，意译是"大车"）王的第三王子，他秉性慈善，在与两个哥哥野外游览时，看到一头母虎将要饿死，身边的七头小虎也得跟着死。他立意舍身饲虎。可是，

母虎饿得爬不起来。经过投身自残（被小神接住而毫无伤损），刺血供母虎饮用，慢慢地母虎有了力气，把王子的肉身吃掉，只剩下骨头。王子自然是释尊的一次前生，七头小虎则是初转法轮时皈依的五比丘以及十大弟子中的舍利弗、目犍连的一次前生。

另一组是，为了求得佛法而不惜忍受一切痛苦。略举几个常见的故事如下：

虔阇尼婆梨（梵语Kanaśinipali的音译）王剜身点千灯：这位国王虔心求法，来了一个婆罗门名叫"劳度差"，自称有法，但须国王剜身点千灯。于是照办。求得一偈："常者皆尽，高者必堕。合会有离，生者皆死。"这时帝释天下凡，问国王是否后悔，怎能证明不后悔。国王说，以全身平复如故证明。果真平复。这位国王是释尊的一次前生。

雪山大士（梵语Himālaya-mahāsattva的意译）舍身：释尊一次前生时，为婆罗门，在雪山上修菩萨行，帝释天化身为狞恶的罗刹（梵语rākṣasa的音译，意译"可畏"等），说知道"过去佛"说的偈语。先说出半偈："诸行无常，是生灭法。"并说，要想知道后半，就须舍身上血肉给罗刹吃。雪山大士应允，罗刹说出后半偈："生灭灭已，寂灭为乐。"大士将此偈书写于崖壁、树干之上供后人得知，然后从高树上跳下舍身。罗刹赶紧现出帝释天身，从空中接大士下地，并率诸天向大士顶礼。

似此种同类故事尚多，请读者自行寻览。这些故事，都是证明释尊前生作了无数好事、善事。所以要如此反复陈说，拙见以为，释尊出家时只是一位王子，他自己的前半生能证明自己伟大并可为教主之处不多。任何团体全会遇到这个问题，都需要大造舆论，捧出绝对权威。不然，何以服众。释尊亲手缔造佛教，住世时又得亲自指挥与指导佛徒，因此，说来说去，用各种故事连续证明与说明功德归于一尊，不断加强听众印象，就是十分必要的了。

对于领导者的权威问题，经常提出质疑的，自然是造反者。孙悟空大闹天宫时就提出，为什么玉皇能坐宝座？这见于《西游记》第七回，孙悟空对释迦牟尼佛说，要求玉皇让位。释尊就说了："你那厮乃是个猴子成精，焉敢欺心，要夺玉皇上帝尊位！他自幼修持，苦历过一千七百五十劫，每劫该十二万九千六百年！你算，他该多少年数，方能享受此无极大道！"可见，此点在争夺宝座的斗争中是必须证明的焦点。因而，道教的经典，也师佛教之故智，宣传玉皇修行成道的艰辛。典型的有《高上玉皇本行集经》三卷（载于《道藏》"盈"字号，"洞真部本文类"。简称《玉皇经》或《皇经》）。其卷上为"清微天宫神通品"，主要叙述元始天尊在清微天宫法会上讲演玉皇修道证果因而得居此位的大致情况，略云：古代光严妙乐国王的王后梦见太上道君赐儿，觉而有孕，生王子，后嗣位有道，复舍王位入山修道：

> 于此后经八百劫，行药治病，拯救众生，令其安乐。此劫尽已，又历八百劫，广行方便，启诸"道藏"，演说灵章，恢宣正化，敷扬神功，助国救人，

自幽及显。过此已后，再历八百劫，亡身殒命，行忍辱故：舍己血肉。如是修行三千二百劫，始证金仙，号曰"清净自然觉王如来"，教诸菩萨顿悟大乘正宗，渐入虚无妙道。

然后，"又经亿劫，始证玉帝"。

佛道两教的计算所得数字不一致。我们要注意的却是，从以上言谈中，明显地透露出佛教对中国其它宗教的影响。这一点毋庸多说，读者一读便知。可是道教中此类"本生故事"相当缺乏，只是如统计数字般说说罢了。拙见是，中国老百姓并不穷究，给几项数字，知道知道就满足了。中国人受到的儒家传统教育又很深，"身体发肤受之父母，不敢毁伤"的观念植根心中，对古代南亚次大陆这一套自残方式并不"感冒"。本生经故事中这些玩儿命的事情，引不起中国老百姓太大的兴趣，反而可能成为他们信仰佛教的拦路虎。中古丝绸之路山洞与寺院中固然不乏本生经故事壁画，近代则已少见，就是明证。

二、释尊结婚生子

佛教要求独身，释尊立教时以此要求比丘与比丘尼，并在男女关系与性欲等方面订立了若干清规戒律。至于出家前的男女之间的事情，汉化佛教并不深究。可能，释尊立教之时，追随者及反对者之中提出释尊曾结婚生子问题者当不在少。佛传和本生经就担负起解释这个问题的重任。关于这个问题在古代南亚次大陆佛教立教之初的严重性，中国人一贯认识不足，而且在宋代以后认识越来越不足，觉得不算什么重大问题。还是季希逋（羡林）先生在《论释迦牟尼》一文中重点指出：释尊"成年后，娶了妃子，名叫耶输陀罗（Yaśodhara，意译"持誉"），'贤妃美容貌，窈窕淑女姿。瑰艳若天后，同处日夜欢。'（《佛所行赞》）他们生了一个儿子罗怙罗（Rāhula，意译"障月"）。这一定是历史事实，因为佛教和尚是不许结婚的，可是佛祖却竟结婚生子，给后来的佛徒带来一个尴尬局面。若非历史事实，佛徒是决不会这样写的。为了这件事，和尚编造了不少的神话故事，以图摆脱窘境。"（《季羡林文集》第七卷第77页）

先说说佛传里摆脱窘境的办法。季先生文中引《根本说一切有部毗奈耶破僧事》卷四，其中说："尔时，菩萨（按即释尊未成佛前为"护明菩萨"时的省称）在于宫内嬉戏之处，私自念言：'我今有三夫人及六万采女，若不与其为俗乐者，恐诸外人云我不是丈夫。'"这里起码说了两件事：

一是，释尊出家前有三位夫人。汉译佛经中，《有部毗奈耶破僧事》卷三，举出耶输陀罗为最上首夫人，下面还有鹿王夫人和乔比迦夫人。"乔比迦"为梵语Gopikā的音译，一般译作"瞿夷"，意译有"明女"等。《十二游经》中则以瞿夷为第一夫人。但是，鹿王夫人（梵语mrgajā的意译，又译作"鹿女""鹿养"等，音译"密迦阇"）在典籍中出现之时不多。一般都把耶输陀罗算作罗睺罗的生母。别的夫人给抹了,不怎么提了。

二是,按《破僧事》所述,释尊与夫人、采女等人中的一部分人是发生过男女关系的,理由是怕人说"不是丈夫"。

汉化佛教解决这个问题的方法比较神奇与理想化,而且很带着中国民俗学的意味。敦煌遗书中的俗文学作品《太子成道经》(容易找到的过录本载于《敦煌变文集》之中)记载:释尊为太子时,父王要给他招亲。他说,自己站在"彩云楼"上,召集待嫁少女来楼下。能猜中他戴有金指环的,就娶来为妃子。耶输陀罗猜中,太子就脱下指环定亲。"余残诸女,尽皆分散,各自还家。只残耶输陀罗一身。"并无第二夫人。结婚时,太子问妃子,能不能"行'三从'?"妃子问:"何名'三从'?"太子说罢"三从",妃子愿从。于是:"若夫人行道,太子坐禅;太子行道,夫人坐禅。"没有发生过男女关系。出家前,太子给妃子"留一瓣美香。若有灾难之时,但烧此香,望雪山会上,启告于我"。太子上马时,"以手却着玉鞭,指其耶输腹,有胤"。这就聪明地解决了不行"性事"却可生子的问题。

但是,绝大部分本生经故事却是以"宿世姻缘"来解决问题的。其中有一妃型、二妃型、一妃一子型等多种配型。

一妃型者是主流,如我们下面将要讲到的"儒童借花献佛"故事中的女郎便是。

一妃一子型的,常常夹杂在一些复杂的故事之中,如

《太子须大拏经》中出现好几位人物，太子和妃子就有一男一女。论前生与今生，一男与今生的罗睺罗对应，那一女与谁对应呢？只可安上一位："今现罗汉末利母是。"越说越麻烦，距离要解释的娶妻生子之事的主要之点越远，节外生枝。因此，就连一妃二子以至三妃型的，本生经中也就极少提到了。我们也就甭说了。

三、提婆达多问题

提婆达多是释尊的叔伯弟弟，至于他是释尊哪一个叔叔的儿子，经典中说法不一致。这倒也无妨，不影响对问题的讨论。

佛典中记载，提婆达多在幼年以至成年时期，都与时为太子的释尊争胜，并有轻微的暗害举动，但都失败了。释尊立教，提婆达多加入教团，成为比丘。但他后来在和合众中闹分裂，释尊多次解劝，他全不听从，反而拉出刚刚成立的佛教教团中的一大批人，另立教派。例如，《杂宝藏经》卷九中"提婆达多放护财醉象欲害佛缘"就讲到，提婆达多放醉象害释尊，五百罗汉都飞往虚空中，只有阿难不动，站在释尊身后。这就折射出提婆达多在团体中的能量。因为，佛教初立时，信徒八成只有几百人，后世称道五百罗汉，大约也就这个数。如果卷堂大散，初立教的佛教岂不归于乌有。这可是有关佛教生死存亡的大事。佛典中，特别是在佛传与本生经中，用大量篇幅来口诛笔伐提婆达多分裂教派的事。中国人好像听稀稀罕儿一样,认为提婆达多以卵击石,自取灭亡。其实,这场两条路线的斗争,至今尚未停歇。提婆达多的一派,在今天的印度等地,作为一种小教派,仍在流行(但不是耆那教或耆那教中一派)。佛教在印度倒是衰微了。季希逋(羡林)先生首先注意到这个问题并提出,提醒大家注意。那就是他所写的《佛教开创时期的一场被歪曲被遗忘了的"路线斗争"——提婆达多问题》(载于《季羡林文集》第七卷第278—313页)一文的内容。文中把双方争论的焦点、内涵等等,解析得十分清晰。文繁不录,请有兴趣的读者自行寻览。我们要提请读者注意的是,原始佛教的这一场你死我活的斗争,在佛传特别是本生经中反映异常频繁,触处皆是,起码有几百条。按我们便于叙述的简单区分,大体上可以归为两组。

一组是释尊和其他几位与提婆达多的斗争,其中,为争夺耶输陀罗等事起的纠纷有时纠缠在内,很有点今生老账从头算起的意思。佛传中的事暂且不提,下举本生经中两例。

《生经》卷二中"佛说舅甥经",略云,舅舅与外甥二人定计挖地道,偷盗国王府库中的财宝。舅舅听外甥的话,先下地道,被擒斩首。国王下令陈尸街头,有人用大车拉柴薪覆盖尸首,第二天组织儿童歌舞经过,趁乱扔引火物焚烧尸首,等于火葬。外甥又拿来醇酒灌醉看守,盗走骨灰。国王又以公主为诱饵,这个外甥又设计与公主同床后溜走。公主怀孕生子,国王以外孙为诱饵,让保姆和便衣警卫抱小孩逛街,这位外甥又设计,用醇酒灌醉了他们,取走婴儿,投奔外国。外国国王很欣赏他，封为大臣。他请求娶自己本国的公主，求婚得到允许，带兵迎亲。被本国国王识破。国王欣赏此人的机智与胆量，把公主嫁给他了。

上述故事可真真是个通俗文学故事，而且很带有阿拉伯地区风格。本生经用之，并指明：舅舅是提婆达多的前身，外甥是释尊前身，外甥之母是摩耶夫人前身，本国国王是舍利弗前身，公主是霍夷前身，小孩是罗怙罗前身。真有点生搬硬套。而且，提婆达多前身之死还是听信那位外甥的话的结果，并无大过。可见套用民间传说故事，很难严丝合缝。

《杂宝藏经》卷三"共命鸟缘"，讲的是共命鸟的故事。此鸟梵语名称是jivajiva，音译"耆婆耆婆"鸟，是双头共一身的鸟。佛说，释尊与提婆达多是一只共命鸟的两个头，释尊这头"常食美果，欲使身得安隐"。提婆达多那一头"便生嫉妒之心，而作是言：'彼常云何食好美果！我不曾得！'即取毒果食之，使二头俱死。"此则故事虽短，却很典型，隐喻性地说出佛教初传时立教艰辛的状态。正当释尊努力充实教派力量时，提婆达多要把佛教彻底搞垮。

似此种"两种路线斗争"的本生经故事，佛典里面极多。请有兴趣的读者自行寻觅，不赘述。

四、受记与授记

释尊有无数次前生，均为菩萨身，积累下无数功德。能否成佛？何时成佛？后一个问题在佛传中解决，在此不赘述。前一个问题,在本生经中解决。方法是,找一位早已成佛的佛,来给释尊的某一前生证明,说他将来必定成佛。此种师生授受,从教师方面称为"授记",学生方面则为"受记"。这种本生经与其他本生经的不同之处,在于其他本生经故事可以有许许多多,无限制扩张,而受记故事只有一种基本版本。这就是"燃灯佛授记"故事。从受记方面说,则可称为"儒童(或说"儒童菩萨")受记故事"。有关这个故事,笔者在《文史》2001年第2期中发表有《"儒童"和"儒童菩萨"》一文,请有兴趣的读者参照。这里只作简短叙述。

"儒童"是梵语mānava的意译,音译有"摩纳婆"等。指的是古代南亚次大陆游学的男青年,特指其中属于婆罗门的求学中的男青年。据《儒童受决经》(《六度集经》卷八所载),释尊前生中,一次转生为钵摩国一名儒童,学问超人,游学各国,到处受尊敬。到了一国,遇见开学术辩论盛会,集合了"梵志"(佛教建立前的各种各样教派的教徒)五百人,以"华女"(年轻貌美的女郎)一人、银钱五百作辩论胜者的奖赏。儒童大胜。众梵志要拜他为师,他推辞了。大家说,他并非本国人,华女不宜嫁给他,可以多送银钱。他说,什么都不要。起身回国。华女说,非嫁给他不可,一直尾随。途经钵摩国,华女累了,在路边休息,遇见国王"制胜王",国王询问她,她说出追随寻找儒童的缘由,国王同情,认她为干闺女。她说,不能白吃饭不干活。于是,暂时收留她在宫中,当一名采花女。儒童归国,忽见路人扰攘,一问,知道一位活佛要来。这就是"定光如来"

（一般译作"燃灯佛"，因其身边光明如灯）。儒童马上参加进黄土垫道的队伍。途中与华女相遇，华女从手捧的花瓶中取出五朵鲜花，借给儒童（后世"借花献佛"典故从此而来）。儒童正在垫道，定光佛已到。定光佛即将踩到之地有一处小水洼，临时垫不及，儒童就把自己的头发往前一撩，垫在上面。把五朵花散在空中。定光佛就为他授记说："后九十一劫，尔当为佛！"

这样，释尊必定成佛的预言就说定了。那位华女因借花献佛的因缘，与儒童也预订了宿世姻缘。

五、其他个别的本生故事

释尊随缘应化，把遇到的一些问题，用本生故事得心应手地加以说明。这些故事往往只一两则，并未采用反复申明之法。我们将其归入个别。可以大别地将其归为三大类。

一类只是释尊与个别人的关系。如佛教初建时，一个泼妇想败坏释尊的名誉，就将木盂扣在肚子上，冒充有孕，闯入佛说法的殿堂，说腹中有释尊的子息。释尊用手一指，木盂就掉下来了。还有说是天神化作老鼠，钻进泼妇衣服内，咬断系木盂的绳子，木盂掉下来。释尊为此事说，这也是前生因缘。这就是"昔王子兄弟二人被驱出国缘"（《杂宝藏经》卷二）。故事中，捎带脚把提婆达多的前生也带上了。大意是：两位王子及其夫人被驱逐出国，半路缺粮。兄弟杀了自己的妻子，分肉给兄长。哥哥不吃，割下自己小腿的肉，夫妇分食。把弟媳的肉还给兄弟了。兄弟病亡。哥哥看见一个被刖无手无足的人,收养此人。此人反而与妃子通奸,并设计将王子推入水中。王子漂流到一国,被立为王。妃子背着被刖者到处要饭,来到此国。国王召见,宽恕了他俩,养活他们。释尊说,那妃子就是现在这个泼妇的前生,被刖者就是提婆达多的前生,国王自然是释尊的前生。

这一则故事原系民间故事传说的意味甚浓。本生经勉强改造,不合人情处过于显露。还有用两则故事拼凑而前一则无交代而终的明显破绽。而且杀气毕露。中国人难以接受。佛教立教初期,当时的社会上八成是有这样的真人真事,佛教改造之,借来说明这类问题。不然,何必生硬编造出破绽百出的故事来弥缝呢!

再一类是孝顺父母的故事,相当多,很合乎中国人的口味,与儒家孝道可以密切结合。这类故事,无关于佛教初始时期立教的矛盾斗争等大事,我们当提出另行叙述。此种故事对重孝道的中国社会特别合适,对佛教的传播极有好处。

另一类就属于释尊与其他人的关系了。我们特称此种故事为"本生因缘"。有关本生因缘的事,可以列出多种类型,比较复杂,说来话长,但是,大体上也无关佛教初始时立教宏旨。当另文报告。

2009年1月23日,星期五,紫霄园
2011年8月9日,星期二,略作修改

(原载于《文史知识》2012年第2期第74—78页,第3期第71—76页。)

《经律异相》及其主编释宝唱

一、《经律异相》及其著录中的相关问题

《经律异相》五十卷,今入藏,具存。又目录五卷,今佚。书前有序,述编纂经过与旨趣甚明。以其与下文之讨论有关,辄节引其后半如下:

……若乃刘向校书,玄言久蕴;汉明感梦,灵证弥彰。自兹厥后,翻译相继。三藏奥典,虽已略同;九部杂言,通未区集。皇帝同契等觉,比德遍知;大弘经教,并利法俗;广延博古,旁采遗文。于是散偈流章,往往复出。今之所获,盖亦多矣。圣旨以为"像正浸末,信乐弥衰;文句浩漫,少能该治"。以天监七年,敕释僧旻等备钞众典,显证深文,控会神宗,辞略意晓,于钻求者已有太半之益。但希有异相,犹散众篇;难闻秘说,未加标显。又以十五年末,敕宝唱钞经律要事。皆使以类相从,令览者易了。又敕新安寺释僧豪、兴皇寺释法生等相助检读。于是博综经籍,搜采秘要。上询宸虑,取则成规。已为五十卷,又目录五卷。分为五性,名为《经律异相》。将来学者可不劳而博矣。

此书纂成后即收入经藏,流传有绪。自《历代三宝记》以下,现存历代经录均沿袭著录。今录《历代三宝记》著录中有关下文讨论之内容如下:

> 萧衍,兰陵人,受齐禅,亦都建康。帝既登极,思与苍生同契等觉,共会遍知。垂拱临朝,盛敷经教。广延博古,旁采遗文。扇以淳风,利于法俗。至天监七年,以为正像渐末,信乐弥衰,三藏浩漫,鲜能该洽。敕沙门僧旻、宝唱等录经律要事,以类相从,名《经律异相》,凡五十卷。至十四年,又敕沙门僧绍撰《华林佛殿众经目录》四卷。犹以未委,至十七年,又敕沙门宝唱更撰《经目》四卷。显有无译,证真伪经,凡十七科,颇为(觊)缕。(卷十一)

值得注意的是,同在《三宝记》卷十一,集录宝唱著作八种一百〇七卷的条目中,却明确标明:

> 《经律异相》一部并目录五十五卷天监十五年敕撰
> ……
> 令庄严寺沙门释宝唱等总撰集录

此后,《法经录》《仁寿录》《静泰录》均著录《经律异相》为五十卷，足证诸家未见目录五卷。著者项则概称"梁武帝令宝唱等撰"。

《大唐内典录》内有关《经律异相》著录均袭自《三宝记》，过录时还产生新的错误：

> 天监七年，帝以正像浸末，信重渐微，三藏弥纶，鲜能该洽，敕沙门僧等撰《经律异相》，以类相从，凡五十卷。皇太子纲撰《法宝联璧》二百余卷。诸余杂集，其徒实繁。又敕沙门僧绍撰《华林佛殿众经目录》四卷。帝具省之，周洽未委。又敕沙门宝唱更给经目。乃显译有无，证经真伪，凡十七科，颇为（觇）缕。

《内典录》卷四集录宝唱著作，也是全抄《三宝记》，只是增加了"《出要律仪》二十卷"，成为九种一百二十七卷。解题全同。卷十"历代道俗述作注解录"中集录宝唱项下，也明确著录：

> 梁杨都庄严寺沙门释宝唱奉敕撰诸经律相合一百余卷：
> 《经律异相》并目五十五卷
> ……

可以看出，《内典录》全袭《三宝记》，而且进一步抄错。就连著录的《经律异相》的"五十五卷"卷数,也让人怀疑:道宣是否亲验原卷,还是仅照《三宝记》一抄。

倒是《开元释教录》照馆藏著录,传达了准确的信息。其卷第六"总括群经录上之六""梁代"中记云:

《经律异相》五十卷天监十五年奉敕撰录。云并目录五十五卷。今阙其目,但五十卷。其目但纂篇题,应无别事。

见《宝唱录》及《长房录》。

《开元释教录》卷第十三"总录·有译有本录中圣贤传记录第三·此方撰述集传":

《经律异相》五十卷五帙梁天监十五年敕沙门宝唱等撰出《长房录》,新编入藏。

卷第十七"别录·补阙拾遗录中此方所撰传记"(于大法神助光扬,故补先阙,编之见录):

《经律异相》五十卷梁敕沙门宝唱等撰

卷第二十"入藏录·下":

《经律异相》五十卷五帙八百二十七纸

《开元释教录略出》卷四更明载用纸数、帙号：

《经律异相》五十卷梁天监十五年敕沙门宝唱等撰自五帙计八百五十四纸

　　　　　　　灵丙舍傍启〔按：帙号〕

《贞元新定释教目录》全抄《开元录》。这就说明，到唐末为止，所有的经录，在单独著录《经律异相》时，著者项都是写的"宝唱等"。"入藏"的写本上，著者也是这样写的。

可是，到了宋代，王古根据刻本《开宝藏》等作成的《大藏圣教法宝标目》，著录并提要却是这样写的了：

《经律异相》五十卷

　　　　　　仙灵丙舍傍〔按：帙号〕
　　右梁天监中，敕僧旻等及禀武帝，节略经律论事。凡六部：一天，二地，三佛，四诸释，五菩萨，六声闻、比丘、比丘尼、人、鬼、神、杂畜、地狱。

这就显示出，从世界上第一部刻本大藏经《开宝藏》起，《经律异相》的著者项著录就有了新的提法。以后的刻本、铅印本、影印本大藏，著者项著录相当混乱。以下结合入藏情况，简述如下：

北宋版《开宝藏》首刻入藏，今佚。童玮《北宋〈开宝大藏经〉雕印考释及目录还原》（书目文献出版社1991年版）中《还原目录》列入"十五此方撰述集传"，著录为：

丙舍傍启甲〔按：《千字文》号〕一集五十卷五帙

《经律异相》五十卷梁·宝唱等撰

著者项大约是童先生据唐代经录推论填入的。

国内现存的最早入藏刻本，为现藏于北京图书馆的南宋绍兴十八年（1148）福州开元寺刻《毗卢藏》本残卷三卷。据程有庆君检读后见告：存卷十二（《千字文》"丙"字号），二十一（"舍"字号，《北京图书馆古籍善本书目》著录误印为"二十二"）二十九（"舍"字号）。著者项题"梁沙门宝唱等译"。

《金藏》"广胜寺本"中有本书残卷，影印收入《中华大藏经》第五十二、五十三两册中，将于1994年出版。据"中华大藏经编辑局"王克禄君见告："广胜寺本"卷三、五、八、九、十、十一、二十五、三十三、三十七、四十四、五十等计十一卷全佚，又，卷七残存一至四版，卷四十七之一至二十二版全佚。以上共十三卷，影印本均用《再刻高丽藏》本配补。两藏帙号全同，为"仙、灵、丙、舍、傍"。《再刻高丽藏》五十卷全备，为现存最早的完整刻本，且存有全部雕版。《高丽藏》的影印本，有新文丰出版公司复印的1976年韩国"高丽大藏经完刻推进委员会"影印本，书名《影印高丽大藏经》，附新编总目、索引、解题。《金藏》《高丽藏》著者项并题"梁沙门僧旻、宝唱等集"。

《碛砂藏》中，本书收入"灵、丙、舍、傍、启"五帙，据卷四十一、四十六两卷尾题，刻成于元大德五年（1301）九月。1934年，上海影印宋版藏经会《影印宋碛砂版大藏经》收入第440至第444册。其中有七整版（"灵"帙第二十二至第二十八版）用《普宁藏》版影配。尚有十二版（"灵"帙第三十六版下至四十八版下）、一版（"舍"帙第五十版下至五十一版上）、六版半（"傍"帙第十二至十四版、四十六版下至四十七版上，五十六版下，七十四版，八十一版）、十版（"启"帙第七十四至八十三版）等二十九版半用《思溪藏》版影配。共计影配三十六版半。1988年，上海古籍出版社据《影印碛砂藏》本再影印。以其单行易得，故详记其补版情况于此，以便一般读者注意检用。《碛砂藏》本每卷之首，书题之下列出帙、卷号，如"《经律异相》卷第七灵七"，次行著录作者为"梁沙门宝唱等撰"。但自第三十一卷以下，著录作者改为"梁沙门僧旻宝唱等集"。

南宋版各藏及元《普宁藏》，均将本书列入"灵、丙、舍、傍、启"五帙。这几种大藏均题"天监十五年沙门宝唱等奉敕撰"。

《至无法宝勘同总录》，将本书列入"回、汉、惠、说、感"五帙。其卷十中提要为："《经律异相》五十卷总二十一部共六百三十九条梁天监十五年敕宝唱等译出《长房录》"。

明永乐《南藏》，列入"路、侠、槐、卿、户"五帙。明《北藏》与《清藏》（《乾隆藏》），均列入"经、府、罗、将、相"五帙。《清藏》雕版现存。这几种大藏，于书题下署"沙门宝唱撰"，但在卷第一序文后目录前加上一行十八个小字："经律异相第一梁沙门僧旻宝唱等奉敕撰"。

日本弘教书院刊印的《大藏经》（《弘教藏》），收入"雨"函之二至四册。

日本藏经书院刊印的《大藏经》（《卐字藏》），收入第二十七套之四至六册。

日本《大正新修大藏经》，用《高丽藏》本为底本排印，用宋、元、明诸藏中各本校勘，出校记。收入其第五十三卷。日本各藏，均并署著者为僧旻、宝唱二人。

本书宋代以下入藏及著录情况，大致如是。

这里，先谈一谈我们对佚失的《开宝藏》与《辽藏》（契丹藏）中《经律异相》帙号的推想。按：现存宋刻诸藏，本书的《千字文》帙号均为"灵、丙、舍、傍、启"，与《开元释教录略出》相同。《金藏》与《再雕高丽藏》，《千字文》号均为"仙：灵、丙、舍、傍"。它们都源自《开宝藏》。估计《开宝藏》的《千字文》号恐与其中之一种相同。童玮所拟"丙、舍、榜、启、甲"的帙号并无确据。

可作为佐证的,是宋代释惟白等编撰的《大藏经纲目指要录》卷八,和宋代王古编撰的《大藏圣教法宝标目》,均将本书帙号列为"仙、灵、丙、舍、傍"。他们所阅的大藏,估计均为《开宝藏》,因此,推断《开宝藏》的本书帐号,恐为"仙、灵、丙、舍、傍",而不是"丙、舍、傍、启、甲"。再从而旁推受《开宝藏》影响的《辽藏》(《契丹藏》),还可从与《辽藏》有渊源的《金藏》与《再雕高丽藏》逆推《辽藏》,上下推断,《辽藏》的帙号,恐亦为"仙、灵、丙、舍、傍"。

下面要推究的是:《经律异相》的编纂者究竟是谁,以及诸多混乱著录之由来。

我们认为,根据前引自序,并参考自唐代经录而上均明确著录"敕宝唱等撰"的事实,说明:著者为"宝唱等",在唐代和唐代以上本不成问题。成问题的是宋代大藏以下误读了我们前引的《三宝记》那段记录,再加上跟着《内典录》错了下去,致使后来诸藏著录时模棱两可,引出在僧旻《众经要抄》基础上改编之或说。

我们的推论,可以先从书名谈起。

书名《经律异相》:"经律"二字,应该看成是对译自西土而非此方著述的概括性总称,也就是译经的总称。佛经分类习称经、律、论三藏,此书中也选录了《大智度论》等论藏材料,按说应加个"论"字,却省略了。揆其原因,恐怕一因按翻译佛经常用的四个音节一次停顿来取名,所以

255

省略一字。二因当时中国（此方）僧俗人等写的论文，与佛教有关或无关的，也常加"论"字，即以佛教论文为例，如《出三藏记集》卷十二著录的"论"就不少，很容易导致误解。再则，按佛藏分类法，此方著述常附于"论"部之下。"经律"足以赅括译出全藏，加上"论"字倒有可能导致淆乱。"异相"二字，则是对"同相"而言。它们合称"二相"，是一组内涵相对又相成的佛教术语。"同相"指事物的共性，按佛教的说法，它是"真如"，是"本原"。也就是说，它是带有总的规律性的理论性的材料。"异相"则是表现了存在中（包括神话、故事等）的实在的具体形象，它们表现出千差万别的"差别相"，它们是"真如"的具体体现。《大乘起信论》曾用一个譬喻来说明："言同相者，如种种瓦器皆同土相。……言异相者，如种种瓦器各各不同。"译经中的"异相"，指的是为说明佛教教理而讲述的故事、寓言、譬喻、传说。包括本生经、佛传、西土佛教史话，为解经而采用的寓言、譬喻、故事等等。书名《经律异相》，很明确，它就是译经三藏中"异相"的分类选辑汇编，属于佛教类书范畴。实际上，前引《〈经律异相〉序》中，已将选辑汇编旨趣与全书内涵说得很清楚：梁武帝在天监七年（508）敕释僧旻等编辑一部佛教教理分类选辑汇编。据《历代三宝记》卷十二的著录，这部书是《众经要抄》并目录八十八卷。天监七年十一月开始编纂，天监八年（509）夏四月完成。可惜，这部大类书大约在唐代佚失，《开元释教录》的"入藏录"中对它已不作记录了。宝唱参与了《众经要抄》的编纂。但他并未居功,在他编辑的经录中(《历代三宝记》引《宝唱录》),没有把自己的名字写上。到了天监十五年末,梁武帝认为,《众经要抄》虽然"于钻求者已有太半之益"——也就是说,还缺乏另外的"少半之益",那就是"希有异相,犹散众篇。难闻秘说,未加标显"。于是敕宝唱编辑《经律异相》,并敕释僧豪、释法生等相助。对照来看,我们的理解是:《众经要抄》主要是编录"同相"资料的类书,就是夹杂点"异相",也不会多。《经律异相》则是专录"异相"的。按编纂意图,两部书有明确分工。两书的主编,一为僧旻,宝唱助编;一为宝唱,僧旻未参加。可是,又怎样理解前引《三宝记》《内典录》那两段话呢?这两部经录(以及其他隋唐经录)在单独著录《经律异相》时,著者项又明确地著录为"宝唱(或:宝唱等)",这个矛盾又怎样解释呢?

我们大胆的假设是:《历代三宝记》卷十一中那段讲梁武帝敕令编出的话,在费长房编写当时,或在后来的转录中,抄丢了一段。试据《经律异相·序》,酌为试补如下:

……至天监七年,以为"正像渐末,信乐弥衰,三藏浩漫,鲜能该洽",敕沙门僧旻[等备钞众典,显证深文,控会神宗,辞略意晓,于钻求者已有太半之益。但希有异相,犹散众篇;难闻秘说,未加标显。又以十五年末,敕]宝唱等录经律要事,以类相从,名《经律异相》,凡五十卷。……

方括弧内是我们试补的。以上这段文字，是费长房抄的《经律异相·序》，不知是费长房当时就抄漏了，还是后人转录时抄丢了，总之抄漏了五十一个字。按当时抄佛经每行十七字计，正好三行。丢掉三行后，前后句意又能勉强对得上，其疏漏不易发现。编辑《大唐内典录》时，道宣所见已是这个没抄全的本子，照抄不误，可就沿袭其误了。后来一误再误，均源于此。此外，还有个旁证。《续高僧传》卷五"僧旻传"：

……六年（按：天监六年；下"十一年"同）……仍选才学道俗释僧智、僧晃、临川王记室东莞刘勰等三十人，同集上定林寺，抄一切经论，以类相从，凡八十卷（按：这就是《众经要抄》），皆令取衷于旻。十一年春，忽感风疾。后虽小间，心犹忘误，言语迟赛。……

僧旻的病，显然是脑中风失语后遗症。据"僧旻传"，为恢复健康，僧旻用好几年时间"礼忏"。在我们看来，这是一种具有坚强信仰的良好心理治疗，外加柔软体操。僧旻擅长和最有兴趣的是讲经，与宝唱的致力于编纂不同。据本传，他在天监末年（当指天监十七、十八年）病初愈后复出，主要仍事讲经。据此，我们认为，他在天监十五年参加编纂《经律异相》的可能性不大。

总括我们的意见是：《经律异相》的主编是宝唱，助编是僧豪、法生。僧旻没有参加编纂。《经律异相》并不是在《众经要抄》的基础上改编的。它们一录"异相"，一录"同相"，是内容不同的两部书。

二、释宝唱的生平及其述作

释宝唱的生平，主要见于《续高僧传》卷一"宝唱传"。此传是最奇特的僧传之一。它把宝唱的传记分割成三部分，头一部分记述宝唱前半生情况和他参与敕撰内典的活动，正值他的上升时期。第二部分却是梁武帝兴佛崇法的记录，简直就是小半部武帝本纪。第三部分，主要记述宝唱自己的编纂工作，和他受谴的情况，是他没落时期的记录。这篇僧传的缺点是叙事前后颠倒之处颇多。为了便于说明问题，具录此传第一、第三部分如下：

> 释宝唱，姓岑氏，吴郡人——即有吴建国之旧壤也。少怀恢敏，清贞自蓄。顾惟隻立，勤田为业，资养所费，终于十亩。至于傍求，佣书取济。寓目流略，便能强识。文采铺赡，义理有闻。年十八，投僧祐律师而出家焉。祐江表僧望，多所制述，具如前传纪之。唱既始陶津，经律谘禀。承风建德，有声宗嗣。住庄严寺。博采群言，酌其精理。又惟开悟士俗，要以通济为先，乃从处士顾道旷、吕僧智学，习

听经、史、《庄》《易》，略通大义。时以其游涉世务，谓有俗志，为访家室，执固不回。将及三十，天前既崩，丧事云毕。建武二年，摆拨常习，出都专听。涉历五载，又中风疾。会齐氏云季，遭乱入东，远至闽越，讨论旧业。天监四年，便还都下，乃敕为新安寺主。帝以时会云雷，远近清晏，风雨调畅，百谷年登，岂非上资三宝。中赖四天，下藉神龙，幽灵外赞，方乃福被黔黎，歆兹厚德。但文散群部，难可备寻。下敕，令唱总撰集录，以拟时要。或建福禳灾，或礼忏除障，或飨接神鬼，或祭祀龙王。部类区分，近将百卷。八部神名以为三卷。包括幽奥，详略古今。故诸所祈求，帝必亲览，指事祠祷，多感威灵。所以五十许年，江表无事，兆民荷赖，缘斯力也。天监七年，帝以法海浩汗，浅识难寻，敕庄严僧旻于定林上寺缵《众经要抄》八十八卷；又敕开善智藏缵众经理义，号曰《义林》，八十卷；又敕建元僧朗注《大般涅槃经》七十二卷。并唱奉别敕，兼赞其功，纶综终始，缉成部帙。及简文之在春坊，尤耽内教，撰《法宝联璧》二百余卷，别令宝唱缀纰，区别其类——《遍略》之流。帝以佛法冲奥，近识难通，自非才学，无由造极，又敕唱："自大教东流，道门俗士有叙佛理著作弘义，并通鸠聚。"号曰《续法轮论》，合七十余卷。"使夫迷悟之宾，见便归信。"深助道法，无以加焉。又撰《法集》一百四十卷。并唱独断专虑，撰结成部。既上亲览，流通内外。十四年，敕安乐寺僧绍撰《华林佛殿经目》。虽复勒成，未惬帝旨。又敕唱重撰。乃因绍前录，注述合离，甚有科据——一帙四卷。雅惬时望，遂敕掌华林园宝云经藏。搜求遗逸，皆令具足。备造三本，以用供上。录是又敕撰《经律异相》五十五卷，《饭圣僧法》五卷。

……

唱当斯盛世，频奉玺书，预参翻译，具如别传。初唱天监九年先疾复动，便发二愿：遍寻经论，使无遗失；搜括列代僧录，创区别之，撰为部帙——号曰《名僧传》，三十一卷。至十三年，始就条例。其序略云："夫深求寂灭者，在于视听之表；考乎心行者，谅须丹青之工。是知万象森罗，立言不可以已者也。大梁之有天下也，威加赤县，功济苍生。皇上化范九畴，神游八正；顶戴法桥，伏膺甘露。窃以外典鸿文，布在方册；九品六艺，尺寸罔遗。而沙门净行，独亡纪述。玄宗敏德，名绝终古；拥叹长怀，靡兹永岁。律师释僧祐，道心贞固，高行超逸，著述集记，振发宏要。宝唱不敏，预班二落。礼诵余日，捃拾遗漏。"文广不载。初以脚气连发，入东治疗。去后敕追，因此抵罪，谪配越州。寻令依律，以法处断。僧正慧超任情乖旨，摈徙广州："先忏京师大僧寺遍，方徙岭表，永弃荒裔。"遂令鸠集，为役多阙，昼则伏忏，夜便缵录。加又官私催逼，惟日弗暇。中甄条流，文词坠落。将发之日，遂以奏闻。有敕停摈，令住翻译。而此僧史方将刊定，改前宿繁，更加芟定。故其传后自序云："岂敢谓僧之董狐，庶无曲笔耳。"然唱之所撰，文胜其质。后人凭据，揣而用之。故数陈赏要，为时所列。不测其终。

下面，以本传为主，参稽诸家经录、僧传、史志等，大致按年代先后，勾稽宝唱生平。

宝唱生卒年，研究者皆云不详。我们推论：宝唱大约生于公元466年或467年，即宋明帝泰始二年至三年之间。理由是：一、本传"将及三十，天荫既崩，丧事云毕"后，紧接着叙述建武二年（495年）出都事。估计那一年宝唱约三十岁。二、宝唱十八岁时投入僧祐门下。据《高僧传》卷十一"法颖传"，卷十一、十二中僧祐的传记和相关记载，并参稽宝唱传，可知：僧祐的业师法颖，建元四年（482年）入寂。僧祐大事开讲律学，并奉敕往三吴试简僧众，都是永明年中（483—493年）的事。三吴是六朝时习用的一个地区总称，具体说法有二，但都包括宝唱少年时务农的老家吴郡。结合上项估计，宝唱最早也得在公元484—485年之间才能投僧祐出家。

宝唱出家后，随僧祐住建康（今南京市）宣阳门外庄严寺。这是个大寺，刘宋大明三年（459年）路太后捐资兴建，有七重塔。僧旻也在这里住过。宝唱从僧祐努力学习经律，在僧祐的众多"宗嗣"中表现突出。他又随处士顾道旷、吕僧智等学习儒、道两家经典，以致有人误会他要还俗。估计这是公元485年至494年十年间的事。这十年左右，是他的学习、准备时期。约在建武二年（495年），他在为所亲办完丧事后不久，离开建康云游五年。后来中了"风疾"，这大约是公元499年左右的事。其时他年约三十五岁。永元元年（499年）八月，齐始安王遥光起事，败死后，齐帝大杀群臣。永元二年（500年）八月，魏大败齐兵；十一月，萧衍起兵襄阳；十二月，萧颖胄起兵江陵。永元三年（501年）正月，萧宝融在江陵自立为帝（和帝）；六月，齐巴陵王萧昭胄谋自立，事泄，死。十月，萧衍兵围建康，十二月入城，齐帝被杀。永元四年（502年）四月，萧衍即帝位，至八月，局面大致平定。在这一段时间里，宝唱先逃难到浙江绍兴一带，后来又远游福建沿海。

天监四年（505年），他回到建康，奉敕为新安寺主。新安寺是当时名寺，刘宋以来屡有名僧住持，宝唱得膺此职，说明他已有相当声望。从此以后，直到有明确记录的天监十七年（518年）为止，宝唱颇受梁武帝萧衍宠眷，成为御用僧人，干了大量的佛经编纂工作。这段时间约十三四年，还可加上推知的三四年，宝唱的年岁，大约在四十岁至五十六七岁之间，正当壮年。这是他一生中成就最辉煌的时期。排比这一时期他所作的主要工作，大致如下：

一、从天监五年（506年）到普通元年（520年），奉敕列席僧伽婆罗为译主的译场，担任笔受。共译出十一部三十八卷。参译的同事有慧超（太原王氏，曾为"寿光学士"，不是另一位阳平廉氏任僧正的慧超）、僧智、法云、袁昙允（居士）等，都是一时之选。以上情况，具见《续高僧传》中"僧伽婆罗传"及慧超、法云等传。并《三宝记》以下诸家经录。"僧伽婆罗传"中称译出"四十八卷"、"四"为"三"字之误，应以经录为准。宝唱是有心人，究心译学，学会了梵文。

二、奉敕参加建元寺释法朗为《大般涅槃经》作"子注"的工作。时间在"天监初"，估计在天监四年（505年）后，天监七年（508年）前。以上系参稽法朗传记（《续传》卷七）及经录推出。

三、奉敕参加僧旻（467—527年）主编的《众经要抄》八十八卷的编纂工作。参加的人还有僧亮、僧晃、刘勰等，也都是一时之选。时间是天监七年（508年）十一月至八年（509年）四月。地点在上定林寺。如此大部头类书能这样迅速地完成，估计与很好地利用了定林寺经藏有关。该经藏是当时收藏最完备的佛教专业图书馆，长期由刘勰主持。这次工作，在图书馆业务和类书编纂工作两方面，对宝唱这位有心人来说，都是一次很好的锻炼。以上具见《续高僧传》相关传记及诸家经录，并参稽了《梁书·刘勰传》。

四、天监十五年至十六年（516—517年）之间，以宝唱为主编，奉敕编纂出八部书，包括《经律异相》在内。此外，宝唱自编《名僧传》《比丘尼传》两部，合共十种。周叔迦先生《释典丛录》中"经律异相"一则提要（载《周叔迦佛学论著集》下册第1105—1106页）所论极为简要，节引如下：

……考《历代三宝记》载唱所撰集凡八部，一百七卷。其中《众经诸佛名》二卷，所以建福禳灾者也；《众经忏悔灭罪法》三卷，即今之《慈悲道场忏法》，所以礼忏除障者也；《众经护国鬼神名录》三卷，所以飨接神鬼者也；《众经拥护国土诸龙王名录》三卷,所以祭祀龙王者也。此外则《众经目录》《供圣众法》《名僧传》《经律导相》四部。《大唐内典录》增《出要律仪》二十卷，《开元释教录》增《比丘尼传》四卷，而前九种中唯载《经律异相》五十卷，是其目五卷已阙废矣。

这十种书中，《经律异相》与《比丘尼传》具存。其他，则：

《名僧传》原本三十卷，目一卷。现有日本僧人节抄本《名僧传抄》一卷，卷首具载原目。据卷末题记，系日本文历二年（1235年，宋理宗端平二年）五月十五日至十八日（是年九月改元"嘉祯"），在日本笠置寺节抄，所据《名僧传》，乃日本东大寺东南院经藏藏书，不知今日尚在天壤之间否？！周叔迦先生《释典丛录》中有"《名僧传抄》一卷""《比丘尼传》四卷"的提要，均载于《周叔迦佛学论著集》下册，请参阅，不赘述。《名僧传抄》收入《大日本续藏经》乙编第七套第一册,中国有1923年商务影印本,不难得。《比丘尼传》则诸藏均收。

《众经忏悔灭罪法》三卷,后来衍化为《慈悲道场忏法》十卷,具存,入藏。周叔迦先生《释典丛录》中有提要,述其源流甚明。亦请参阅,不赘述。

又,《翻梵语》十卷,撰者不详,由日本入唐求法僧圆仁携回日本,今收入《大正藏》第五十四卷中。此书保存有宝唱《翻梵言》《出要律仪》两书的片断。

其余诸书均佚。

五、此外,尚有奉敕编纂的《续法轮论》《法集》一百四十卷,"并唱独断专虑,缵结成部。既上亲览,流通内外"。

六、天监十四年(515年),敕命安乐寺释僧绍撰写皇家佛经图书馆馆藏图书目录《华林佛殿众经目录》四卷。"未惬帝旨",又敕命宝唱改编这部目录。天监十五年完成。但《三宝记》卷十五记为"十七年",可能十五年奉敕,十七年完成。《三宝记》卷十五著录此书为《梁世众经目录》。姚名达《中国目录学史》中(第250页)以为:"原名必为'大梁',而非'梁世'",极确。《三宝记》备载此书四卷的目录,据以知其分类:"都二十件,凡一千四百三十三部,三千一百四十一卷。"这是我国第一部国家(而非佛寺)佛教专业图书馆馆藏分类目录。其中新立类七类,乃是宝唱的创造。补说一句,"件"是当时习用语"件目"的略语,略与现代语"细目"义近。

这部目录完成后，"雅惬时望，遂敕掌华林国宝云经藏。搜求遗逸，皆令具足。备选三本，以用供上"（本传）。宝唱是已知我国以僧人执掌国家佛教图书馆的第一位专家（馆长）。从他编目、访书和抄录复本的工作量考虑，他在馆工作时间不会少于四五年。估计从天监十五年（516年），至少得干到普通元年（520年）。以后，他又参加了下面所说的工作，未必能专心致志于图书馆事业了。

七、参加敕命开善寺释智藏（458—522年）等"二十大德"编纂的《义林》八十卷的编纂。时间：《三宝记》云"普通年"，当在普通元年（520年）至普通三年（522年）之间。《内典录》误书为"大通年"。

以上七大项工作，大致都是宝唱在天监五年至普通三年（506—522年）之间参与或独立完成了的。当时他的年岁，约在四十岁到五十六七岁之间。这段时间，也正值梁初政治安定、大兴佛法之时。时势给宝唱创造了良好条件，宝唱也尽了最大努力来利用这良好的条件。在这里补说一下，《续高僧传》把梁武帝兴佛的事迹，也就是相当于半部武帝本纪的传记，插入宝唱传中叙述，看来不伦不类，内中似有深意存焉。似乎是在点明：梁武帝的兴佛工作，特别是编译典藏业务，与宝唱密不可分。连武帝自己注经，可能也有宝唱的翊赞。他们之间的关系，在某些方面似与清乾隆帝与纪晓岚的关系相似。

宝唱出身自耕农，早年主要靠自学，后来转益多师，学习勤奋。在上述十七八年的工作中，他作了非常人所能完成的大量工作，成绩优异。这说明，他是个勤奋自励的人。他三十多岁就得过轻微中风，天监九年（510年）约四十五岁左右时，这个病又犯了。接着又连发脚气（软脚病）。可以想象，在四十岁至五十六七岁的十六七年间，他有三分之二时间是带病工作。他的性格一定非常坚毅，信仰异常坚定，方能如此。这也是中国许多学问湛深专事著作的高僧——如后来的玄奘等均如是——的共同性格。

估计在普通三年到四年之间，宝唱"以脚气连发，入东治疗。去后敕追，因此抵罪，谪配越州（按：这是朝廷的司法处置）。寻令依律，以法处断（按：这是僧正依僧律加国法判决）"。"僧正慧超任情乖旨，摈徙广州"。判决很严厉："先忏京师大僧寺遍，方徙岭表，永弃荒裔！"

梁武帝周围的高级僧人是相当多的。慧超（阳平廉氏）是其中之一。据《续高僧传》卷六慧超的本传，他在梁初即为僧正，颇受宠幸，"天子给传诏羊车、局足、健步"（本传）。直到普通六年（525年），他的同门法云（比他辈分高）代他为止。慧超于普通七年（526年）五月入寂。慧超是在临淄建安寺出家的，属鸠摩罗什法系慧次一支。后来游化江南。他善徘谐，工草隶，长于占卜星相。这都说明，他受北朝僧人传统影响较大，是一种特殊身份的高级清客。这与南朝道安入洛前传下来的一派佛学研究家，特别是僧祐系统的人，风格很不相同。梁武帝兼收并蓄，各有各的用处，估计僧人间潜在的派系斗争难免。附带说一下，梁代僧正主持的僧省设在华林园。华林园经藏似也在其主管范围之内。

宝唱因病擅离，以他与梁武帝的多年关系，为梁武帝卖的力气，受谪发配的处罚似乎太重。这就使人怀疑，是否他泄漏了什么宫廷秘事，如后来清代沈德潜泄漏为皇帝代笔作诗之类，因而受到如纪昀谪戍乌鲁木齐那样的惩罚。慧超落井下石，说明他们之间多年在帝座之侧结怨不小。或许，宝唱擅离的是华林园内的职位，那就更让慧超生气着急，因而主张严办。慧超叫宝唱在各大寺忏悔，等于在首都全体僧人前多次宣布自己的罪过。到了这时候，宝唱还在夜里赶自订的编写任务，真能坚持！幸而梁武帝后来发现，停止发遣。可是，圣眷必然大衰，宝唱只能转为太子萧纲（后来的简文帝）服务去了。宝唱获罪时间，应在普通四年至五年。他当时约五十七八岁。

此后，宝唱又参加了萧纲主持的佛教大类书《法宝联璧》的编纂工作。此书系萧纲在东宫时所纂。按，中大通三年（531年）四月，昭明太子薨。五月，萧纲立为太子；七月，临轩策拜；以修缮东宫，四年（532年）九月方入宫。据《广弘明集》卷四所载湘东王萧绎（后为梁元帝）的《（法宝联璧）序》，此书纂成于中大通六年（534年）。编纂的时间，当在532—534年之间。萧绎的《序》，历记参与纂修者共三十八人的仕履、年岁，没有一个僧人。可见宝唱等是在幕后工作的无名英雄。附带说一下，《法宝联璧》，经录著录为二百卷。《序》称二百二十卷，大约是连二十卷目录计算在内。这个时期的佛教大类书，前面常附很长的细目，兼具索引功能。《众经要抄》有"并目录八十八卷""八十卷"两种记录，便是旁证。《梁书》和《南史》的梁简文帝本纪均载"《法宝联璧》三百卷"，"三"字恐系"二"字之误。

宝唱的生平，大约只能追溯到中大通四年至六年间为止。当时他年约六十五岁以上，六十八岁以下。此后，"不测其终"。

按宝唱在梁武帝朝僧人中的地位，当然不能与僧祐、僧旻、慧超、法云等前后等列，起码要低一个级别。可是，宝唱在编纂、著录、典藏内典方面的工作量，却可说是梁武帝朝第一。当然，僧祐的工作范围全面，影响巨大，非宝唱能比。若专论编纂之功，宝唱不但光耀一时，在中国佛经编译、类书等工具书编纂、目录学、图书馆这些学术领域，自有其巨大贡献，功勋不可磨灭。惜乎过去表而出之者太少。再有，梁武帝于著名僧人接遇和饰终之典向来优厚，可是宝唱一蹶之后，竟然"不测其终"，本传中这句微婉的结束语使人怀疑：结局恐怕凶多吉少。

最后，似应指出两点：

（一）南朝重门第，自然会影响到统治者对不同出身的僧人的态度和使用。梁武帝推崇的"三大家"均出高门：僧旻是孙权之后；法云是周处七世孙；智藏出身吴郡顾氏，又是宋明帝的出家替身。此外，僧祐虽出身不高，但他在齐世早已成名，有多方面成就。兼又弟子众多，颇近于有教无类之通天教主，皇帝不能不买他的账。宝唱之能成为僧祐高弟，又在梁武帝手下只能当工具使用而不受尊崇，使人不能不感到：才秀人微。僧祐于天监十七年入寂，宝唱便无所依归。

（二）宝唱写《名僧传》，颇遭非议，被认为"颇多浮沉"，所以，书成后不过两三年，慧皎就作《高僧传》来唱对台戏。宝唱身为僧人，岂能不知师传法统派系之重要，得罪一位就得罪一大片。他为什么这样做，这本书与宝唱晚年挨整有何微妙联系，都值得探讨。

三、《经律异相》是一部独具特色的现存最早的类书

《经律异相》是一部类书。这一节，我们就从类书研究的不同角度，探讨一些问题。

首先，看一看《经律异相》的结构及其内涵。《大藏圣教法宝标目》云："凡六部：一天，二地，三佛，四诸释，五菩萨。六声闻、比丘、比丘尼、人、鬼、神、杂畜、地狱。"显然，王古这个分析极为疏略。第一，他不明白《经律异相》中的"诸释"这个意译性词语，因杂录各书，在不同地方有不同涵义。"诸释"的一种涵义大致相当于"声闻"，即释迦牟尼住世时亲组的教团内的弟子；另一种涵义是释迦牟尼的本家，大致相当于"释种"。这两种涵义常融和在某个具体的人身上，如阿难；但不一定在每个人身上都重合。更重要的，它和入轮回与否的"十法界"中的各概念不属一类，从逻辑上说，无法并列。而从"十法界"角度

看，王古分出的第六类中共八小类，也是老子与韩非合传，不伦不类。

现代研究者则常据书中细目分部并统计所收故事则数，非常细致。今举代表性的两种如下：

田光烈氏在《中国佛教》第四册之《经律异相》一书解题中，将"各类的分类内容"定为"总共二十二部，细分五十一项，共收七百八十二事"。田氏文中详列各"部"则数，请参看，不赘述。

陈士强氏在《〈经律异相〉大意》一文（载于《五台山研究》1988年第4期）中，则分为：

> 全书以天、地、佛、菩萨、僧、国王、国王夫人、太子、国王女、长者、优婆塞、优婆夷、外道仙人、梵志、婆罗门、居士、贾客、庶人、鬼神、畜生、地狱为序，分为三十九部。每部下面又分子类和细项，层层剖分，最细的分类自"部"算起达四级（如天部、地部）。共收佛教"四圣"（佛、菩萨、缘觉、声闻）、"六凡"（天、人、阿修罗、饿鬼、畜生、地狱）和"境"（境界、处所）。"行"（修行）、"果"（修行所获的果报）方面的故事和物类（统称子目）七百六十五则（笔者自计，以下各项统计数均同）。
>
> 由于所分的三十九部中，有些部的性质相近，相当于某一大部下的小部，故大而统之，可依次归纳为

十二大类,根据习惯,乃称十二部。

陈氏文中亦详列各"部"则数,请参看,亦不赘引。

此外,上海古籍出版社1988年出版的影印碛砂藏本,新编了目录,据而定全书载有故事传说六百六十九则。

按,魏晋南北朝是我国编纂类书的发轫期,所编大类书多依儒家的"天地人三才"宇宙本体观系列编排,这也成为后来中国编类书,特别是大型综合性类书的主要编排形式。《经律异相》的编排方式,也是按宇宙本体观来安排,不过它始于"天部",终于"地狱部",其编排次序与内容,是按佛教的宇宙本体观,将三千大千世界的事件、人物,以佛教教理所述为内涵,层层编排。周叔迦先生给《经律异相》写的提要,在这点上说得最为简明扼要:

> 是书乃总集经论所说十法界中一切依正二报,以及如来并诸弟子本生本事之文,分为四十部:天地有三部,佛有四部,菩萨有四部,声闻有六部,人趣中国王、夫人、王子、王女、长者、仙人、庶民等凡有十八部,鬼神有一部,畜生有三部,地狱有一部。各部复有子目,凡有六百五十六目,而子目之中或复有科目焉。凡集经论二百七十种,间有佚经之文,而震旦感应之缘不预焉。

这是对《经律异相》内容、分部、则数统计(解决了诸家计数不同之纠纷)等方面所作的最明晰精当的综述。

第二，从佛教类书的角度看，《经律异相》也有它独有的特点，上引周先生文中也作了概括。那就是：一、"集经论"，"震旦感应之缘不与焉"。它是专门纂集译出的佛经的，中国的材料一点也没有。在现存中国佛教类书中，《经律异相》是仅有的一部不收中国佛教材料的；在现存的中国类书中，《经律异相》也是仅有的一部不收中国材料的。这是此书的一大特点。二、它的编排，略依中国佛教徒当时所理解的佛家宇宙观，暗含着一些与佛家宇宙观不过分抵触的"天地人三才"编排思想。它的编排是：开头有分量不大的天部、地部，主干是大致相当于"人部"的"十法界"系统，基本上取单线串联到底的形式。这种安排，使人从宏观的角度对佛家宇宙观系统一目了然，学术性很强。后来的《法苑珠林》《释氏六帖》等佛教类书，兼收中国佛教资料，旁及儒、道材料，内容庞杂。这就迫使它们，一方面采取"十法界"这种从上界到下界的经线安排，以维持佛家宇宙观特点；另一方面，对中国材料如感应、征引，和其它既不属同相又非异相的器物、酒食，以及道教的神仙高士等，只能以纬线方式插入，另行立部。这种双线编织法，固然能包容更多的各类资料，学术性却较差。作为中国佛教类书的源头之一，《经律异相》可说是源自南亚次大陆的一条溪水，它是清澈见本源的。它的下游诸水，却都是融汇九流十派了。

中国类书史的规律之一是：同类型的书，隔一段时期便有规抚旧钞的新编出现。特别在写本时代，这样就常导致旧编的书佚失。佛教类书亦如此。魏晋南北朝时期，是中国编纂类书的发轫期和头一个高潮；南北朝又是中国编纂佛教类书的发初期和头一个高潮。现在，魏晋南北朝时期编纂的类书，成部的全都佚失。如成书时间与《经律异相》相近的《类苑》和《华林遍略》，早已不复存在。现存最早的完整类书，只有成于隋炀帝大业年间（605—618年）的《北堂书钞》了。比《经律异相》成书约晚一百年。南北朝时期编纂的佛教类书，如宝唱参与辑录的多种，亦均不复存在。《法苑珠林》比《经律异相》成书晚一百五十年。

《经律异相》是我国现存的成部的最早的类书和佛教类书。是我国现存的成部的南北朝时期的唯一类书。

为什么《经律异相》能巍然独存？我们的见解是：正如上述，它特殊，以后没有同类著作出现——这大约与中国佛教越来越汉化，越来越主体化有关。它编得好，有阅读、学习、使用价值——无论从佛教、佛学还是从其他方面说。而且在我们这个时代，人们会越来越发现，此书有其新的使用价值。

第三，研究中国图书史、类书史的著作，常把佛教和道教著作排除在外，这不公平，也没有好处。例如，讲丛书，只从南宋的《儒学警悟》等说起。实际上，南北朝已编佛藏，唐代已编道藏，非丛书而何？这一点，解放后已有人指出，如北大图书馆学系校友，已故的卢中岳就提出过，不过注意的人不多。至于讲类书，更是很少谈到佛教类书。有的讲类书的书，著录了佚失的《法宝联璧》，却是一叶障目，不见《经律异相》，不知何故。如果注意到佛教类书，现在的中国类书史将全部改写，内容将大为丰富。

类书在学术上的特殊作用，常被提到的，一是辑佚，二是校勘现存古籍。这两种工作的可用性和准确性，依赖于该类书本身篇幅是不是够大，抄录方式是否完善。若从这两方面来衡量《经律异相》，它是大大地不合格。首先说辑佚。田光烈氏统计，它保存佚书"约有一百四十种之多，但大半为别生抄经"。陈士强氏《〈经律异相〉大意》一文中则举出许多例证，兹引述如下：

《经律异相》引用的"经"一类的著作中，有许多是当时见行而后散落绝传的珍本或孤本。尽管书中摘录的仅是经本的片断，而不是全部，但这些片断对于推知全经大意，具有它书无法替代的史料价值。

在《经律异相》辑存的佚经中，属于"大乘经单译阙本"的，有《善信磨视论》（又名《善信摩足经》《善行经》，有上下卷，见本书卷三十八和卷三，疑是姚秦鸠摩罗什译的《善信摩诃神咒经》）；

属于"小乘经单译阙本"的有《三乘名数经》（见卷一，疑是东晋道安所辑"凉土异经"中的《三乘经》）《众生未然三界经》（见卷三，西晋法矩译）《贫女为国王夫人经》（见卷二十三，西晋竺法护译),《蓝达王经》(见卷二十七,吴国支谦译)《请般特比丘经》(见卷二十八,刘宋求那跋陀罗译)《阿质国王经》(见卷二十九,支谦译)《问地狱经》(见卷四十九,疑是后汉康巨译的《问地狱事经》);

属于"伪经"的,有《现佛胸万字经》(又称《胸有万字经》或《胸现万字经》,见卷五);

此外还有一些未见任何佛经目录记载的佚经,如《折伏罗汉经》(见卷二)、《当来选择诸恶世界经》(见卷十)、《跋陀罗比丘尼经》(见卷二十三)、《功德庄严王请佛供养出家得道经》(见卷二十七)、《月明菩萨三昧经》(见卷三十一)、《摩那祇舍身入地狱经》(见卷四十五)、《野干两舌经》(见卷四十七)、《赤嘴鸟喻经》(见卷四十八)等。这中间有些或许是异名的别生经。

田、陈二氏都明确指出,《经律异相》引据的书,多仅存片断。因此,仅据《经律异相》一书,吉光片羽,辑佚效果太差,只可惜以"推知全经大意"而已。

再说校勘。《经律异相》辑录的最大问题是用摘录法,只要能存大意,便隔三跳五。因此,用它来校现存各经,除个别字句外,简直不行。在读《经律异相》时,还得使用现存诸经来补《经律异相》中阙文。

那么,《经律异相》还有什么新的使用价值呢?

从某种意义上说，《经律异相》可说是一部译经故事大系。它是大藏经中最大最集中的一部译经故事库。从比较文学的角度看，中国古代许多小说和戏曲的源头都可从《经律异相》中寻觅。当然，此书未收的，散在其他佛经中的也不少。可是要找比较文学史的灵感触机，此书却是最便当的。这就是它的一种新的使用价值。所谓"触机"，我们的意思是说，不仅仅停留在挖掘故事来源，那是简单的工作；看看中国人怎样改造、生发，洋为中用，化洋为土，就要多动点脑筋。再研究研究：有些翻译过来的东西，为什么在中国生不下根来，那个联系面可就更大了。

当然，《经律异相》引原书，多半是隔三跳五地摘抄。这一点就不如《中国新文学大系》之类汇编性总集之成篇不动式引录。《经律异相》更像是一部故事梗概大全。因此，在这部书中找到文料触机后，必须尽可能地检对所据原书，那样，才能全睹原故事的风采。

在这方面，笔者曾写过两篇文章：

一篇是《"一角仙人"与月明和尚》，载于《周一良先生八十生日庆祝论文集》。"一角仙人"的故事，在《经律异相》中题为《独角仙人情染世欲为淫女所骑》，载于卷三十九，系自《大智度论》卷十七中转录。《佛本生集经》卷十六、《佛所行赞》卷一等书中，也载有这个故事。故事本身是佛教从古代神话中截取而来，印度伟大史诗《罗摩衍那》第一篇八、九、十等三章中讲的就是。可以把它看作是我国古代对这部大史诗的片断简单节译本。

另一篇《龙女报恩故事的来龙去脉》，载于《文学遗产》1992年第3期。按，中国六朝末年出现龙女，拙稿中论证了，其渊源可追溯到南亚次大陆的神话传说。《经律异相》卷四十三所载《商人驱牛以赎龙女得金奉亲》（引自《摩诃僧祇律》卷三十二）是其来龙，去脉中最有代表性的青出于蓝之作是《柳毅传》。后来如宋代的《朱蛇记》，清代《聊斋志异》中《西湖主》等诸篇，相承不绝。要是缺了这些，世界文学史上水生异类女神与人类恋爱的浪漫题材作品中，怕就没有中国人的份儿啦。

话又说回来，中国人对于外来事物，也是挑挑拣拣，洋为中用，取自己能要的。过于洋化不合国情的，就扎不下根来。

载于《经律异相》中的，可举原出于《菩萨从兜述天降神母胎说广普经》卷七和《譬喻经》卷下等处的"罗睺罗有女帝释强求出兵攻战"故事。《经律异相》卷四十六载之。它实际上是两个部族间为争一个美女而战的故事的高度神异化。在欧洲以至南亚次大陆的神话传说中，这种事常成为引起冲突的导火线，并成为延续到底的故事主线。希腊神话中，美女海伦被拐，引起特洛伊战争，成为荷马史诗的题材；罗摩之妻悉多遭劫持，引起与罗刹的长期战争，则成为印度《罗摩衍那》史诗的主干，等等。汉族务实，对女性往往从政治、社会伦理角度观察处置。为一个女人和外族打仗的事，简直是绝无仅有。送美女和亲，倒是世代相传。由于和汉族固有思想与行事相差太远，所以这种夺美类型故事就扎不下根来。再则，佛教本身利用它的价值也不大。所以，隋唐以下，这类故事逐渐湮没，要待"五四"以后再次翻译新潮掀起时，才被重新引进。可还没有汉化，只不过当西洋稀稀罕儿听罢了。

《经律异相》也能为中古汉语研究作贡献。有关这方面将另撰文专论之。

1992年5月初稿

1992年9月改订，本文系与李鼎霞合作

（原载于《国学研究》第2卷第575—596页。）

转录故事类型的类书中的录文问题

许多人利用类书来校勘其他类型的古籍，常见的，如使用《册府元龟》校史，特别是校两《唐书》及其以上的正史。校勘结果，往往是择善而从。现在我们要说的，却是一般的故事类型的类书中所载故事的录文，各个时代的不同书籍所载相同故事往往差异颇大，而且从文字上观察，颇有加入当时书面语等成分，显露出与时俱进之势。这就难于据早期所引者为典要，以校后来者。

我们从现存最早的完整类书《经律异相》中取出一则为例，并联系其后的《法苑珠林》和《太平广记》，说明至少有三种情况值得注意。一是，早期的引用者引文往往采用"摘录式"；二是，有改动之处，改动还不少；三是，越往后越用"译文"之法，颇有师承太史公在《史记》中将古奥的《尚书》原文"当代化"之意。在将专业化的佛经中的故事供世俗人等阅读时，相当地显露出这一特色。

我们所用的是该书卷四十三中标目为"商人驱牛以赎龙女得金奉亲"，乃卷中的第十则。注有出处："出《僧祇律》第三十二卷。"

《僧祇律》全称《摩诃僧祇律》，此书乃佛教早期部派之一的"大众部"所传律典，原本为我国早期赴南亚次大陆取经高僧法显取回，东晋义熙十四年（418年），求那跋陀罗、法显共译。距宝唱等人于梁天监十五年（516年）纂辑《经律异相》约计百年。我们用的是《大正藏》本，并参考了此本所附的校勘记。

宝唱等人纂辑的办法，属于"摘录式"，即在保持原故事内容不变的情况下，隔三差五地摘抄。为说明问题，将原书与宝唱等的摘录重迭加起来，加上【】号的是宝唱等略去的原文：

佛住合卫城，南【方国土】有邑【名】大林。【时有】商人，驱八牛到北方俱哆国。复有【一】商人，共在泽中放牛。时离车【捕龙食之】捕得一龙女。【龙女受布萨法，无害心，能使人】穿鼻牵行。商人见之【形相端正】，即起慈心。问离车言："汝牵此，欲作何等？"答言："我欲杀啖！"商人言："勿杀！我与汝一牛贸取，放之【令去】。"捕者不肯，乃至八牛，方言："【此肉多美】今为汝故，我当放之。"即取八牛，放龙女去。时商人【寻】复念【言】："此是恶人，恐复追逐，更还捕取。"即自随逐，看其所向。到一池边，龙变为人身，语商人言："天施我命，今欲报恩。可共我入宫，当报天恩。"商人答言："【不能】，汝等龙性卒暴，嗔恚无常，或能杀我。"答言："【不尔】，前人系我，我力能杀彼，但以受布萨法故，都无杀心。何况天今施我寿命。若不去者，我【今先入摒挡【宫中】。"【即便入去】。是龙门边,见二龙系在一处。【见已,商人】问言:"汝为何事【被系】?"答言:"此龙女半月中三日受斋法。我弟兄守护此龙女不坚固,为离车所【捕】得,以是故被系。唯愿天慈,语令放我。此龙女若问欲食何等食者,【龙宫中有食:尽寿乃能消者,有二十年消者,有七年消者,有阎浮提食。若索者】当索阎浮提人间食。"龙女摒挡已,便即呼入,坐宝床褥上。龙女白言:"天今欲食何等食?【为欲食一食尽寿,乃至……】"答言:"欲须阎浮提人间食。"即下种种食。问龙女言:"此人何故被系?"【龙女言:"天但食,用问为!""不尔,我要欲知之!"为问不已。】龙女言:"此有过,我欲杀之!"商人言:"汝莫杀!""不尔,要当杀之!"商人言:"汝放彼者,我当食耳!"白言:"不得直尔放之!当罚六月摈置人间!"——即罚六月人间——【商人见龙宫中种种宝物庄严宫殿】商人问言:"汝有如是庄严,用受布萨为?"答言:"我龙法有五事苦。何等五?生时龙,眠时龙,淫时龙,嗔时龙,【死时龙】。一日之半三过皮肉落地,热沙抟身。"复问:"汝欲求何等?"答言:"我欲求人道中生。【所以者何?畜生道中苦不知法故】"问:"我已得人身,应求何等?"答言:"出家难得。"又问:"当就谁出家?"答言:"如来、应供、正遍知,今在舍卫城。

283

【未度者度】,未脱者脱。汝可就出家。"便言:"我欲还归。"龙女即与八饼金,语言:"此是龙金,足汝父母、眷属终身用不尽。"语言:"汝合眼。"即以神变持着本国。行伴先至,语其家言:"入龙宫去。"父母谓儿已死,眷属、宗亲聚在一处,悲号啼哭。时放牧者及取薪草人见已,先还,语其家言:"某甲来归。"家人闻已,即大欢喜,出迎入家。【入家已】,为作生会。作生会时,以八饼金持与父母:"此是龙金,截已更生。尽寿用之,不可尽也。【唯愿父母听我出家】"

以上,仅就故事本身部分勘对如上。下文中出家的事被我们省略了。即使是我们所引,其间个别的小小的字句间的问题,只要是《大正藏》的校勘记中有记录的,无关我们此稿宏旨的,不再一一列出。据上二者比对,可见《经律异相》引录时的做法。若据此以校勘佛经原经经文,必然丢三落四,出大问题。举一反三,因而可以悟出,《经律异相》中颇有一些现在见不到的其他"佚经"的片段,最多可据以大体上知道那些经籍记载的是什么内容,若据以辑佚,可得十二分慎重啊!

必须补充说明的是,《经律异相》并非一部完整的全面的佛教"大百科",它只是经律论中的"异相",即具体的为阐述理论服务的故事部分。至于比较全面的佛教大型类书,完整的现存最早的一部,则为唐代释道世编撰的《法苑珠林》。此书卷九十一之中，也引用了上述龙女这一则。它明确地注出，直接从《摩诃僧祇律》中引来。所引内容起讫与我们上引相同。我们用周叔迦、苏晋仁两位先生的《法苑珠林校注》（中华书局2003年排印本）中录文与经文比对，发现录文较《经律异相》为多，但亦有个别删略处。特别是在最后，在"即以神通持着本国"之后，马上就接上"以八饼金持与父母"一小段，似乎抄到最后有匆匆结束之势。改动之处也有一些，例如，有关"阎浮提食"等的一段，本是被系二龙对商人说的，安排合理。这里改作龙女自己对商人说，就不甚合理了。这就使我们怀疑，《法苑珠林》是否忠实地从《僧祇律》中过录。词语中的"下种种食"是南北朝惯用语"下食"的丰富与加强，少见，极为难得。这个词语，大约唐代已不甚流行，于是改成"即持种种饮食与之"，精彩尽失。题目改题"俱多国"，把"多"的"口"字旁去掉，倒也省事。但是，早期佛教翻译家在处理音译词语时，经常加上"口"旁，以示为音译词。唐代的僧人大约已经不再如此讲究了，其实，加上"口"旁，能明确标记为音译，以免误解，是较好的办法，也鲜明地体现出南北朝早期翻译的一点点特色来。

北宋敕修的大型故事类型类书《太平广记》，在其卷四百二十"龙三"中首列"俱名国"。篇末注称"出《法苑珠林》"，同时，起首就说"《僧祇律》云"，足证是从那里抄来的。我们用中华书局1961年排印本（此本据明代谈恺刻本点校）比对，发现，一上来就出错，"俱名国"肯定是

285

"俱多国"之误。以下，时有用宋代惯用书面语改动原语句之处。例如，经文中，龙女呼商人为"天"，这是梵语deva。以至deva-loka的意译，意为"天，上界，老天爷，神灵"，在南北朝时受佛经译文影响的口语化语词中，常用作对尊敬至极的长者的尊称。近代妇女当丧夫时哭喊"我的天哪"，似尚存其遗意。《太平广记》中以"君"代换之，精彩尽失。"当报天恩"，替换成"当报大德"；"我先摒挡"，替换成"我先往扫除"，均应认为是那时的当代书面语译文。"下种种食"翻成"即时种种饮食俱备"，读来好像霎时间一切齐备，倒也有一种变戏法似的感觉。总之，用来研究汉语词汇史，看来颇为得用。只是注意并加以使用的学者大概不多。但从单纯的校勘学角度来使用，恐怕是不怎么能行的了。至于题目误为"俱名国"，如不是传抄中的失误，倒可以见出并非佛教研究者的水准。"多"讹为"名"，显见没有使用佛典原书，连《经律异相》中的节引也没有参考。

北宋宋敏求《春明退朝录》卷下（即卷三）记有：

> 太宗诏诸儒编故事一千卷，曰《太平总类》；文章一千卷，曰《文苑英华》；小说五百卷，曰《太平广记》；医方一千卷，曰《神医普救》。《总类》成，帝日览三卷，一年而读周，赐名曰《太平御览》。

按，宋太宗虽然端着架子，表示先读正经书，日览《太平御览》三卷，但并没说不看"小说"。这些编成的书都得经御览的。编书的臣子为照顾到皇帝的阅读水准与能力，将前代的特别是佛经译文等相当专业化的文字改写成当代书面语，恐怕煞费苦心。读《太平广记》，对其中某些篇章，似应作如是观。

《太平广记》行世积久，一些被其纳入的书籍、篇章，由于种种原因，或佚失或不全备，于是，有人据《太平广记》以校补。如果校补的是比《广记》时代稍微早一些的著作，我们认为，倒也无妨。例如，有人据以校补五代入宋的孙光宪的《北梦琐言》，那是可以的，是作出成绩的。看菜吃饭，不能一概而论。辑佚亦如是，一般地说，时代比较《广记》成书仅仅早一些的书籍、篇章，可能辑录起来可靠性越大。我们举出的是早期的专业化特点极强的特例之一，不宜以偏概全。但是，愿意提醒初学者，经过比对，特别是对时代较长、变化较多的材料的勘校，从汉语史等学术角度，兴许能有相当大的收获。这可是待开垦的处女地呢。

（原载于《版本目录学研究》第2辑第221—224页。）

山主与观音偈

"观音偈一卷邙山偈一卷",题:"山主和尚"作,"刘公居士"传述。

以上是《北京图书馆善本书目·子部·释家类》《中国古籍善本书目·子部·释家类》对此书的著录。刻印者项下,上举二书均著录作"金刻本一册十行十六字白口四周双边"。《自庄严堪善本书目》著录从同,并注明:"内阁大库旧藏"。

据李国庆编著《弢翁藏书年谱》(黄山书社,2000年)所载,周叔弢先生1930年自北京琉璃厂书估王晋卿处购得此书,解放后捐赠国家图书馆。其长子周太初(一良)先生首次为文介绍,载于解放前出版的《民国日报·图书周刊》第87期,后收入《周一良集》第三卷。文题为:"跋《观音偈赞》"。

周太初(一良)先生于文章起首即明确指出:"这是一册金元之际佛教通俗文学作品。题为《观音偈赞》,而实际包括三个部分——邙山偈、观音偈与菩提偈。"并揭示出:"序文二叶,本文二十二叶。每半叶十行,行十六字。"继而指出:"序文题作'智德述'……似是专为《观音偈》而作的序。""《邙山偈》后面有'王子寺居士刘述'七个字。"周氏并结合原序文,导出"由此推测,大约原是'山主和尚'所作，'刘公居士'传述"的结论。

唐圭璋先生编《全金元词》（中华书局1979年出版）之"金词"部分，列入"山主"词作"临江仙"（第158—162页），全录"观音偈""邙山偈"中所载，顺序从同。小注中有云"以上六首'邙山偈'""以上六首'观音偈'""以上十二首'菩提偈'"，计二十四首。对"山主"生平未有介绍（对所收其他作者多有介绍）。引用书目中载有："《观音赞》，金刘智述。金刊本。"又载有："《全金词》，孙德谦编。南京图书馆藏稿本。"或径自孙氏稿本过录，亦未可知。因为，只有"智德""述"的"观音偈赞"的序，"刘公居士"是序文中提到的"安祖师之法孙""山主和尚之嫡嗣"，不是写序文的智德。我们怀疑，孙氏稿本或过录者误把智德当作刘公，又丢掉一个"德"字，拼成"刘智"。我们还大胆怀疑，"智德"可能是一位僧人，不是居士。但无确据。不过，智德与刘公居士是两个人，证以序文中所述，当是确凿无疑的了。

据王清珍与白化文研究，"山主和尚"为金国释教亨禅师。其事迹略见《佛祖历代通载》卷二〇，《五灯会元续略》卷四，《大明高僧传》卷五，《新续高僧传四集》卷一六。内容从同。据现存最早的记录《佛祖历代通载》所记，其根据全出自立于嵩山之教亨墓塔碑铭。略云：教亨（1150—1210），字虚明，任城（今山东济宁）王氏。先有汴京（今河南开封）慈济寺僧福安，来任城，山居有年。斋于那山村时化去。托梦于人云，生王家。王氏子幼时即有种种"再来人"之表现，时人称之为"安山主"，载入邙山村碑记。教亨七岁落发，十三岁受大戒。一生主要在河南嵩山一带传教，曾受诏入主燕都庆寿寺，徒众万人。晚年在嵩山退隐[①]。

周一良先生已指出，"智德述""似是专为《观音偈》而作的序"。我们也推论，"智德"似为僧人法号，其生平尚未查出有何记载。至于"《邙山偈》后面有'王子寺居士刘述'"，"王子寺"为唐代以还五台山名寺。据序文及此处题名，刘氏存姓佚名。

周一良先生曾指出两点。一点是，"题名为'偈'，而与唐宋以前所出佛经偈、颂体制之用四、五或七、九言，比较整齐划一者，迥不相同，反而跟元明时代的散曲套数用几个不同的调子讲一件事者相类"。"完全由于时代潮流所趋，自然而然。"另一点是，有"侧吟""平吟""自东吟""白语"等名词。周氏指出，"侧吟"押仄声韵，"平

[①] 此序原文的重要部分如下：
观音偈赞　　序　　智德　述

刘公居士者，中山人也。始自髫年习儒为业，及其辅（甫）冠，辄慕佛乘，礼王子寺山主和尚为师。侍仅十载余，日益玄奥。师资道合，秘要印之，即中山安祖师之法孙，山主和尚之嫡嗣也。师平日常以禅寂为务，久习那伽，入息也；曾蛛网挂于眉间，出息也。内外根尘脱落。或乃参徒请益，逢人即出，出不达（违？）人。凡有所训，不无意故。或偈或赞，短颂长篇。述古圣之缘由，咏警世之事迹。词中挺秀，何劳说向知音人；句中陈祥，览者唤回瞌睡汉……因请落迦真赞，更不囊藏。只于笔下露全身，便见南无观自在。……其犹豫钟扣以腾音，八难普资；有似空谷而传响，无刹不现。号"普光功德山王"。……爰有门人侯善清，再三求引，不揆摭实而述。如尘陪（培？）太华，弗增万仞之危；露入天池。岂益苍溟广润者哉!

吟"押平声韵。"白语"则"大约是预备述说，不预备吟咏或歌唱的"。并指出当与敦煌讲经文及《高僧传》中的相关词语对照。这些见解都很深刻，值得循之进一步发掘。

周先生是谨严的学者，对"自东吟"阙而不论。我们也提出一个大胆的设想，即，自南北朝以下，佛寺法会以至"僧讲"（即只有高僧大德和地位高的居士参与的正式讲经）、俗讲，法师与都讲分据大小两座，东西相对或南北相对。常被引用的一段记录是《广弘明集》卷二十六中一条：

> 光宅寺法云于华林殿前登东向高座（注意：位西向东），为法师；瓦官寺慧明登西向高座（注意：位东向西，从东方说话），为都讲，唱《大涅槃经·四相品》四分之一，陈"食肉者断大慈种"义。法云解释。舆驾亲御，地铺席位于高座之北。
>
> 僧尼二众各以次列坐。讲毕，耆阇寺道澄又登西向高座，唱此断肉之文，次唱所传之语。唱竟，又礼拜忏悔。

我们大胆假设，"自东吟"是否指的是从东方吟诵，即担任"都讲"一类职务的僧人吟诵。不过，并无确据，有待于进一步研究。

此文由王清珍供应资料，白化文执笔

（原载于《文献》2007年第4期第68—70页。）

《普照禅师灵塔碑》引见

一、引言

　　《普照禅师灵塔碑》，新罗宪康王十年（唐中和四年，884）九月九日建立，据《朝鲜金石总览》第60页录文之首记载，在全罗南道长兴郡有治面凤德里宝林寺。首题："新罗国武州迦智山宝林寺谥普照禅师灵塔碑铭并序"。正书，三十四行，行六十五字。个人所见，我国清代陆耀遹（1771—1836）编录的《金石续编》（同治十三年双白燕堂刊本，1874。后来有上虞罗氏修正本）卷二十一首载录文。并有陆增祥（1816—1882）的简短按语，说明出处。日本大正八年（1919年）"朝鲜总督府"编纂出版的《朝鲜金石总览》上册第61—64页载有录文，我国刘燕庭（喜海）编著《海东金石苑》（1922年嘉业堂刊本）卷一第32页亦载有录文。北京大学图书馆收藏柳风堂旧藏拓片一通。有托裱，品相佳。口袋上盖有"顾湘舟旧藏"长方印章。据金石拓片组汤燕小姐见告，该拓片原藏缪氏艺风堂，后辗转经顾氏而归张氏柳风堂，抗战胜利后入北大图书馆。据笔者测量，拓片宽121厘米，长250厘米，每字字径2.5厘米。

　　普照禅师，法名体澄（804—880），俗姓金。二十四岁（827年）受具足戒，公元837年（唐开成二年）与同志贞育、虚会等入唐求法。历三五州。840年（唐开成五年）返回新罗。他在唐这几年，正值唐代佛教极盛时期的结尾。几年后就要赶上"会昌法难"了。

体澄在国内时师从廉居法师，廉居是传中国马祖、西堂体系的南宗禅学的道义的弟子。体澄算是这一宗在新罗的第三代。

体澄归国后建立迦智山寺，是为新罗禅门九山之一，新罗禅宗史上称为"迦智山派"。此派虽奉道义为一祖，廉居为二祖，体澄为三祖，实际上，体澄才是宗派的创立者。在中韩佛教文化交流方面，他也是一位特立独行的有自己个人见解的僧人。

二、碑文录文注释

【说明】录文据拓本，与前引三书中录文对照，主要应用"理校法"，择善而从。其中，《金石续编》录文缺录三行，所录错误亦较后出二书为多，故仅作参考用。《朝鲜金石总览》系铅印本，校对不甚精细，亦作为参照用。主要以拓本与《海东金石苑》录文对照。《海东金石苑》本经刊印者刘承干以缪氏艺风堂藏拓片（极可能就是北大图书馆现藏的这一通）精校，几乎没有错误。拓片中模糊的字，也均经刘氏补出。刘氏实为此碑录文第一功臣。笔者亦步亦趋，主要是作了加标点、注释等工作。现将《海东金石苑》中录文后两个跋语标点录文于后，以供读者参考：

右碑在朝鲜全罗道长兴府迦智山，唐中和四年九月金颖撰。金薳书。第七行"禅"字以下金彦卿书。一碑而二人书之，此为仅见变例也。颖、薳、彦卿，皆新罗宪康王时人。金膺廉事实天考。案《东国通鉴》，新罗景德王十八年改官号，以兵部卿监为侍郎，与碑中彦卿结衔合。（以上为刘燕庭跋语）

校正讹字七，补夺字一，改正倒植之字二。（以上为刘承干跋语）

【录文】

新罗国武州迦智山宝林寺谥普照禅师灵塔碑铭并序』1
朝请郎守定边府司马赐绯鱼袋臣金颖奉 教①撰
儒林郎守武州昆湄县令金薳奉 教书』2

闻夫禅境玄寂，正觉②希夷③，难测难知，如空如海。故龙树、师子之尊者④，喻芭蕉⑤于西天⑥；弘忍、惠能之祖师⑦，谭醍醐⑧于震旦⑨。盖扫因果⑩之迹，离色相⑪之乡，登大牛之车⑫，入罔象⑬之』3域。是以智光远照，惠泽遐流。洒法雨于昏衢，布慈云于觉路。见空者⑭一息⑮而越彼邪山，有为则永劫而滞于黑业⑯。矧乎末法之世，像教纷经。罕契真宗，互持偏见。如挈水求』4月，若搓绳系风。徒有劳于六情⑰，岂可得其至理。其于众生为舍那⑱，舍那为众生。众生不知在舍那法界之中，纵横造业；舍那亦不知众生在苞含之内，湛然常寂。岂非迷耶！』5知此迷者，大不迷矣。知其迷者,惟我禅师乎!或谓此说为濩落[19]之言,吁!道经[20]云:"上士闻道,崇而奉之;中士闻道,如存若亡;下士闻道,抚掌而笑。"不笑,不足以为』6道也!此之谓矣!禅师讳体澄,宗姓金,熊津人也。家承令望,门袭仁风。是以庆自天钟,德从岳降。孝义旌表于乡里,礼乐冠盖于轩裳者也。禅师托体之年,尊』7夫人梦日轮驾空,垂光贯腹。因之惊寤,便觉有怀。及逾期月[21],不之诞生。尊夫人追寻瑞梦,誓祷良因。膳彻暇馐,饮断醪醴。胎训净戒,鹫事[22]福田[23]。由是克解分蓐之忧,允叶弄』8璋之庆。禅师貌雄岳立,气润河灵。轮齿[24]自然,金发特异。闾里声叹。亲戚咸惊。从襁褓之年,宛有出尘之趣;登龆龀之岁,永怀舍俗之缘。二亲知其富贵难留,财色莫系,许其』9出家游学,策杖寻师。投花山劝法师座下,听经为业。抠衣请益,夙夜精勤。触目无遗,历耳必记。常以陶冶粗鄙,藻练僧仪。积仁顺而烦恼蠲除,习虚静而神通妙用。超然』10出众,卓尔不群。后以大和丁未岁,至加良峡山普愿寺受具戒。一入坛场,七宵行道。俄有异雉[25],忽尔驯飞。有稽古者曰:"昔向陈仓,用显霸王之道;今来宝地,将兴法主[26]之征者』11焉。"初,道仪大师者,受心印[27]于西堂。后归我国,说其禅理。时人雅尚经教[28]与习观存神之法[29],未臻其无为任运[30]之宗,以为虚诞,不之崇重。有若达摩不遇梁武[31]也。由是知时未』12集,隐于山林。付法于廉居禅师,居雪山亿圣寺,传祖心,辟师教。我禅师往而事焉。净修一心,求出三界。以命非命,以躯非躯。禅师察志气

295

非偶，素概殊常，付玄珠[31]，授法印[32]。至』13开成二年丁巳，与同学贞育、虚会等，路出沧波，西入华夏。参善知识[34]，历三五州。知其法界：嗜欲共同，性相[35]无异。乃曰："我祖师所说，无以为加。何劳远适！"止足意兴。五年春二』14月，随平卢使归旧国，化故乡。于是檀越倾心，释教继踵。百川之朝鳖壑[36]，群岭之宗鹫山[37]，未足为喻也。遂次武州黄壁兰若，时大中十三稞，龙集于析木之津[38]，』15宪安大王即位之后年也。』16 大王聆风仰道，劳于梦魂。愿辟禅扉，请入京毂。夏六月，教遣长沙县副守金彦卿，赍茶药迎之。师以处云岩之安，兼属结戒[39]之月，托净名[40]之病，陈六祖[41]之辞。冬十月，』17 教又遣道俗使灵岩郡僧正连训法师、奉宸冯瑄等，宣谕纶旨："请移居迦智山寺。"遂飞金锡，迁入山门。其山则元表大德之旧居也。表德以法力施于有政，』18是以乾元二年特教植长生标柱，至今存焉。』19 宣帝十四年仲春，副守金彦卿——夙陈弟子之礼，尝为入室之宾——减清俸，出私财，市铁二千五百斤，铸卢舍那佛一躯，以庄禅师所居梵宇。教下："望水里南等宅共出』20金一百六十分，租二千斛，助充装饰功德。寺隶宣教省。"咸通辛巳岁，以十方施资广其禅宇。庆毕功日，禅师苾焉。虹之与蜺，贯彻堂内。分辉耀室，渥彩烛人。此乃坚牢[42]告祥』21，婆迦[43]表瑞也。广明元年三月九日，告诸依止曰："吾今生报业[44]尽，就木兆成[45]。汝等当善护持[47]，无至隳怠！"至孟夏中旬二日，雷电一山，自西至戌。十三日子夜，上方地震。及天晓，』22右胁卧终[48]。享龄七十有七，僧腊五十二。于是弟子英惠、清奂等八百余人，义深考妣，情感乾坤，追慕攀号，声动溪谷。以其月十四日葬于王山松台，垒塔安厝。呜呼！禅师名留』23于此，魂魄何之？生离五浊[49]，超十八空[50]。乐寂灭而不归，遗法林而永秀。岂唯济生灵于沙界，实亦禅』24 圣化于三韩。《礼》云："别子为祖[51]。"康成注云："子苦始来在此国者，后世以为祖。"是以达摩为唐第一祖。我国则以仪大师为第一祖，居禅师为第二祖，我师第三祖矣！中和三年』25 春三月十五日，门人义车等纂辑行状，远诣王居，请建碑铭，用光佛道。』26 圣上慕真空之理，悯严师之心，教所司定谥曰"普照"，塔号"彰圣"，寺额"宝林"："褒其禅宗，礼也！"翌日，又诏[52]微臣修撰碑赞，垂裕后人。臣兢惶承命，直笔为词。』27但以供奉 宸衷，敢避文林嗤哂！词曰：』28

禅心不定兮，至理归空。如活琉璃兮，在有无中。参莫通照兮，鬼其敢冲。守无不足兮，施之无穷。劫尽恒沙兮，妙用靡终。（其一）寥廓舍那，苞育万物。蠢蠢众生，违舍那律。二既同体』29，复谁是佛？迷之又迷，道乃斯毕。（其二）大哉禅师，生乎海域。克炼菩提，精修惠德。观空离空，见色非色。强称为印，难名所得。（其三）有为世界，无数因缘。境来神动，风起波翻。须调』30意马，勤伏心猿。以斯为宝，施于后贤。（其四）乘波若舟[53]，涉爱河[54]水。彼岸既登，唯』31佛是拟。牛车已到，火宅[55]任毁。法相虽存，哲人其萎。（其五）丛林无主，山门若空。锡放众虎，钵遣群龙[59]。唯余香火，追想音容。刊此贞石，记法将[57]雄。』32

中和四年岁次甲辰季秋九月戊午朔旬有九日丙子建

从头第七行"禅"字已下，弟子前兵部侍郎入朝使殿中大监赐紫金鱼袋金彦卿书兴轮寺僧释贤畅刻字

【校记】

以拓片录文与《金石苑》《总览》对校，择善而从。

1. 第七行之尾，拓片泐去"裳者也禅师托体之年尊"十字，据《金石苑》《总览》补。

2. 第十一行，拓片"有稽古者"之"有"字仅存上半，据《金石苑》《总览》等补入。

3. 第十二行，"禅理"，《总览》误作"裨理"。

4. 第十四行，"虚会"，《总览》误作"虚怀"。

5. 第二十行，"卢舍那佛"之"卢"，《总览》作"庐"。

6. 第二十二行，"中旬"，《总览》误作"仲旬"。

7. 第二十二行，"雷电一山"，"一"字《总览》作方框，说明所据拓片中此字泐去。北大拓片及《金石苑》均作"一"。

8. 第二十二行，"上方"，《总览》误作"上房"。

9. 第二十七行，"真空之理"，《总览》作"真宗"，拓片模糊，今从《金石苑》作"真空"。

10. 第三十四行，"金彦卿书"之"书"字，拓片模

糊，《总览》作方框。《金石苑》补作"书"字，今从之。

【注释】

① [教] 唐代以皇帝名义发布的下行公文称为"诏"（一度避武则天的讳，称"制"），太子、王侯的下行公文称为"教"。新罗是唐朝的属国，地位与亲王相等，故用"教"。

② [正觉] 梵语samyak-sambodhi的意译，意为"对佛法的真正的理解与了悟"。

③ [希夷]《老子》："视之不见名曰夷，听之不闻名曰希。"河上公注；"无色曰夷，无声曰希。"指的是一种虚寂玄妙的境界。与上文"玄寂"一词同观，可以看出碑文撰写者有援道入佛的倾向。

④ [龙树、师子之尊者] 尊者是梵语āyuṣmat的意译，意为智慧与德行齐备，得到尊敬的人。龙树是梵语Nāgārjuna的意译，他是大乘佛法中观学派的创始人。按照禅宗"付法藏"即付嘱传递佛陀正法的世系，龙树尊者是其中的一祖（一般排作第二十祖）。在南亚次大陆传到师子尊者（一般排作第三十祖），被罽宾国王弥罗掘杀害。西天付法至此断绝。在入华过程中还经过几位祖师。来华付法，则从菩提达摩开始，他算是中华禅宗第一祖。

⑤ [芭蕉] 按佛经中的比喻，芭蕉是一种脆弱不坚实的植物，众生所作的一切，也像芭蕉一样虚空、脆弱而不坚实。

⑥〔西天〕泛指古代南亚次大陆佛教兴盛地区，但不包括古代西域。

⑦〔弘忍、惠能之祖师〕弘忍（602—675），中国禅宗五祖。惠能（638—713），弘忍弟子，禅宗之南宗"顿教"创始人，被尊为南宗六祖。按："惠能"，后来习惯写作"慧能"，而敦煌本《六祖坛经》则作"惠能"，说明这种写本在新罗流行。也说明普照禅师绝对自认为南宗一脉。

⑧〔醍醐〕梵语manda的意译，由牛奶精制而成的最精纯的酥酪。佛法说教中经常用来指佛陀所说的最精深的佛法。此处有把禅宗认为最深刻最真实的教法之意。

⑨〔震旦〕梵语cīna-sthāna的简略音译，古代南亚次大陆的人对中国的称呼。

⑩〔因果〕梵语hetu-Phala的意译，简单的意思就是原因与结果及其间的关系。这种因果律，是佛教教义中用以说明世界上一切事物之间关系的基本理论。

⑪〔色相〕指的是一切事物显现出的形状、形质。

⑫〔大牛之车〕《法华经·譬喻品》中著名的"四车"比喻。即以羊车、鹿车、牛车和大白牛车分别比喻佛法的深浅。比喻的是什么，中国各教派说法不一。但是，大白牛车属于最高级别，则毫无问题。

⑬〔罔象〕虚无飘渺。

⑭〔见空者〕空，梵语śunya的意译，在佛教术语中主要与"有"相对，指的是一切存在皆无自体、实体。见空者，就是对佛法了悟透彻的人。

⑮［一息］一次呼吸。指的是僧人"经行"（在思考时缓步前行）方式，即在一次呼吸间举一足到另一足足尖（或仅至半），如此缓慢行进。如在禅堂中，就这么走十步到二十步，右转弯走回原座。结合上注，指的是学习禅宗的僧人能到达理解正法，穿越那犹如挡路大山的种种痴迷。

⑯［黑业］业是梵语karman的意译，意为行为，并含有与此有关的种种因果关系的意思。其中，善业称为白业，恶业称为黑业。

⑰［六情］人有眼、耳、鼻、舌、身、意六种感官系统，早期佛经中以其均具有情识，故译为"六情"。后来的经论中多称为"六根"

⑱［舍那］毗卢舍那（梵语Vairocana）的简略音译。通称毗卢遮那佛。此佛为华严宗教主，又是密宗供奉的主尊（通称大日如来）。他与其简略音译"卢舍那"为三身佛中的法身佛和报身佛，另一应身佛则为释迦牟尼佛。唐代华严宗、密宗十分流行，结合下文铸造卢舍那佛大像的事一起来观察，普照受当时唐代佛教的影响颇深，融合几派，绝不是像他自己所说的"我祖师所说无以为加"，只能说他的老师和太老师以及他自己都受到唐代佛教流行的各派很大影响。

⑲［濩落］空泛虚无。

⑳［道经］此处所引，见于《老子》今本第四十一章。

㉑［期月］一整月。

㉒［鹭事］有阴德之事。

㉓［福田］梵语punya-ksetra的意译，意为作佛法赞成、

提倡的好事。

㉔〔轮齿〕佛齿上有千辐轮相，简称轮齿。

㉕〔异雉〕综合《史记·秦本纪》及其"索隐""正义"，《汉书·郊祀志》，《水经注·渭水一》等书中的记载，秦文公时，陈仓人见二童子，名陈宝，化为雉，据说"得雄者王，得雌者霸"。

㉖〔法主〕佛法之主，原为对佛的敬称，后来对能说法的僧人或教派的首领也可以此敬称。按，初唐僧人道洪（571—649）讲经时常有白雉随人听法，这里大约是用此典。

㉗〔心印〕禅宗认为，佛心中的真理，如世间的印鉴，永远不变，名为心印。

㉘〔经教〕释迦牟尼佛所说的为"经"。经中阐释的佛法称为"经法"或"经教"。

㉙〔习观存神之法〕大约指的是单纯学习打坐入定等修学方式。

㉚〔无为任运〕这也是羼杂了佛、道两教教理的说法。

㉛〔达摩不遇梁武〕这是一个禅宗公案。相传达摩与梁武帝问答，梁武帝问"圣谛第一义"，达摩说"廓然无圣"；问"对朕者谁？"答言"不识"。帝不契，达摩就渡江到魏国去了。

㉜〔玄珠〕比喻教义的真谛。

㉝〔法印〕梵语dharma-mudrā的意译，意为真实不变的

佛法。

㉞［参善知识］善知识是梵语kalyānamitra的意译，意为能教导引入正道的人。《华严经·入法界品》记述，善财童子为求法，参访了五十多位善知识，此处即活用这个典故。

㉟［性相］佛教教理认为，事物的自体称为体性，差别变化的现象称为相状，二者合称性相。

㊱［鳌掣］《楚辞·天问》有"鳌戴天抃，何以安之？"的提问。《列子·汤问》中引古代神话传说，说渤海之东有大壑，中有五山，随波逐流。天帝派十五头巨鳌轮番用头顶戴着它。这里不过用来借代海洋而已。

㊲［鹫山］梵语Gṛdhrakūṭa的意译，音译"耆阇崛"。是古代南亚次大陆摩揭陀国王舍城东北的一座山，地在今印度比哈尔邦的底赖雅附近。据说，释迦牟尼佛曾讲《法华经》等大乘经典于此。

㊳［析木之津］析木是中国古代天文学中"十二星次"之一，与十二辰相配是寅，与二十八宿相配是尾和箕。析木次中自尾十度至斗十一度之间有银河，称为"汉津"，也就是析木之津。龙集于此是吉兆。

㊴［结戒］制定佛教戒法。这里指即将进入夏安居。

㊵［净名］梵语Vimalakīrti的意译，一般用其简略音译"维摩诘"。他是著名的佛教居士，曾经托病引探病的菩萨来辩论佛法精要。这里只是用作"托病"的典故。

㊶［六祖］即惠能。根据《坛经》，六祖曾自称"实无功德"。

㊷〔坚牢〕梵语Prthivi的意译。相传为古代南亚次大陆主掌大地之神。据《佛本行集经》卷二十九等多种佛教经论记载,释迦牟尼佛成道时,此神从地中涌出,为佛证明。

㊸〔娑迦〕梵语字母ska的音译,意译为"法性"。据《华严经(六十华严)》卷五十七说,大声吟唱此字,能入般若波罗蜜门,"诸地神足"。

㊹〔依止〕梵语aśraya,或adhiṣṭhāna等词语的意译,意为依靠有力、有德之人而不离。佛教多用以指七众依止大法师、方丈等。

㊺〔报业〕报指果报,即由过去的种种因招致而来的种种果。业,这里指从时间上看的种种果报的发展变化。报业尽,就是说自己的种种果报全都完毕,不但今生报应已毕,就连来生的果报也不会有了,该"生西"了。

㊻〔就木兆成〕就木,意为进棺材,是"死"的委婉词语。就木兆成,意为临终的朕兆出现了。

㊼〔护持〕意为让弟子们自己掌握好应遵守的清规戒律。按,释迦牟尼佛入灭前,曾叫弟子们"以戒为师"。

㊽〔右胁卧终〕释迦牟尼佛入灭时,右胁而卧。后来的僧人临终时多学习、沿用这种方式。

㊾〔五浊〕梵语Pañcekaṣāyāḥ的意译,意为五种滓浊。佛经中说法繁杂,不具引。生离五浊,意为此生就生到西天去,不会再转生了。

㊿〔十八空〕梵语aṣṭādaśa śunyatāḥ的意译,意为为了破除种种邪见而讲说的十八种"空"。佛经中说法也很繁杂,

亦不具引。这里的意思是，此后不再说法讲经了。

(51)［别子为祖］这句话始见于《礼记·大传》。

(52)［诏］上级、尊亲对臣子。子弟的口头命令有时也称为“诏”，与皇帝的正式诏书不同，使用者的面比较宽。前面已经注过，新罗王只能用“教”，不能下诏书。这里的诏字，显然是指口头命令。

(53)［乘波若舟］波若，一般写作“般若”，梵语Prajna的音译，意为“佛法所认为真正的智慧”。

(54)［爱河］佛法认为爱欲使人沈溺，故以河水拟之；此外，执着于贪爱之人或物，如被水浸染而不能脱离，故亦以河水喻之。《楞严经》有“爱河干枯，令汝解脱”的明示。

(55)［火宅］梵语ādīptāgāra的意译。语出《法华经·火宅喻》。大意是把火比作“五浊”等迷惑之苦，宅则是众生居住的三界。众生居三界中而不知苦，就好像房子正在燃烧，其中的婴儿懵然不知，依然自得其乐。

(56)［锡放众虎，钵遣群龙］中国僧传中每有神僧执锡杖解虎斗和伏虎等记载，佛经中也有神僧咒龙使之入钵盂的记载。这里暗指法师已逝，并先期把龙虎遣散了。

(57)［法将］佛为法王，菩萨则为法将。后来借以指高僧大德率领弟子，如大将之指挥军队；又用以称誉精通佛法，在论辩中辩才无碍之法师。

2000年9月20—22日，参加“第五届亚太地区韩国学国际学术会议”之论文。会后是否刊发，情况不明。

国内与国际佛教与佛学界的一件盛事
——喜见《佛教大辞典》出版

任又之（继愈）老师主编、杜继文老哥任副主编，江苏古籍出版社出版的《佛教大辞典》，终于面世了。这十几年，盼星星，盼月亮，总算把这部大书给盼出来了。不容易呀！您细读任老师的《前言》，杜老哥的《后记》，以及出版社的《出版说明》，圈子内外的人可能多少有些体会。我作为读者和多年来远距离的观察者，真不免欣慨交心之感。

众所周知，编成并出版一部大型工具书，从载体角度看，是一国经济与出版水平与能力的具体表现。从内容方面看，是一国学术界整体实力的显现。从大环境看，盛世修书，要河清人寿、海不扬波、政通人和，才能坐稳了书桌。否则，内乱，"儒者任浮沉"；外患，伊拉克博物馆都给洗劫了。还谈什么文化建设！

抑又有进者：中国是一个以马列主义为施政原则的国家，是以"三个代表"重要思想为指导方针的国家。特别在有关意识形态的文化工作方面，国际上一向拭目以待，要看看中国学术界是怎么想和干出点什么来的。即以《佛教大辞典》而言，每个词条的内涵，咱们一向是有立场，摆观点，讲方法的。写出来的肯定和国际上同类书籍不一样。所以，大伙儿全惦记着瞧瞧中国人是怎样处理问题的。说不定还想从中掏摸点什么呐。所以,《佛教大辞典》的出版,必然会产生不容轻视的国际影响。说此书的出版是国内以至国际上佛教与佛学界的一件盛事,并不夸张。

再进一步说,特别在国内,学术界期盼这样一部书已经很久了。近代中国的佛学研究,特别是集体性的研究和创作,落后于日本甚多,这是不争的事实。大部头的制作,如大藏经,如大型工具书,更是明显地表现出落后现象。即以佛教或说佛学的辞书而言,中国学者经常使用的,不外日文的"望月""织田"两种大辞典(特别是前者),以及较新的中村元《佛教语大辞典》(解说简而偏于梵语解释)。中文的,则丁福保的《佛学大辞典》近年来重版多次;我国台湾佛光山系统编辑出版的《佛光大辞典》也经北京图书馆出版社引进内地重印。这两部辞典都明显地显示出参考日文辞典——特别是"织田"与"望月"——的痕迹。丁福保先辈的书,似乎是相关的日文书的汉译加简化。"佛光"显现出极力追求自立与现代化的努力,但是,尚不能作到无迹可求。倒是一部被出版者炒成《佛教大辞典》而实为中型辞典的吴汝钧先生编纂的书(内地版由商务印书馆1994年出版),还有点羚羊挂角呢。内地的学术界,一向就是在凑合着使用人家的东西。可这些都不是以马列主义思想观点方法为指导编纂的。咱们总得有自己的一部书吧,国际上也在瞧着咱们吧,这就是这部《佛教大辞典》非得编纂和出版不可的重要性所在了。

谈到这部《佛教大辞典》本身呢,下走的初步学习心得是：

　　此书显得整齐，很有精神。每个词条都写得有理有据，行文从容不迫。这也是改革开放以来我国辞典编纂显示出的一贯风格。从专业方面说，它继承了从《宗教辞典》（1981年）到《宗教大辞典》（1998年，两书均上海辞书出版社出版）之中佛教词条的一脉相承的求实、务实与朴实的风格。持以与"佛光"等对比，我们的特立独行风格极为突出。这是内容与形式两者表现出的高度统一，别人学也学不了的，除非他也经历过与我们同样的内地学府马列主义学习与锻炼。那就不是他了。

　　此书内涵宽广，即以中国境内的佛教来说，举凡汉化佛教、藏传佛教、少数民族南传佛教、古代以迄近代的少数民族佛教，等等，差不多照顾全了。特别是汉化佛教以外的，比"佛光"上至"望月"等等的哪一部辞典都多。国际性的，也尽量涉及，捡最要紧的，都照顾到了。当然，从篇幅容量上估计，这些都是以牺牲汉化佛教中一些次要性质的内容为代价的。此书在贯彻我国政府的方针政策方面是作得稳妥的，堪称四平八稳。

　　总之，此书像是一位走上赛场的青年女选手，一点儿多余的首饰都没戴，素面朝天。显得十分干净利落。要提点意见，就从此处开始罢。书中地图、示意图、线图缺乏，这是当代综合性大型辞书中不可或缺的，逆流不宜。图片，主要是照片，集中于前，无可厚非，可是缺乏与正文（特别是正文页码）有联系的说明，其实，一举手之劳耳！照片等看来有点缺乏整体策划的样子，谁挨着谁，恐怕说不出个子午卯酉来。与正文游离。有慧远画像与墓塔照各一，却对他的老师"弥天释道安"毫无表现，八成是没有找见。缺乏大型佛教辞典必附的梵语、巴利语、藏语等的拉丁字母对音索引，不合常规。以上属于吹毛。其实，书出来了就是胜利！进一步的梦想是：在此基础上，扩大几倍，编纂出版一部更大型的带国际性包罗万象的佛学大百科辞典来。词条要大事扩展增加。大型词条应具有小型论文性质，附有比"望月"词条更丰富的索引性附录。附有丰富多彩的地图、图版、插图、示意图、画像等等。附有多种附录与索引，如此书中已有的和我们提到的多种中外文索引，年表，中国与古代南亚次大陆、与朝鲜半岛、与日本的多种度量衡、不同年代换算等等，多多益善。这一次，十来年之中团聚一批作者与编辑干成一件事，很不容易。建议别解散，趁着任老师宝刀未老，再以士大夫十年之力求得彻底解决！"潮平两岸阔，风正一帆悬。"那才更能显出咱们新的盛唐气象呐。

2003年6月10日，星期二，承泽园

（原载于《法音》2003年第6期第37—38页。）

机遇与勤奋紧密结合创造出的精品
——评介《汉文佛教大藏经研究》

李富华先生与何梅女史合作的《汉文佛教大藏经研究》一书，洋洋六十万字，已于2003年12月在宗教文化出版社出版。

五十年前在北大，从杨宪邦先生学习"辩证唯物主义"课程，知道了时势造英雄，英雄又在其力所能及的范围内反过来影响甚至于创造了一定的时势。我想，大至世界国家，小至某一时一地一事，恐怕亦莫如此。持以阅读《汉文佛教大藏经研究》一书，觉得以此种标尺判定其价值，绝不为过。

为使尚未接触此书的读者初步了解其内容，辄摘录其"简介"如下："本书对'汉文佛教大藏经'的概念及研究范围进行了诠释；论述了它形成的历史及其价值；对北宋《开宝藏》至今日之《中华藏》等近三十种大藏经逐部考察。可以说，本书是迄今这方面的一部最完备最系统的论著，是一项具有总结意义的研究成果。"

首先必须说的，绝不是套话：这部书，从入手、构思、写作到出版，绝对是国运隆昌、法缘殊胜的一个小小的但却是不可或缺的表像；具体地说，则是四十多年来《中华藏》编纂出版过程中的一个不可或缺的副产品。大致从20世纪60年代初开始,《中华藏》的汉文部分拟议出版。其《正编》经历十多年数百名专业人员通力合作完成后,作为有心人,李先生与何女史又在中国社会科学院宗教所及其他部门的大力支持下,南舣北驾,继续作艰苦的调查研究,终于取得此项阶段性成果。相关情况,在李先生的序言中已有明确说明,请读者参看。我想说的只是:如果不参加编纂《中华藏》,如果没有后期的调查研究,就不会有这本书。人们说,培养出一个优秀飞行员,花的钱等于铸造出一个同样的金像,花的时间也得十多年。从《中华藏》的起始到此书的完成,可谓钱如流水一般。当然,一是该花的就得花,花得值。二是得有钱。不逢盛世修书,安能得此!这就让我们想起,从贞观到开元,唐朝的极盛时代,政府倾全力支持玄奘师徒和开元三大士等人的译经事业;又会想起1934年蒋唯心先生个人赴赵城广胜寺阅览《金藏》的困苦过程。时代玉成了人和事,更限制了人和事业的发展。"比类前修是幸人!"吾为二君三致意焉。

用钱和干事、成事的是人。参与编纂《中华藏》者数百人,其中不乏饱学之士。至今,成就此煌煌巨著者,厥二君焉。可见,干学问,一是不宜用上班办公事的办法;二是要作有心人;三是要以起码半生精力扑在上面,心无旁骛。我见到解放以来用硬性分配的方式安排在学术岗位上的人不少,平庸者也不少。除了兴趣不在此和学力实在太差的原因在作祟,我看就得说是主观能动性和进取心的问题了。

寓普及于提高中的优秀的佛经版本研究新作
——评《佛经版本》

一

徐雁同志与我旧有课业观摩之雅，二十多年的交情，帮过我许多忙。深知他善于动脑子，特别善于迅速即时地策划组织新图书出版。这不是吗，我的面前又摆着一套《中国版本文化丛书》啦。测览一过，惊喜莫名。窃以为，这是他规划出版的各种丛书中最最成功的了。其一，面貌新。自解放以来，中国书籍史、出版史等学术陆续登上大学讲坛，进而有普及之势，至今五十余年矣。各种教科书类型的此类书籍不断出现，总不脱早期那种高头讲章形态，惟篇幅有大中小之别耳。这一套书可是面貌一新，表现在分册编排上，如旧式百货商店摇身一变为新型超市，使人耳目一新矣。其二，内容也新。表现在，一则加入了许多过去这类书籍较少提到（且不说研究到）的内容，开拓了若干新领域。如"新文学版本""佛经版本""少数民族古籍版本"等。二则编排新颖，一般是先概述后分述，宏观扫描而后微观重点解说。实属冶课本式与书影式于一炉，开未有之局。三则有市场头脑。起码是同时考虑和照顾到两方面的读者。一方面是较为"纯粹"的象牙塔内的学术界,包括大学里面学习这类课程的莘莘学子,以及非专业又有较高文化水平的文史以至理工科朋友。另一方面,则是广大书店业工作人员,还有常跑书籍拍卖与古籍自由市场的新型"藏书者"(且不称之为"家",以别于解放前老一代可入《藏书纪事诗》的有铜无臭非倒卖商奇货可居型人物),这些可都是他们急需的入门向导,是及时雨呀!

因此,我想冲着江苏古籍出版社和徐雁说:"行!真有你的!"

二

笔者从来一见好书就心痒难熬,总想着叨唠点什么。可是,一大套呢,总得找好下嘴的地方先来一口。得,就说说《佛经版本》吧。

我与此书作者李际宁同志是忘年交。二十多年来,亲见他在中国国家图书馆善本部工作中一步一步踏踏实实地前进成长。他走的路子很正,挑选的主攻方向极准。他主要研究汉文佛经版本。国内外专门从事这方面研究的,据我所知,现在没有多少位。这活计,初学极为枯燥,得耗进去大量时间——以十年为一个计算单位,两个单位许能见效。还得有相当大的文史业务基础——许多人,基础差的,干别的去的,几年就能出成绩了。再有,最要紧的是,得经常地,最好是天天,泡在"藏经殿"中。这还不是指一般佛寺的藏经殿，那里面常常只供奉一两套大藏经的。要研究藏经，那是远远不够的。研究佛教经典版本的世界上最好的地点之一，窃以为就是中国国家图书馆善本部。那里可说什么样的佛经都拿得出来。即以全国第三大馆北京大学图书馆为例，收藏各种佛经"版本"也算是齐备的了，可是，因为《乾隆藏》原来的刷印本不拆零，所以，北大馆（包括调入的原燕大、中法等馆藏）一本没有。别的藏经也是七零八落。成套的供阅览的倒是近现代日本印刷的《大正藏》《卍字藏》等。燕大的《佛藏子目引得》索引的就是四套日本藏经（包括一种商务印书馆影印本）。要亲眼看看"真经"，难呐！可是，国家图书馆得天独厚，不但版本齐，而且全。所谓全，指的是一整套大藏经最好基本完整，别像北大馆（许多馆均如此），各藏只存零本，宜于展览用。这"全"字很要紧，这是因为，一则，佛经首尾的各种各样的题记、牌记、戳记极为重要，保存许多绝无仅有的重要信息。几乎每部经都能提供独有的信息。二则，秉承南北朝隋唐以来写经传统，经与律，论与疏的抄写方式不太一样，例如，敦煌遗书中所见，正规的"经"，每行十七字，常上空二字，下空一字；律、论、疏则常写成二十至二十五字一行。还有一种特别的"细字（小字）写经"，常为一行内写两行字，每行约三十至三十四字。这些，或多或少地被后来的刻经和写经所继承。笔者拙见，如《辽藏》《金藏》，就常见某种递嬗痕迹。三则，某种藏的装帧也不是一脉相承，可能随时代与需要而有变化（李际宁书中举出若干实例，笔者从中学到不少）。这些,都得目验各种经本,通阅一经全藏,多见复本,才能产生真知灼见。这是需要条件、时间与学力的。话又说回来,笔者在图书馆学界混迹多年,常见领导给予许多人优厚条件与时间,可他们不上心,不钻研,结果一事无成,令人扼腕。李际宁同志却是我所见的有心人中极优秀者,不但抱定馆内外经籍不放松,而且不断出击,甚至迈过一衣带水,到素有中国佛教活化石之称的日本去,深入他们的寺院、佛教大学、各种图书馆、博物馆,大有收获,满载而归。他不负领导培养,已成长为我国新一代佛经版本专家。而今出其绪余,先以此书行世,显见出手不凡焉。

此书实多胜解。可从下列几方面约略言之。

一点是,麻雀虽小,基本上五脏俱全。一则,凡是有关佛经版本的事情,差不多都涉及了。诸凡装帧、刻印特点等载体形态,刻印者与时代等相关资料,寺院与图书馆等庋藏地点与藏弆方法,均有论列。这方面一看此书便明,无须多说。二则,凡是当前有关佛经版本研究中的问题,差不多都涉及了,而且提出自己经过目验大量资料后,深思熟虑的中肯的意见。例如,胡适之先生大约对原藏松坡图书馆的杨守敬从日本买回的那套不完整的《思溪藏》没有通观,只知开头的一部《大般若经》是补配进去的《碛砂藏》原刊本,就断定"松坡图书馆所藏的'杨惺吾之思溪'差不多全是《碛砂藏》的零本!"而据李际宁同志对现藏国家图书馆的这套书全部详细检查的结果,"事实正好相反"。

这就要谈到第二点,即此书胜义叠出。前面所引例证,已经表露出来。以下按页码先后，再略举三例以明之：

《开宝藏》存世情况，虽有《文物》1995年第4期的表格说明，但此书叙述得更为清楚。特别是对国家图书馆善本17772号卷子的细致描述，以及录出其他各卷的牌记等，读后为之击节。对《御制秘藏诠》卷十三的判断，极为矜慎，具见内行里手。

《思溪资福藏》和《思溪圆觉藏》版片的关系，是佛经版本研究中的老问题，迄未解决。李际宁同志目验旧藏与新入藏同卷，发现补版痕迹，审慎判定："似乎可以证明，《思溪资福藏》应该是在《思溪圆觉藏》基础上补刊经版而成。"这是李际宁同志一大发现。据笔者看，老问题至此已有最终结论。

在《碛砂藏》的《大宝积经》卷二十九卷尾题跋中找到记述崔法珍刊刻《金藏》的直接资料《赵渢碑》录文并发表，是李际宁同志又一大发现。从此，有关《金藏》的许多具体问题，就得到明确的解释。厥功甚伟。

第三点，此书中有许多提示。外行极可能一带而过，图书馆界中人可得特别注意。如，丰润所出辽刻本"封套"的装帧特点及其与日本现存唐写本封套之比较，《碛砂藏》在宋代开雕之时间，《碛砂藏》扉画之特色及其必须注意之重要性，少见的明《南藏》的方册装本，民族宫图书馆所藏未装帧的《乾隆藏》给予我们的启示，等等。提出这第三点，是请读者注意，此书处处有新资料、新思想、新认识，这不是一部可以草草读过的书，是必须涵咏深思阅读的专业书。

第四点，李际宁同志是一位温文尔雅的中青年学者，立论含蓄而有尺度。这是学养深厚的表现。他坚持自己的看法，反对不正确的提法，但说来异常委婉。我们要理解他的某些弦外之音。例如，他对《武林藏》的问题，剖析得很清楚，可不下十分确切的结语。他对元代有多部大藏经的事实，也仅仅就事论事，把现在已知的事实摆出来，不作进一步的分析，适可而止。他在"天龙山大藏经"那一节的结尾，提到辽宁省博物馆收藏的《佛本生集经》卷五十的扉画时，也表现出对他人的判断不轻易表态的学术道德风范（照笔者看，判为"宋代"值得探讨）。

最后一点，笔者愿意说，李际宁同志文如其人，雍容风雅，行文从容不迫，娓娓道来，逻辑性极强，又深入浅出，表面看是科普型的普及作品，实则是内容极新颖的高水平史论结合的学术著作。能写出这样水平的作品的人不多。窃以为，此乃学力与文笔两臻成熟的显现。这可是此书的一个极大优点，必须提出来加以表扬的啊！

三

笔者与李际宁同志是同好，有时讨论佛经版本，颇受教益。李际宁同志见多识广，所见所知佛经版本无数。他有志于研究单行本的佛经。这可是个学术领域上的空白。历来的研究者，注意研究的多在于大藏经，连研究小部经的都少（再扩大些则可包括近现代金陵刻经处的工作等），遑论单行零本？那可是理不出个头绪的事儿啊！不过，总得有人去处理吧。我希望李际宁同志知难而上，作第一个这方面的专家。其实，他在这方面已有若干积累，可是，限于体例，在此书中反映不出来。窃以为，这也可算是此书的一个明显缺点吧。

另一个缺点则是，也因体例所限，对高丽和日本刊刻、印刷的汉文大藏经也难于反映，更甭提他们的单行本汉文佛经了。李际宁同志在这方面也有极多积累。能说的、要说的想必很多。

克服以上两大缺点的办法，就是接着再写，写出既十分专业化，又很普及的几本书来。李际宁同志年富力强，前程似锦，他定能不辜负学术界的期望，早日继续登峰！

2003年5月17日，星期六，承泽园

（原载于《法音》2003年第7期第39—41页。）

读《宋僧录》杂识

李国玲女史新著《宋僧录》，煌煌两巨册，120万言，已由北京线装书局正式出版。

《古籍整理出版情况简报》1994年第12期中，曾揭载拙作书评《评〈宋人传记资料索引补编〉》，推介李国玲女史编著的另一本书。其中有一些话，可以引来作为读《宋僧录》的注脚：

《宋人传记资料索引》（以下简称《索引》）一书，系我国台湾学者昌彼得、王德毅、程元敏、侯俊德等人所编，1974—1976年间由台北鼎文书局出版。1977年起，王德毅陆续加以增订。1988年，北京中华书局出版了王氏增订本，凡六册。第一至五册为索引正文，采用宋人文集347种，元人文集20种，总集12种，史传典籍90种，宋元方志28种，金石文字8种，总计五百余种。此外，还参考了有关的单行本年谱、事状、言行录、别录以及期刊中属于传记性质的文字等多种。搜罗到的宋代人物达两万二千余人。比此前出版的燕京大学引得编纂处所编《四十七种宋代传记综合引得》多出一倍以上。更有进者，《索引》采用了一种新的编纂方法，就是：凡人物中有事迹可述者，都根据所集材料写成小传。这就使此书具有人物词典的功能，可说是"一身而二任焉"，在索引工作中是一种新的创造，大大地提高了此书的学术性，扩展了它的使用范围。此举曾备受索引编纂学界称道。第六册为《宋人别名字号封谥索引》，对于直接利用宋朝史料的人极为有用，不能把这一部分仅仅看成是只供本索引使用的附录，它有独立存在的使用价值。

无独有偶，1994年8月，四川大学出版社又出版了李国玲女士编成的《宋人传记资料索引补编》（以下简称《补编》）。

古典文献学界尽人皆知，四川大学古籍整理研究所正在倾其全力编纂《全宋文》。主持该所资料室工作的李国玲女士是有心人。她根据编纂《全宋文》普查的万种以上图书、碑刻拓片等资料，又着重补查了《天一阁藏明代方志选刊》《名贤氏族言行类稿》《宋大诏令集》《嘉泰普灯录》等重要典籍，编成此书。她以披沙拣金的方法，从万种以上资料中选用千余种，其工作量十分巨大。所得材料，有些极为珍贵。特别是近几十年出土的墓志录文，各大图书馆秘藏的拓片等，均为首次大量编入这类工具书。从这一点来说，也可说是一次创举。《补编》体例大体遵循《索引》。对《索引》已收的人物，凡有新材料者，《补编》标明原书页码，补录相关资料，计补充资料者六千余人；新增人物则列出资料出处，并撰写传略，计新增一万四千余人，二者合计，增补两万余人，接近原书所收人数。书后也附有"别名字号索引"，其作用与《索引》的那一部分相当。

　　此二书合用，大致能概括搜寻宋朝人物的范围。

　　笔者认为，我们一定要看到李国玲女士从事此项工作的艰巨性、复杂性和重要性。只有理解这一工作重要性的人，只有心无旁骛献身学术的人，才能数年如一日，耐得住一般人难于承受的枯寂，才能保证完成这一精密细致的工作。其次，我们还应该学习李国玲女士，她一方面能看出这一工作的重要；另一方面，能细心拣择，使竹头木屑均化为有用之材。如此大量的披沙拣金的细密工作，非胸罗万卷者莫办，亦非心细如发者莫办。稍一疏忽，便会漏掉眼前的宝贵资料。可惜能耐此寂寞踏实地从事索引编纂的学者太少。

　　我为什么引了这么多，因为这篇拙稿发表于专业内部刊物，见过的人不多。不过，使用过上述这两部书的学者很多，大家马上可以据而推断出，新出版的《宋僧录》的性质与编纂方式，与此二书的编排方式完全相同，只是如书名所示，它是一部宋代僧人的传记与传记资料的"索引"兼"辞典"罢了。

我读了《宋僧录》，很为李国玲女史的新成绩而欣喜，因而产生许多感想和想法。分别汇报如下：

工具书，简括地只就佛教的工具书来说罢，在有关僧人的词条中，先写简明小传，后列参考书籍资料，似乎早就有这个传统了。例如，日文的《望月佛教大辞典》，在某位僧人的专项词条的最后，一定尽可能地列举多条出处资料，供读者进一步学习研究时参考（别种词条只要能作通常也这么作）。台湾省佛光山编纂的《佛光大辞典》，规抚了日本人的这一作法。当然，这些辞书所收的都是著名的有过巨大贡献的僧人，至于全面的从古至今的尽可能搜罗进来的僧人与居士等人的佛家人物传记辞典，日本人为他们本国七众编写的，大致也沿用此法。我国上海辞书出版社1999年出版的《中国佛教人名大辞典》也采用此法，读者称便。这就说明，此种在辞书体书籍的小传词条后附加参考资料的编写方式，乃是"古已有之"。不过，参考资料大体上是作为正文的最后一部分，并不像李国玲女史的著作中那样眉目分明的。而使用李国玲女史擅长的编纂方式来编写的又大又全的断代僧人辞书，则以李女史此书为嚆矢。我们必须揭示其首创性。

《宋僧录》只收僧尼，不及全部七众，这是一种聪明的界定方式。因为，居士，除著名的以外，一般的很难界定。按汉化佛教的清规戒律，必须经过正式皈依受戒，才能称为居士。有的人信佛了，就自认为居士，甚至自称某某居士，那是不正确的，至少是不准确的。宋朝个别人的这方面的史实，现在又很难查起。所以，宁缺勿滥，是一种好办法。就拿《中国佛教人名大辞典》来说，搜罗出家二众是企求一网打尽，但对居士则是有选择地收纳的。如：收苏轼、苏辙兄弟，可是没有收入自称"石湖居士"的范成大。这就会产生对收纳的人物的界定问题，即收谁不收谁的讨论，因为对居士的生平及其受戒与否要费大力气去考察，还不一定有结果，所以，最后可能还是流入任意性。所以，我们对《宋僧录》的专收式作法就不但应该认为聪明，而且要大大肯定的了。

李国玲女史此书沿袭《宋人传记资料索引》等两部书的编制方式，当然一方面是追求大而全，另一方面，无形中也会受到那两部书采纳资料方式与范围的影响。李国玲女史又是在资料室内工作的，是在主要以编纂《全宋文》为主要致力方向的资料室工作的，所以，延此余绪，既方便了《宋僧录》的编纂，又在无形中限制了自己。当然，作到现在这种程度，已经是非常非常地不错了。我们必须大力肯定。无论怎样肯定都不为过。李国玲女史在她能作到的范围内，是百分之百地尽了努力了。我们更必须明确：这篇拙稿，写作目的是在表扬《宋僧录》，是在欢呼此书的出版，是在为能有李同玲女史这样的埋头苦干的中国的有脊梁的人物而赞叹，并希望这样的人物及其业绩能进一步得到全社会特别是古籍整理学术界与佛教界的认识与赞誉。

在有了以上的共同认识的基础上，我们就希望能够进一步讨论如何对此书进行补充了。从此书体例上说，本身已经够全，够完善了。可是，若进一步求全责备，窃以为还有发展余地。初步想到的，可从以下几方面致力：

一方面是日本人特别是日本僧人的记录。姑且举一部书为例：日本入宋僧人成寻，在其《参天台五台山记》（共八卷）中，记录了许多当时中国各寺院的头面僧人，多为《宋僧录》所未采录。即以该书卷一所记来说，不完备的统计，《宋僧录》中未载者就有以下诸人：允初（天台国清寺僧人），净慈寺妙惠大师，灵隐寺僧德赞，国清寺主赐紫仲方、副寺主赐紫利宣、监寺赐紫仲文，明心院住持僧咸宁，石桥道场庵主印成，景德寺"管内僧判官赐紫觉希、赐紫久良""教主阇梨若明"，赐紫永明，等等。如统揽全书，当不下百十人。其中各寺院的住持、方丈级别僧人颇多，就中得"赐紫"的僧人不少。为什么当时的许多僧伽头面人物在中国的记录中后世无传？这倒是一个可以探讨的小问题。是不是中国的僧史家，也像宗儒的史学家范晔写《后汉书》，"宰相多无述，而特表逸民；公卿不见采，而惟尊独行"（《十七史商榷》卷六十一）呢？或者"爱僧不爱紫衣僧"（唐代郑谷诗）呢？此种深藏不露的爱憎值得深思。

另一方面，是从宋代刊印的大藏经和小部藏经以及单行本佛教经典的经末"发愿题记"等材料中拣寻。试举一例，《思溪藏》题记中有："掌经沙门法己""对经沙门行坚""干雕经沙门法祖""对经慈觉大师静仁""赐紫修敏"；还有"宁国府泾县明月庵广宣首座""新兴寺知库嗣然",等等①。估计细心搜寻比对,收获不会太少。只是影印本大藏经与单行本佛经中常常略去题记,实为不智,如20世纪30年代上海影印的《碛砂藏》,就犯此病。所以,仅靠影印本不成,要深入大图书馆,逐卷核对。这是个苦差事,如果不是内部人物,看不到善本,极可能还办不了此事。说来容易作来难!

深入深山古寺,特别是有塔林的寺院,如山东长清灵岩寺,河南登封少林寺,实地记录塔铭或研究拓片,从中探究僧人生平(不限于本人),也是一种进一步寻觅的新方向。我记得《台州佛教》杂志曾发表过一些僧人塔铭的"引见",很值得提倡。我国石刻史料丰富,必须好好利用,这已经是常识了,但是,还是说来容易作来难,需要沉下心来,一篇一篇地阅读,别无他法。国外的资料也不少,特别是日本与古代朝鲜半岛的资料,咱们利用甚少。如1919年公布的《朝鲜金石总览》,铅印本,间有误植,可是咱们极少利用,遑论校勘②!就连不是石刻而属单纯文字传记性质的,如《大日本佛教全书》中的"游方传丛书",还有咱们本国的《中国佛寺志丛刊》,也很少利用呐。

说了这么一些,决不是说李国玲女史的工作遗漏多。我

---

① 这些资料,是从李际宁同志《中国版本文化丛书·佛经版本》一书的第80页上抄录的。

② 我曾利用北大藏拓片与《朝鲜金石总览》中的排印本校对,作出三四篇塔铭录文加校释来。可是,排印本没有让我校对,几乎每篇都错得一塌糊涂。如果有哪位看见了,万勿引用。就当没有那篇文字啦!

想说的是，挑毛病、举遗漏的例子，具有极大的自由性，说的尽是自己知道的或自认为知道的，花力气不大，显得挺高明的样子，实则比起李国玲女史伏案多年，如我就自觉早应愧死！我要说的是，如果没有《宋僧录》作为我们进一步研究的基础，我以上说的话一句也说不出来。我们只是希望，在现在已经作出了挺好的成绩的《宋僧录》的基础上，何不百尺竿头更进一步呢！如果这样想，前面提出的一些建议或可派些用场。我更觉得，李国玲女史过分地局限在她的资料室内，影响了她的思路与进一步发展。她要是就此飞跃一大步，成绩必然更大。我希望四川大学古籍整理研究所的领导，能更加支持她，给予时间，拨给专款，放她出川在国内外遨游，遍参各大图书馆及相关的寺院等等，期以数年，必有更大成就。

2003年8月10日，星期日，承泽园

《佛教美术丛考》序

覆面说法，世尊转轮。随缘利见，像教斯传。原夫佛法空寂，本镕范雕琢所难以播传；然而转变因缘，非形象描绘则不能感动。威仪尊重，信士存想目前，绎以知微；利益弘深，僧人如临咫尺，观而睹奥。入华夏二千年，多出名塑；造法身亿万座，散在人间。惟是陵迁谷变，世易时移；法难屡经，散佚不少。所幸时逢再造，世无久虚；自有创业英流，乘时杰士。即如吾友金申等位先生，际兹和谐盛世，颇有裒集纂编。今复有新书行世，缪托菲才一言。猥承下问，未敢固辞。聊述闻知，难逃诮让。时维戊子天贶，观音菩萨成道日，颐和退士白化文谨叙。

（以下三篇均为给老友金申著书写的序言。唯是金先生的著作于出版时经常改题名目，以致李戴张冠者颇多。我写了大约六七篇序言，分配到哪本书上，由他作主。好在全是讲佛教图塑的，无妨互换。读者若发现题目与书中所载内容不符，请勿疑讶。）

《佛教美术丛考续编》序

吾友金申先生，奕叶家声，蝉联华胄。风神雅静，识量冲和。学识圆通，文心富赡。发言为论，挥翰成章。属意塑雕，研精文物。旨在匡扶像教，矩度丛林。盖以虽法身难测，至理希诠；而造像所极，量度斯在。堪可究兹胜业，达此因缘；用表佛祖心宗，人天眼目。用是参谒中外，寝馈岁年。掇彼玄微，穷其指奥。出其余绪，造为雄文，语必生新，篇皆获隽。近更冥搜箧笥，哀聚篇章，有《佛教美术丛考续编》之作。所论位置确当，剖析精明；法理湛深，文辞简驯。化文每亲麈拂，获聆绪言，今承以弁首见属。望风意注，展卷神驰。聊记岁时，以应雅意。时值体明，岁居己丑，释迦牟尼佛圣诞之日，颐和退士白化文谨叙。

《佛像粹编》序

　　佛出西土，法流东方。广树仁祠，大兴像教。虽真如闃寂，而色相假名。极壮伟观，恒多名塑。惟其德相彪炳，万众视瞻；意在普觉含灵，仰兹妙善；俾使群生易度，七众知皈。于今二千年本愿不相违，亿万尊分身无量数。国步屯艰之日，法物流徙之时。九州法难人灾，群盗狗偷鼠窃。缁衣合掌，志士摧心。时运昭苏，法缘殊胜。辅翼岂乏信士，研求每见学人。吾友金申先生，少怀雅量，长负隽才。属意经论典章，研习图塑艺术。志在绚花雨乎梵宫，扬鲸波于学海。锓版专书多种，风行四海五洲。今更出其绪余，有《佛像粹编》之新作。方当荟萃成书，刊校告竣；即行倩予视草，属以题辞。览兹述作，法雨缤纷；披此汇集，佛光焜耀。聊为弁语，藉表赏心。岁居丙戌新春，时值和谐社会，佛历二五五零年弥勒菩萨圣诞之日，友谊颐和退士白化文谨叙。

《观音大士三十二应身并十八大阿罗汉图像》序

《妙法莲华经》卷七，佛告无尽意菩萨：观世音菩萨以应身为得度者说法。后世因称观世音菩萨顺应种种机类而示现之三十二种形像为"妙净三十二应入国土身"。此三十二应，系菩萨以三昧闻熏、闻修、无作之妙力所得之自在成就，与《妙法莲华经·普门品》所说三十三身大同小异。后世信众描绘，各以所得所闻，著于图绘，明代歙州信士李贞敬绘之《观音大士三十二应身》图像，即与通行经典所传三十二应、三十三身颇有歧异，难以对照。然而一本万殊，万法归一，并无妨碍，所谓"应身无量"者也。明季志士王思任为作《三十二相引》，阐明法旨。图像前附李贞手抄《般若波罗蜜多心经》。按，《心经》乃佛家法要，阐述"五蕴皆空""色即是空，空即是色"之理。文古语约，词简义精。诚乃迷途高炬，苦海慈航。合而观之，与应身图像相得益彰。

宋代大名家苏轼在海南得见蜀金水世擅绘画罗汉画艺之张氏所绘十八大阿罗汉图像，为之"颂"；又有《敬赞禅月所画十八大阿罗汉》之赞文。李贞绘《十八大阿罗汉像·并赞》，取苏轼"颂"中颂文而略去其前序后跋及各图内容说明，并罗汉像表名亦与常组及苏轼两文不甚相符。盖亦以意为之，揆之一本万殊万法归一之意，未为不可。

今代高僧茗山长老，俗姓钱，名延龄，江苏省盐城县人，1914年生。道心天纵，法性生知。幼童已悟无为之理，未冠便归不二之门。住世演法，佛学造诣高深，悯群生尘劳业重，烦恼丛生，多所述作，阐扬佛旨。有《茗山文集》等著作行世。又复诗文书法兼擅，结缘各界，得者以为法施至宝。所至缁锡来求，簪裾敬仰。听习若市，顶谒如云。剃度学僧千百，亲近信士不啻数万。随缘生灭，2001年6月1日示寂。世寿八十有八，僧腊六十八年，戒腊六十七年。

2011年为长老生西十周年。清信士衍学居士，为纪念曾为无锡祥符寺堂上中兴法祖茗山长老，回向长老超生莲界，舍净资印行此二帙，作为纪念。并以之喜舍友谊，俾供珍藏，伏愿群生"见闻随喜发菩提，究竟得成无上道"。属予述旨，未敢固辞。时维佛历二五五五年韦陀菩萨圣诞之日，颐和退士白化文谨叙。

附识一：李贞，明代安徽歙县人，号正父。书画家。今所知著录行世者有：万历四年（1576年）书《楞严经塔》卷轴，十六年（1588年）、十七年（1589年）绘画书写此二帙折页，四十五年（1617年）书写《妙法莲华经塔》卷轴。

附识二：王思任（1575—1646），字季重，号遂东，山阴（今属绍兴市）人。万历四十七年（1619年）进士，历任州县。抗清志士。明末清初，明鲁王监国时，以王思任为礼部右侍郎，进尚书。所为诗文宗法自然，才情放逸。王氏于李氏，年辈相差甚远，故于两帙"引"文中尊为"李翁"，颇致钦仰焉。

（原载于丘嘉伦居士等自费印行之此书中。）

附 录

原书前言

在敦煌学与佛教的大范畴内，从1975年到现在，到2011年，我进行过36年的摸索了。限于资质与水平，几乎没有什么像样的成果。真是惭愧啊！

2004年起，北大中文系王娟教授与我为《中华大典·民俗典》共同奋斗，至今也只能说看到了海上的航船露出了桅杆。我们在工作中结下深厚的友谊。王娟的妹妹王丽是北大中文系毕业的硕士，现供职高等教育出版社。她俩想叫我总结一下敦煌学与佛教方面的探索情况，代我报了项目。我就慢慢地进行。但是，信心甚是不足。我总是想，这些陈谷子烂芝麻，炒冷饭，未必卖得出去。反而会拖累了她们。所以，干得很慢。我瞧着高等教育出版社也不来催促，心想，这选题八成是吹了。当然，我对于她们姐儿俩已经作出的艰巨努力，万分感激，衷心感谢。

中华书局主事诸公听说有这一件事，很鼓励我，迅速立项，并任命徐真真女史为责任编辑。我发现，我至今尚没见过的徐真真女史是一位极为认真的人，她在十天内给我打了四次电话，说已经立项了，要我交稿。我这才动起来。交出的，就是这些不像样的一堆。

总得对读者、编者有点交代，以下就是：

此稿分成六部分，各部分详略不等。在书中的重要性也极具等差。

第一部分是有关敦煌学的，共二十篇。涉及这方面的，我探索的内涵主要在敦煌俗文学与敦煌遗书资料及其编目工作方面。我给自己在这方面的工作做了三篇小结，一篇是《对敦煌俗文学中讲唱文学作品的一些思考》，此前的相关文章的内容，基本上包容在其中，因而大部分均未选入。只选了《变文与俗讲》《"解讲"与"解讲辞"》两篇，略存递嬗之迹罢了。

干敦煌学的人，差不多全做过为某些卷子录文校注的工作。我也做过一些。那都是最好用手写体印制的，我原来也是这样做的。这里只选了一篇《众经别录》残卷的校注结论部分（载于《中国存世第二部最古书目》之中），录文全都省去了。其余几篇都没有选入。无妨列出篇目，略作说明：

《对可补入〈敦煌变文集〉中的几则录文的讨论》，这是为我们几个人在周绍良先生指导下所编的《敦煌变文集补编》打基础的，后来收入该书。附言：该书的"前言"是手写体，也没有收入本书。

《变文和榜题》，此文首先提出"榜题过录本"的概念。

《敦煌遗书中〈文选〉残卷综述》，此文率先公布了国家图书馆馆藏"新1543号《辩亡论》"，著录了25个号的卷子。我至今怀疑的是：敦煌卷子中写有《文选》中文章的各个卷子，均未明确说明出于《文选》。那么，何以证明它们的确是抄自《文选》，而不是从别处，如作家的别集等处抄录的呢？

《〈首罗比丘见五百仙人并见月光童子经〉校录》，这部经是中国人所造的"伪经"，久佚，敦煌卷子中存有约十卷，只有北大图书馆馆藏的一卷有开头部分，并存有完整的题目。该卷馆藏敦煌卷子特藏编号094，我据之补齐全文。

《〈诸文要集〉残卷校录》，唯北大图书馆藏有此一残卷，馆藏敦煌卷子特藏编号192，我据以校录并首先公布。此卷有明确的题记："大历二年（按：公元767年）三月，学仕郎李英写。"

《〈须大拿太子本生因缘〉残卷校录并解说》，此一残卷与后世戏曲的发展有关联。

另两篇"小结"是《敦煌汉文遗书中雕版印刷资料综述》和《中国敦煌学目录和目录工作的创立与发展简述》。后一篇曾经几次修改补充，以递增式的面貌发表过。

第二部分，环绕着《汉文大藏经简述》，其他后续的几篇都是给那篇作补充的。其中，《〈高丽大藏经〉简述》是我摘引综合了韩国学者的文章写成，特在此说明。我与我爱人李鼎霞曾校点了三部日本来华僧人的日记，其中《入唐求法巡礼行记》是与许德捕学长三人合作的。现举出《〈行历钞〉校点本》的前言，供大家批评指正用。我因工作性质的关联，对于汉文大藏经的分类编目进行过探讨，具见拙编《佛教图书分类法（改定本）》（国家图书馆出版社2001年出版）一书中。该分类法主体为台湾香光尼众佛学院编纂，大陆所用本，经我作了极小幅度的修改。所附三篇专文、十篇讲稿系拙撰。以其另成体系，已成专书，故而没有收入此书。

第三部分是我写的有关汉化佛教的文字。我曾写过几篇高丽来华僧人归骨本国后的塔碑碑文的校录，现提出一篇来，供指导批评。前些年，我本想把相关碑文集成一本书，事冗未作，寄希望于后贤矣。四篇有关佛教辞书和佛教版本学书籍的书评亦附于此后。

第四部分是四篇序言。第五部分是五篇纪念性的文章。这九篇均用文言文特别是骈体文写成。

第六部分是一篇与儒释道三教均有关联的文章。

2011年8月31日，星期三，紫霄园

原书后记

本书之能面世，全赖中华书局上下之垂爱。

局、室领导自不必言，责任编辑徐真真女史业务熟练，工作极为认真负责，匡我不逮。诚乃我在出版界之忘年交畏友也。

责任编辑徐真真女史希望在这本拙作中加入一些拙荆李鼎霞和我的照片。我们商量后，认为只印出自己的照片，有露才扬己之嫌。但是，徐真真女史是真真地认真的。折中后，就把我们夫妇和师门老一辈先生的合影发过来，请徐真真女史选登。必须说明的是，大体上从1950年起，我们夫妇虽在北大学习与工作六十多年，但从来未曾是哪一位老先生的嫡系入室弟子，从不敢说是哪位老师的传人。我们不敢说曾亲炙于大师之门，只是至少在各位老师的府上谒见过，受过些教诲罢了。因为怕人说我们借大师以自重，所以特此说明。

又及，早在北大读书时，就与程毅中学长约定：以后，我若出书，一定请他题签。当时不过说着玩儿罢了，心想，出书，猴年马月的事吧。不料，改革开放后，我竟然炮制出一些书。题签之事提上日程。实行起来，才知道不容易。我把程大学长的题签送去，有的出版社就是不认。他们要用自己的书法家来写。有的社点名要某位我认识的老一辈先生来写，如周一良先生，因为他指导了原稿的编写，审查了稿件。有的社声称要用印刷体。权在他们手中，有人干脆不通知我，自作主张。书出来才看到。我只有对程大学长再三抱歉，以后都不敢再开口又提要求啦。这次，又通过责任编辑徐真真女史去求。估计也许能印出来。真真女史真是真真的认真的人，支使她跑来跑去的，我可真真是不落忍的。因志其缘由如上。这虽是一件小事，办起来也得看因缘呢，我有点相信佛教的因缘说了。谨志如上，以表对程大学长和徐真真女史的感谢。

谨书数言，向为此书提供帮助的人士，特别是向徐真真女史，表示意重言轻的感谢。

八十三叟白化文

2012年12月14日

《白化文文集》编辑附记

白化文先生各种著述方式的著作，出版的有十几种。此次出版文集，白先生主要选择了其中十一种，按出版年代先后，分别是：《汉化佛教与佛寺》（1989年台湾初版，书名为《佛光的折射》；大陆1989年初版）、《古代汉语常识二十讲》（1991年初版）、《闲谈写对联》（1998年初版，书名为《学习写对联》；2006年再版）、《汉化佛教法器与服饰》（1998年初版，2015年再版）、《承泽副墨》（2002年初版）、《三生石上旧精魂》（2005年初版）、《人海栖迟》（2005年初版）、《汉化佛教三宝物》（2009年初版）、《北大熏习录》（2010年初版）、《退士闲篇》（2011年初版）、《敦煌学与佛教杂稿》（2013年初版）。

此次编辑文集，以原书名为题分集，有的保持原貌，有的进行了一定调整。大体情况如下：

出版较早且风行已久的几种，一仍其旧。如《汉化佛教与佛寺》《汉化佛教法器与服饰》《古代汉语常识二十讲》，完全保持原貌；《闲谈写对联》附录了一篇原在别书的《联语小集》；《三生石上旧精魂》因篇幅关系，调入了其他书中关于佛教的几篇普及性的文字。

另外几种，出于各集均衡以及内容集中的考虑，调整相对较大一些。前者不言自明。后者，诸如——

《敦煌学与佛教杂稿》在诸书中篇幅最大，有一些怀人的文字，也有一些较为通俗的文字。编辑时，主要是集中敦煌学和佛学两方面学术性较强的文字，通俗性文字则予以调整。其中，《什么是变文》一篇则源自白先生与周绍良先生合编的《敦煌变文论文录》（1982年初版）。

　　《北大熏习录》也是篇幅比较大的，编辑时主要保留与北大相关的文字，其他则适当调出。原来的分辑也做了调整。

　　《人海栖迟》，内容主要关涉北京（所谓"人海"），故而也调入了一些别书的相关篇章，主要是怀人、记事的，也包括有关北京的书籍的文字。

　　《承泽副墨》主要收录"阐明或说希望表扬诸位大名家的优秀著作的小文及相关文字"，"以为传道之助"。编辑仍旧本此宗旨，除调出几篇关于北京的人和事的文章，主要是把别书中寿辞、碑文都集中调整了过来。分辑则是将序言与自序合为一辑，另增一辑"寿辞和碑文"。

　　《退士闲篇》，因与《三生石上旧精魂》有几篇重复，因而主要是调出；同时调入了一篇适当的通俗文字。

　　《汉化佛教三宝物》是新世纪结撰的佛教普及读物，由于较早出版且很受欢迎的两种佛教读物内容上有重叠，因此没有作为专集。此书独有的几篇文字，则编入适当的集子；《汉文印本大藏经》一文，也采用了此书经过修订的同题文字。

　　原著的序言（或者前言等），包括他序与自序，一律保留，并作说明。

原书有的分辑，有的不分；有的则在分辑之下，目录中又以空行标示区划。此次整理，绝大部分保持原样，个别的作了一些整合。

除了篇目调整外，此次编辑，更多的是按出版规范要求进行技术处理，尤其是涉及诸多方面的全书规范的统一；当然，也改正了原书存在的极个别的误植或失误。

白先生的著作，大多有丰富的插图，有的是说明性质的，与内容紧密关联；有的是附件性质的，但却有可贵的资料性和观赏性。此次编辑，尽可能地原图照录，同时删除部分意义不大且清晰度较差的图，也补充了一些切当的新图。

鉴于水平所限，编辑中难免有偏颇或挂漏之处，审校也会存在疏忽不审，敬请专家和读者批评指正。